01

発見時の高松塚古墳壁画

発見時の西壁女子群像（明日香村教育委員会提供）

壁画発見直後の石室内（明日香村教育委員会提供）

右上◉発見時の西壁男子群像
左上◉発見時の北壁　玄武
右下◉発見時の東壁男子群像
左下◉発見時の東壁女子群像
（明日香村教育委員会提供）

発見時と修理完了後の高松塚古墳壁画

（1972年石室内・明日香村教育委員会提供）

（修理完了後・国（文部科学省所管））

（1972年石室内・明日香村教育委員会提供）

（修理完了後・国（文部科学省所管））

上◉西壁女子群像
中◉東壁　青龍
下◉西壁　白虎

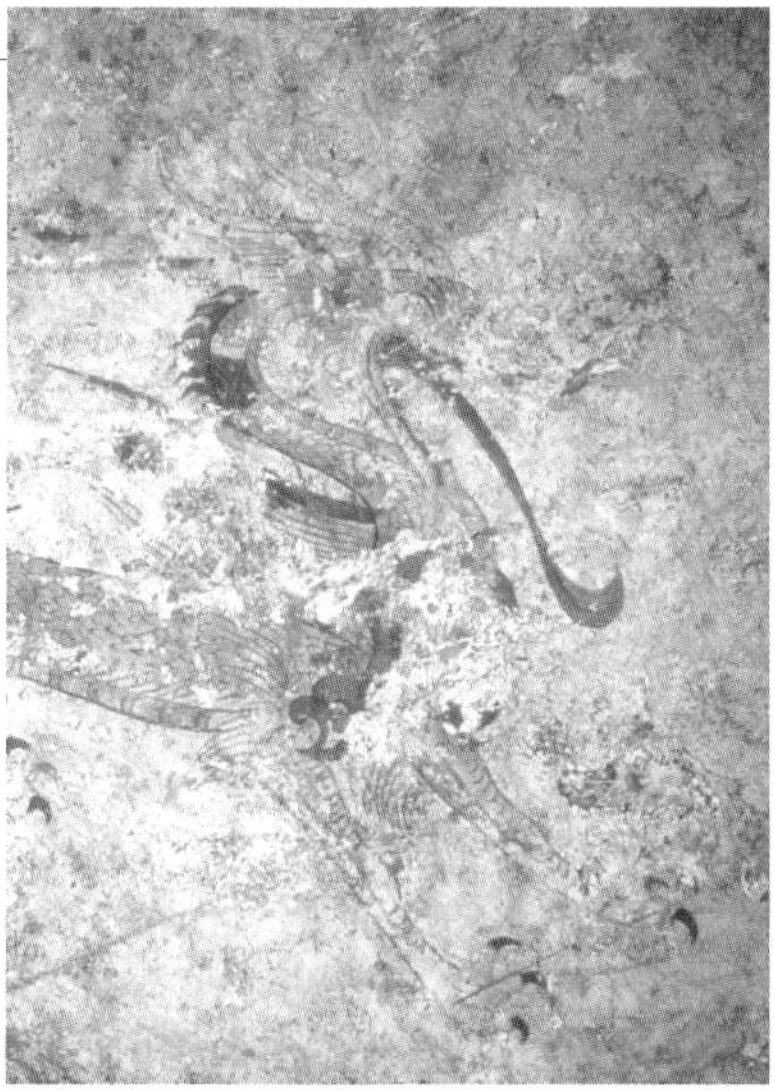
（1972年石室内・明日香村教育委員会提供）

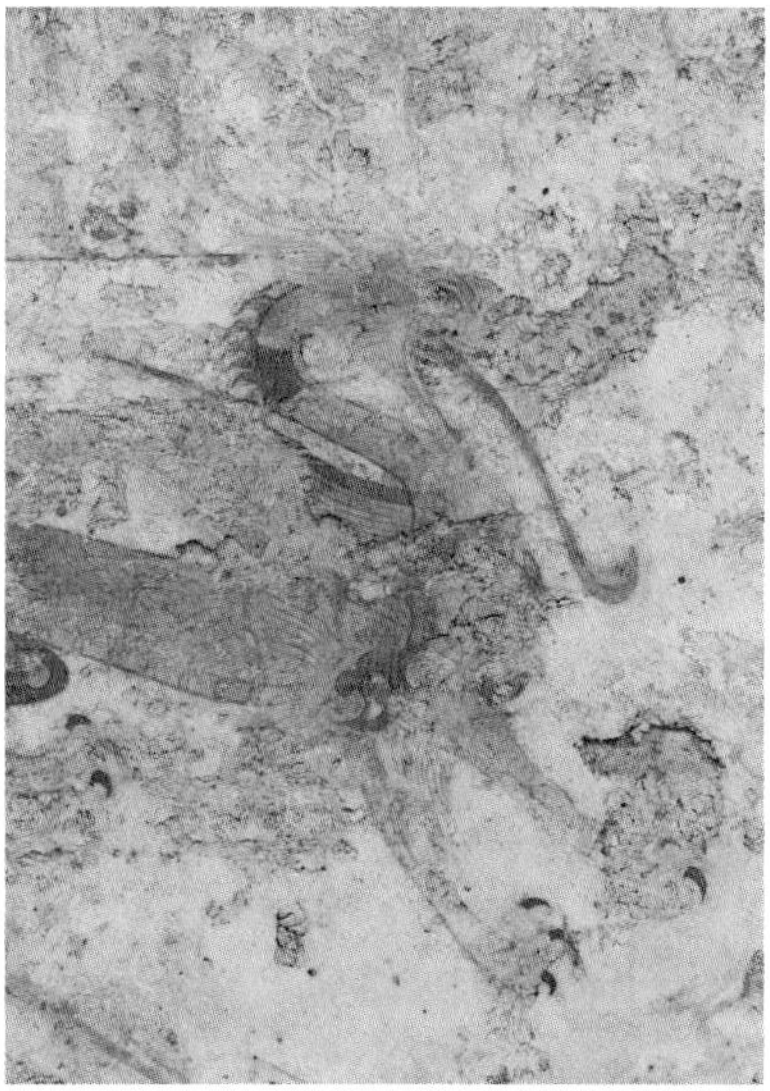
（修理完了後・国（文部科学省所管））

03

中国の古墳壁画

①陝西省西安市韓休墓磚室東壁の楽舞図（蘇哲論考註34文献、表紙裏より）

②内蒙古自治区阿魯科爾沁旗宝山2号契丹貴族墓「頌経図」（蘇哲論考註38文献、図69を一部改変）

③山西省忻州市九原崗1号墓壁画を剥ぎ取る準備作業
（蘇哲論考註26文献『山西九原崗北朝墓葬壁画搬遷保護』図5－2より）

04

高句麗の古墳壁画

①上◉双楹塚 後室後（北）壁
②下◉湖南里四神塚
右 青龍 左（西）壁
左 玄武 後（北）壁

虎塚古墳と壁画（日本）

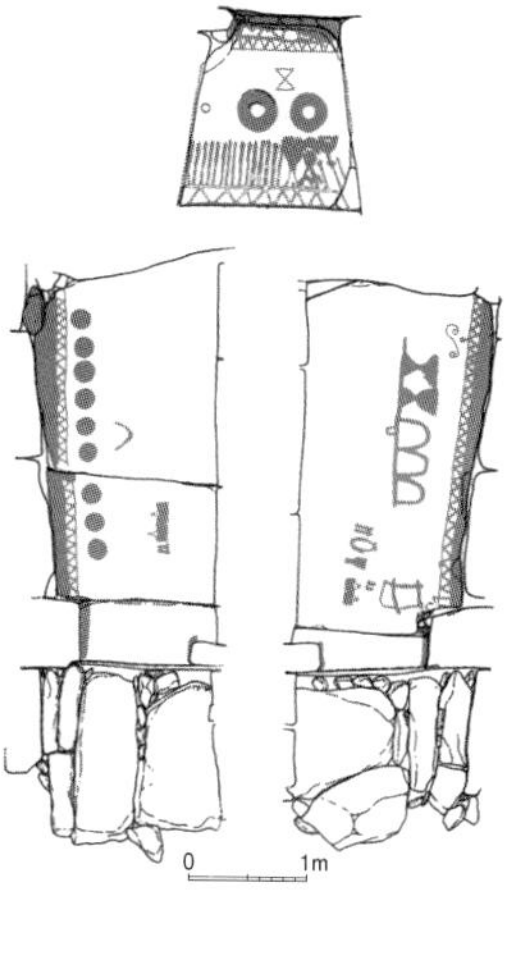

上◉奥壁と側壁に描かれた壁画
中右◉玄門部からみた奥壁
中左◉奥壁からみた玄門部
下右◉虎塚古墳石室実測図
下左◉虎塚古墳全景
（ひたちなか市教育委員会所蔵）

06

古墳壁画劣化のメカニズム

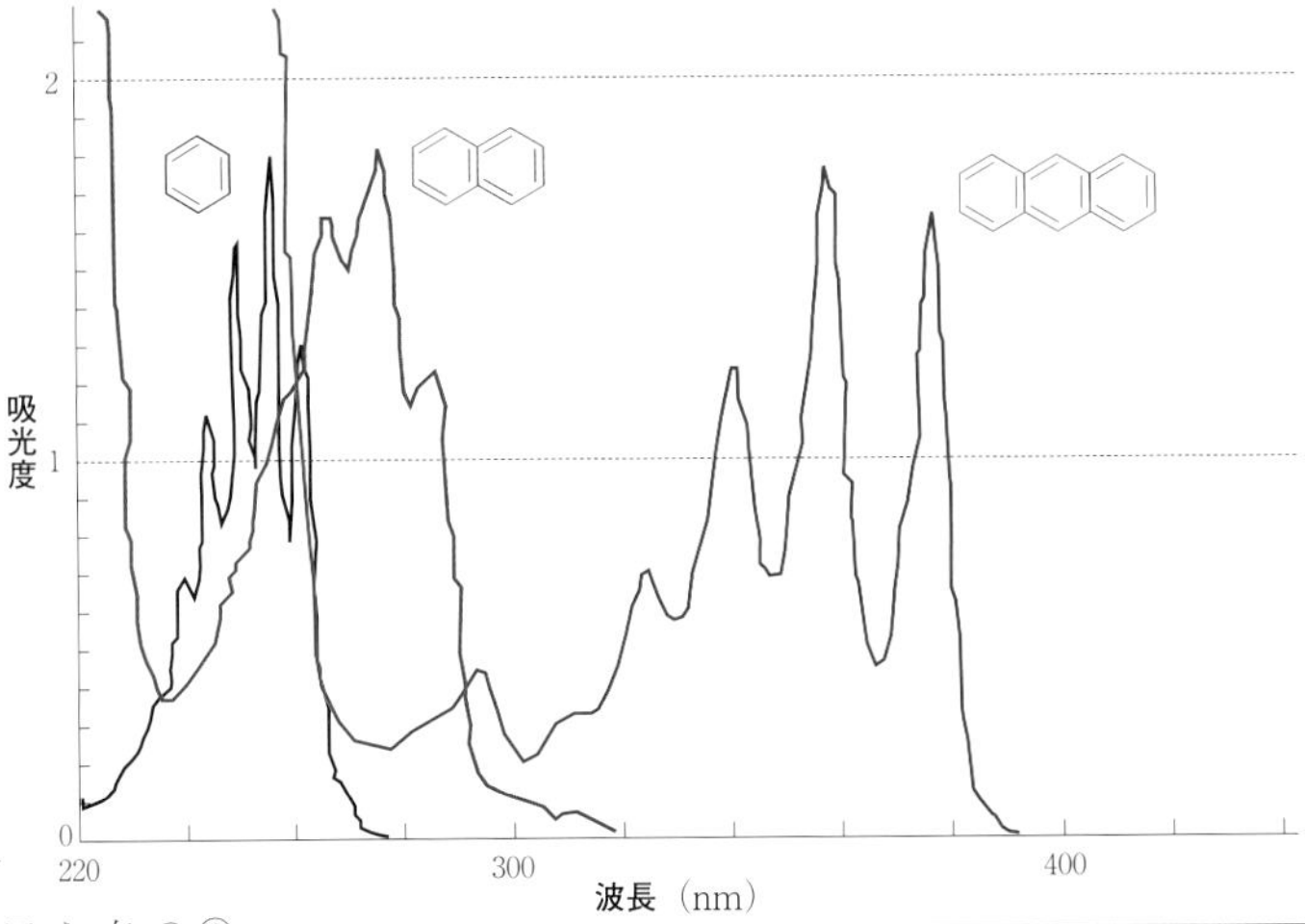

①顔料の着色
（西田論考註39より簡素化して作成）

有機顔料・染料は、ベンゼン環をつなぐと吸収波長が変化する。四個連テトラセンになると、可視光を吸収し着色して見える。有機色素は、構造を少し変えるだけで色が全く変わる。

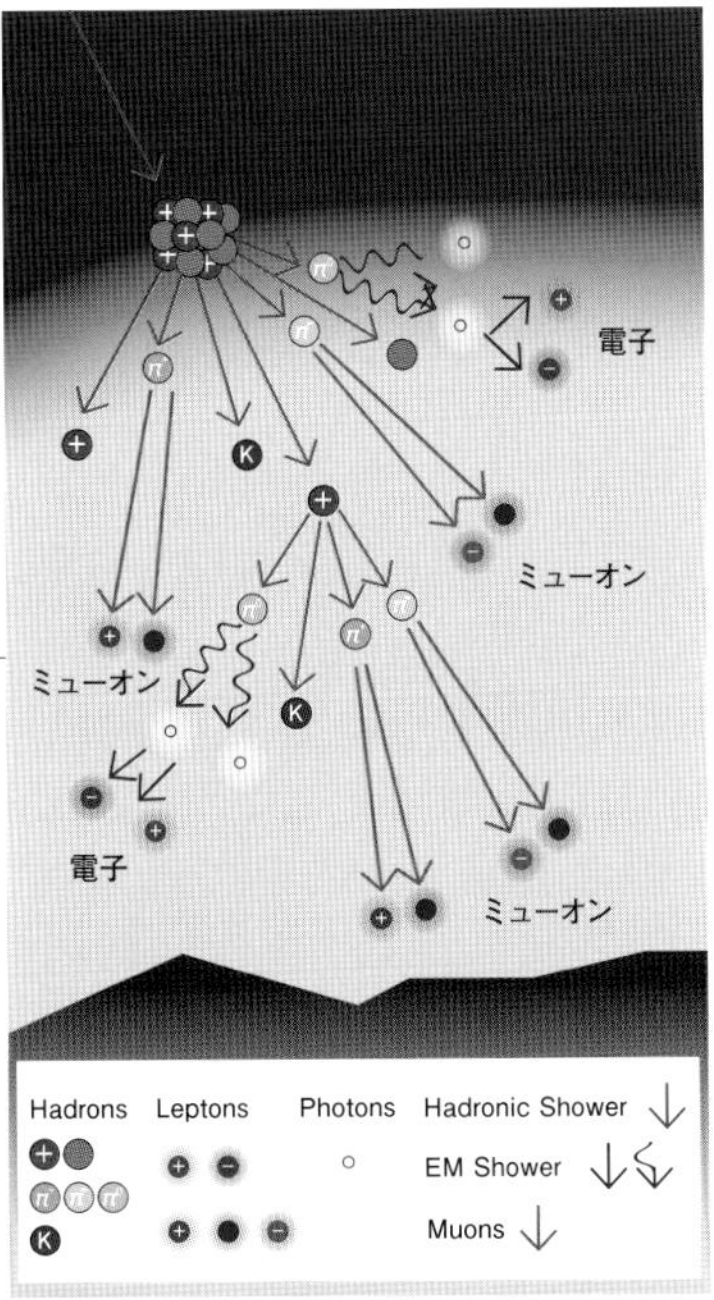

②宇宙線による退色
超高速宇宙線の大気中変化
（西田論考註9より作成）
宇宙線が地球大気に突入し、非常に多くの粒子を作り、ほとんど消滅しミューオンと電子が地上に到達する。

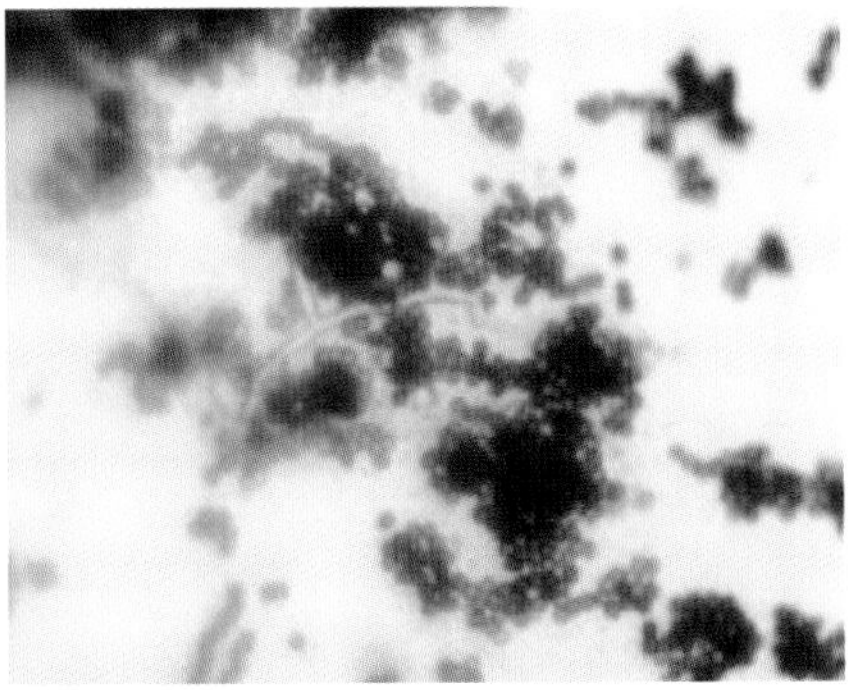

③黴の繁殖　石室内に発生した黒黴
右◉アクレモニウム属
（グリオマステックス）
（西田論考註40より作成）
左◉クラドスポリウム
（Keisotyo/CC-BY-SA-3.0）

高松塚古墳と墓室壁画の保存

雄山閣

序

一九七二年（昭和四七）三月二一日、我が国の古代律令国家成立の地として知られ、多くの遺跡が今も地下に眠る奈良県明日香村の一角から、鄙な里の静寂を破るかのように伝えられたニュースは、瞬く間に列島を駆け巡った。高松塚古墳壁画の発見である。

この地には飛鳥時代の歴史に名を遺す皇族や豪族などの、陵や墓と推定される後期古墳や終末期古墳がいくつも存在する。高松塚古墳も凝灰岩の切石を組み上げた石槨の存在が予想されていて、過去には天皇陵の候補とされたこともあり、以前から研究者の間では注目されていた古墳の一つであった。明日香村史編纂にともなう事業として、この年に初めて発掘調査が実施され、古墳南側で見つかった石槨の盗掘穴から調査員が石槨内部を覗きこむと、薄暗い石槨壁面に壁画が浮かび上がった。その壁画は古代中国の思想に基づいて画題が構成され、かつ高い絵画技術によって描かれた墓室絵画であった。高松塚古墳は我が国では他に例のない、考古学史上稀有の古墳として一躍注目を浴びることになった。

当時唯一無二の極彩色の壁画古墳として、古墳は特別史跡に、壁画は国宝に指定され、いずれも国が指定する文化財として法的に最高位の扱いをうけることになった。また極彩色壁画を含め高松塚古墳全体が、一九七二年の発見後すみやかに国（文化庁）の管理下に置かれた。発見から四年後には墳丘の一部を切り裂いて壁画保存のための施設が建設され、万全な保護対策が図られたのであった。当時国民からは壁画の公開要望も強かったが、古墳はこの保存施設を備え、壁画の監視や点検のための係官の立ち入りを除き、堅く出入りが禁じられることになり、厳重な保護措置と保存体制のもとで管理された。以降は誰もが文化庁によって、古墳と壁画は適切な維持管理がなされ、極彩色の壁画の美しさは維持されていたと疑わなかった。

ところが厳重に保存管理していたはずの古墳と極彩色の壁画は、これまで一三〇〇年間も絵画が失せることなく保たれてきたのにもかかわらず、保存施設が完成してからわずか二七年余りの間に、おもに黴の蔓延という生物被害によって、著しく劣化する無残な姿となってしまっていた。その間管理責任を負う文化庁から、壁画劣化の事態の深刻さを国民に知らせることがないばかりか、壁画の劣化が著しく進行していることを認識しながら、保存対策を根本的に検討することにも積極的に取り組むことはなかった。やっと情報を公にした維持管理のずさんさは、およそ国の機関が責任をもって行っていたとは考えられない内容であった。

その後文化庁は、傷んだ国宝壁画を守るための唯一の方策だとして、特別史跡に指定した古墳の石槨をすべて解体して古墳の外に持ち出して保存するという、前代未聞の対策を断行した。適切な管理ができなかった石槨は、終末期古墳を象徴する古墳の心臓部ともいえる重要な施設であるにもかかわらず、石槨を覆う堅牢な版築土とともに、解体という憂き目に遭う結果となった。解体された壁画が描かれた石槨の部材は、その後修理と称する壁画清掃を経たものの、描線や彩色は著しく薄れ、発見時の極彩色の鮮やかさは失われてしまった。公表された現在の壁画の状態は、辛うじて国宝の価値を維持しているという印象を拭えない。

高松塚古墳のこの大きな犠牲から、はたして我々は何を得たのだろう。後にやはり石槨内から極彩色の壁画が発見され、高松塚古墳と似た経緯をたどることになった、同じく終末期の壁画古墳である同村に所在するキトラ古墳も、発掘調査にともない発生した生物被害を防ぎきれなかった。ここでは壁面から漆喰が剥離していたこともあり、極彩色の壁画が剥ぎ取られたが、結果的に壁画が現地で保存されることは叶わなかった。この間壁画の修理という名のもとに、一部の保存科学の技術はいくらか進歩したのかも知れないが、今の墓室壁画保存に対する考え方や、方針そのものの再検討を行わない限り、この度の失敗を次に生かすことはできないだろう。つまり高松塚古墳とキトラ古墳のこれまでの保存の経過を振り返ったとき、仮に第3の壁画古墳が発見されても、このままでは墓室自体を解体するか、壁画を剥ぎ取る以外に術はなく、ただ手をこまねいているだけで、壁画の現地保存の道筋はまったく見えてこない。遺跡の価値評価の最も重要な条件のひとつである真正性が、今後も担保されることはない。

特別史跡にまで指定された高松塚古墳やキトラ古墳の国宝壁画でさえ、採り得る方策の検討や議論を尽くさないまま現地保存を放棄したことが、今後各地において保存の危機にさらされている遺跡の保護に影響が及ばないはずはない。多くの遺跡が発掘調査後は消滅していく現実があるなか、地下に埋もれていた文化財が、縺れた歴史を紐解くうえで、重要な役割を果たした事例も決して少なくない。歴史の証拠でもある文化財の現地・現物主義を基本とした、我が国の史跡保存の理念が揺るがされることがないのか。高松塚古墳壁画の保存問題は、まさにそのことを問い直している。

二〇二二年（令和四）三月、この世紀の壁画発見から五〇年の区切りの年をむかえた。高松塚古墳の保存は何が問題だったのか、今後古墳壁画の現地保存の道を拓くためには何が必要なのか。高松塚古墳の半世紀にわたるこれまでの経緯を検証し、周辺地域の墓室壁画の現状も交えて、あらためて墓室壁画の保存と課題を考える。

高松塚古墳と墓室壁画の保存 ◉目次◉

Ⅰ章

高松塚古墳の発見と調査研究

松田真一

1　高松塚古墳の発見

(1)国土開発と文化財

戦後の復興が軌道に乗り、日本経済が著しい上昇を始めたのは一九五〇年代後半頃であった。それからおよそ二〇年余りに及ぶ高度経済成長期が続いた我が国において、決して広いとは言えない日本列島の国土開発が、経済の発展に歩調を合わせるように大規模に進められた。その後は急速な開発のスピードは収まったものの、様々な形で計画・実施される開発の勢いは高く留まって継続を続けた。全国各地において維持されてきた、かつての地域の景観が一変するような大規模な開発も弛むことなく続けられた。その結果、各種の開発事業によって国内のいたるところで、それまで大地に眠っていた文化財（いわゆる考古学が対象とする遺跡）はこの影響をまともに受け、その保存対応に迫られることになり、国土の開発と地下の文化財の保護が対峙する社会的な問題の一つにもなった。

本書で取り上げる高松塚《たかまつづか》古墳は、飛鳥時代の寺院や宮殿が存在する奈良県明日香村の中心部から、南西方向に約二キロメートル付近の低丘陵上に立地する。高松塚古墳は元禄年間に不分明陵とされていた後に、文武天皇陵《もんむてんのうりょう》にあてられることがあり、その後も古墳としての墳丘が認識されてはいたが、埋葬施設である石室[1]などの詳しい情報がないこともあって、地域の文化財に関心があった地元の住民を除けば、一般の市民にとりわけ注目されていた古墳ではなかった。ところが一九七二年（昭和四七）に初めて発掘の鍬が入れられ、それまで我が国の古墳ではほかに例のない、石槨の壁面に写実的かつ高い芸術性をもつ絵画が描かれた古墳壁画が発見された。誰も予想をしていなかったこの発見によって、高松塚古墳は考古学史上稀有の古墳として一躍注目を浴びることになった。

(2)地下の文化財への関心

高松塚古墳の発掘調査は、土木工事などの開発事業に関わって実施されたのではなかった。従来から国土開発にともなう発掘調査で、幾多の重要な考古学上の発見があっても、記録保存という名のもとに、現実的には発掘されたほとんどの遺跡は、開発が優先されたために、やむなく破壊の憂き目にあってきた。多くの市民は発掘調査が終了すれば、遺跡は消滅してしまうことに疑問を持つことはほとんどなかった。そんななかで発見された高松塚古墳壁画は、一般の市民にも「現地に保存して未来に引き継がねばならない地下の文化財がある」ということを強く認識させた。そういった意味においても高松塚古墳の発見は、我が国の文化財保護の歴史のなかで、とりわけ大きな意義をもった出来事ということができるだろう。

高松塚古墳壁画の発見は、それまで我が国では例のない終末期古墳の石槨内に、星宿図をはじめ四神図や人物図などの、極彩色の壁画が石槨内に描かれていたことで、考古学史上未曾有の発見といわれ、国内だけでなく海外からも多くの注目を集めた。また壁画の画題や構成のほか描写手法や技術の研究により、飛鳥文化の国際性や、高い技術に裏打ちされた当時の優れた芸術性などを認識させてくれたばかりでなく、生の歴史を語ってくれる遺跡へ国民の関心を惹きつけ、文化遺産への熱い眼差しが生まれたという意味で、大きな画期になったことも事実である（図1）。

法隆寺級の壁画発見
飛鳥に装飾古墳
男女像や白虎青竜
奈良県高松塚　七色で大陸系風俗

図1　高松塚古墳壁画発見の1972年3月27日新聞記事（朝日新聞より）

2　高松塚古墳と陵墓

(1) 元禄以降の修陵と調査

高松塚古墳は壁画発見以前、古墳としてはどのように認識され、扱われてきたのだろう。江戸時代中期に興った国学は皇《こう》朝学《ちょうがく》とも呼ばれ、皇統や陵墓に関わる研究も推し進められた。高松塚古墳の研究や調査も、そういった研究の一環として行われた天皇陵の修陵や、陵墓の探索事業と無関係ではなく、特に近世中頃から幕末にかけては、尊皇《そんのう》思想の高まりもあって、しばしばその対象となって取り上げられることがあった。

元禄九年（一六九六）『前王廟陵記《ぜんおうびょうりょうき》』を著した松下見林《まつしたけんりん》は、『延喜《えんぎ》式《しき》』記載の文武陵がある安古岡《あこのおか》を平田村として、現高松塚古墳をその候補とみていたと思われる。同じく元禄期には川越藩士であった細井知慎《ほそいともちか》が『元禄十一年諸陵周垣成就記《しょりょうしゅうえんじょうじゅき》』を著し、そこでは大和に所在する諸陵の修陵に関して詳しく報告されている。この『成就記』では『延喜式』記載の文武陵について触れ、高松塚古墳とは記載されていないが、檜前《ひのくま》安古ノ岡に存在したとあり、候補となる古墳と認識されていた可能性がある。また元禄期の奈良奉行所による調査をもとにした『元禄十丁丑年山陵記録』では、高松塚古墳を指すと思われる記載があり、ここでは文武陵の可能性を考えるも断定はされていない。しかし文武陵が確定できない事情もあって、陵墓としての扱いが永く続くことになり、この頃から高松塚古墳を文武陵とみる見解に傾いていった（図2）。

図2　元禄古図（橿原考古学研究所編 1972 より、末永雅雄所蔵）

(2) 忘れ去られた高松塚古墳

文化五年（一八〇八）に陵墓調査の成果を『山陵誌《さんりょうし》』として刊行した蒲生君平《がもうくんぺい》は、高松山（現高松塚古墳）を文武陵としている。しかし幕末も近づく嘉永元年（一八四八）『打墨縄《うちすみなわ》』を著した北浦定政《きたうらさだまさ》によって、文武陵は野口《のぐち》王墓《おうぼ》とされ、高松塚古墳は帝陵の形態とは見做せないとして、陵から外されることになる。この見解に加えて、文久二年（一八六二）に陵墓の修補事業が始まり、それに参加した谷森善臣《たにもりよしおみ》が『山陵考《さんりょうこう》』において、文武陵は栗《くり》原塚穴《はらつかあな》であると考察したため、以降高松塚古墳は陵墓として、ことさら取り上げられることはなくなった。

なお北浦定政によって一時文武陵とされた野口王墓は、広く知られているように、明治一三年（一八八〇）に京都高山寺《こうざんじ》で発見された『阿不幾乃山陵記《あおきのさんりょうき》』に記録が残る、文暦二年（一二三五）に起こった同陵の盗掘内容の検証によって、天武持統《てんむじとう》合葬陵であることが判明した。それにともない文武陵が栗原塚穴とされた結果、高松塚古墳は壁画発見に繋がる発掘調査が行われることになる昭和四〇年代後半まで、あまり注目されることがないまま経過した。

3　高松塚古墳の発掘調査の成果と調査研究

(1) 発掘調査で明らかになった終末期古墳

高松塚古墳は周辺に著名な飛鳥時代に築造された古墳がいくつも位置していることや、特有の腰高の墳丘をもつことから終末期古墳と考えられていたが、古墳内部に構築された石槨壁面に、大陸風の極彩色壁画が描かれていようとは、考古学者ですら予想だにしなかった。一九七二年（昭和四七）の画期的な古墳壁画発見という新たな資料の登場によって、以来今日まで古代史や考古学だけでなく関連する諸学による、またそれらの学際的な研究も大いに進められた。古墳壁画保存問題の本書の主旨にも関わることでもあり、高

図３　壁画発見当時の高松塚古墳の外観
（橿原考古学研究所編 1972 より）

松塚古墳の概要と研究動向などについて要点だけに絞ってここで触れてみたい（図3）。

◉古墳の立地環境と墳丘

立　地　藤原京《ふじわらきょう》の南方には奈良盆地の南限を仕切るように、比較的標高の低いいくつかの丘陵が、吉野と高市郡との分水嶺をなす南方の龍門山系などから、派生するように北へ延びてきている。これらの丘陵は藤原京のほぼ中央を斜めに流れる飛鳥川《あすかがわ》と、その西方で京の南西隅を横切るように、斜めに流れる高取川《たかとりがわ》とその支流によって開析されている。藤原京の南から南西に位置するこの丘陵一帯には、当時の天皇や皇族のほか、有力豪族の奥津城《おくつき》が集中して営まれた。高松塚古墳は明日香村栗原から流れ下る高取川の一支流が刻んだ、谷をのぞむ南西に向いた緩斜面に立地する。同じ丘陵の約二五〇メートル南東方には、宮内庁が文武陵に治定する栗原塚穴古墳があり、高松塚古墳から谷を挟んで約二五〇メートル離れた北側の丘陵上には、三段築成の八角形墳で、巨大な花崗岩と凝灰岩を用いた石槨を内包する中尾山《なかおやま》古墳が位置している（図4）。

墳丘の規模と構造　高松塚古墳は南に下る緩慢な傾斜地に築かれており、墳丘の北側を砂礫からなる基盤地山層を削り出して造成した後、南側斜面を埋め立て、ほぼ平坦となる面を確保するように整地している。その整地面に石槨の構築と並行して、下位の版築《はんちく》を積み重ねて石槨を覆う封土を築き上げている。なおこの整地作業にともない、石槨の中軸線から約四メートルの位置の東西両側に、小礫を充填した南北方向の暗渠を設けている。古墳築造によって墳丘土に覆われて除湿・排水用暗渠として機能する。

墳丘は外側がやや厚みのある一〇センチ前後の単位の橙褐色系土を、積み重ねるように盛っている。その内側は黄褐色系土を五センチ前後の厚みで搗《つ》き固めた、何枚もの層からなる上位の版築土で覆っている。さらに石槨を直接覆うその内部にはより薄い三センチ前後を単位とした、黄褐色系や灰白色系土をもって搗き固めた、緻密な下位の版築土を積み重ねている。この版築土は石槨の構築と一体として施工され、全体を余すことなく包み込

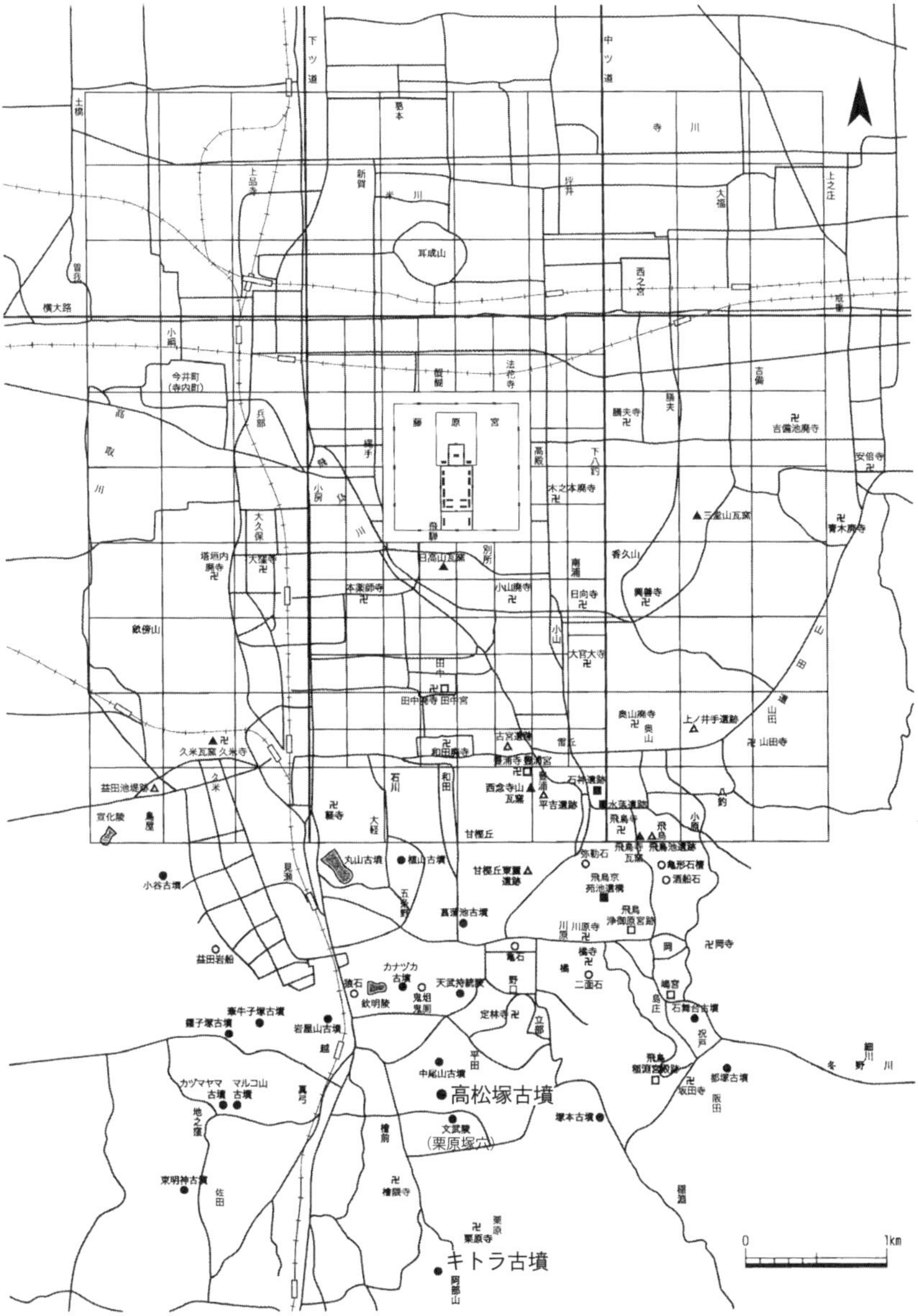

図４　藤原京と南方に所在する飛鳥時代の古墳（奈良文化財研究所ほか 2017 に加筆）

むように丁寧に積み上げている（図５）。下位の版築土では石槨の床石上面レベルの作業面において、石槨周囲九か所で直径八センチ、深さ三〇センチ程の小穴を検出しているが、これは石槨の構築に際して必要な、水平基準を得るために設けられた木杭の設置痕跡とみられている。

墳丘の規模は直径が約二三メートル、高さは南側で計測して約七メートルで、墳丘は二段に築成しており、上段は直径が約一八メートルをはかる円墳状の形態を呈している。墳丘の周囲には、部分的に途切れていて完全には一周しない浅い周溝がめぐり、幅は最も広い箇所で約四メートルだが、これも一定ではない。

堅牢な版築　墳丘の版築土については、先に触れたように石槨に近くなるほど薄い層を緻密に重ねられていて、かつ強度も高いことが明らかになっている。下位の版築土にあっても、特に石槨の床石や側壁石周囲を埋める版築土は、墳丘の重要な基礎部分でもあることから、花崗岩風化土や現地における石槨用部材の仕上げ調整にともなって生じたと思われる凝灰岩の細かな砕片や粉末を混ぜ込み、より高い強度が保持できるように工夫されている。また版築

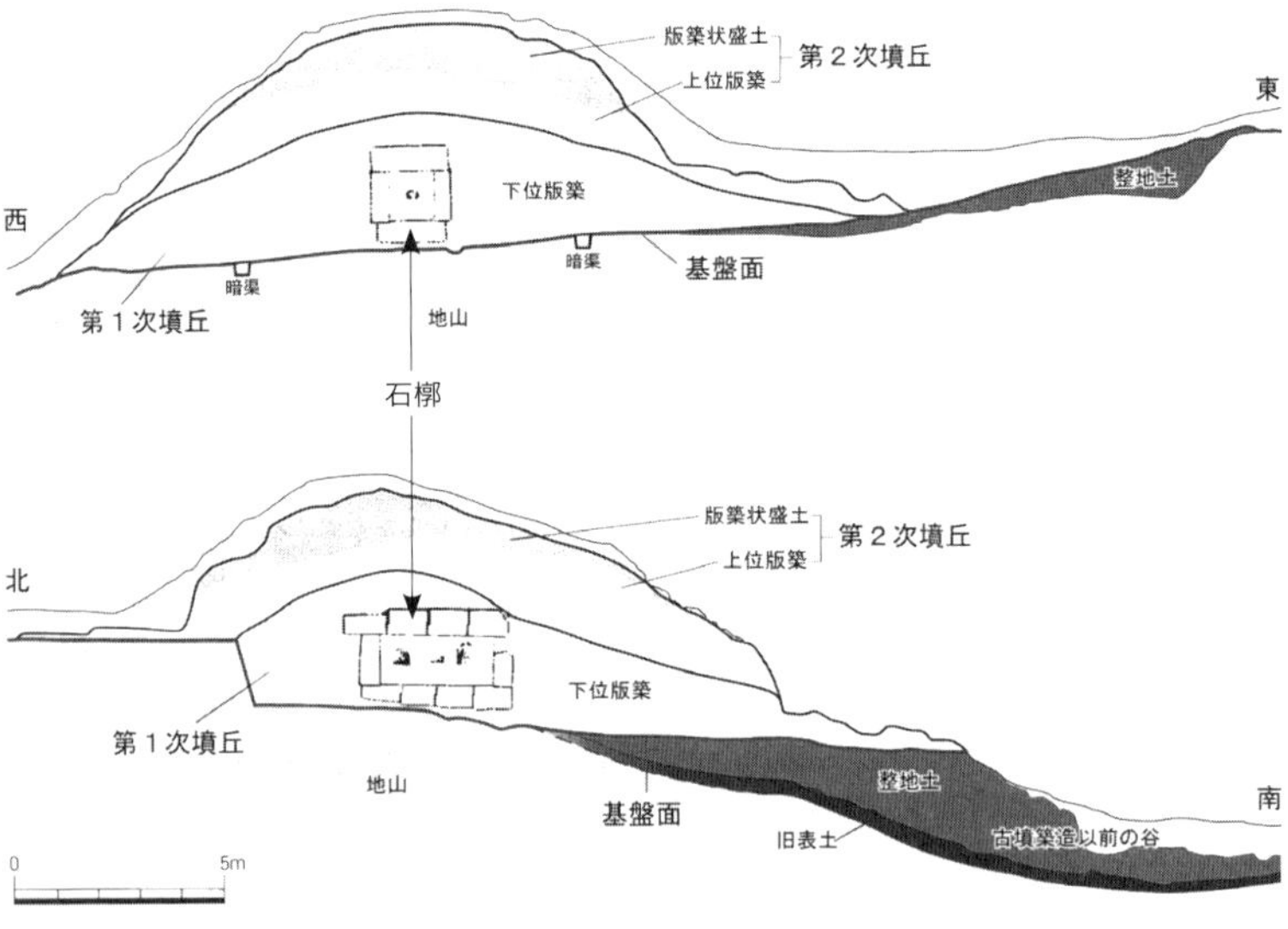

図５　高松塚古墳の石槨の位置と墳丘封土の構造（奈良文化財研究所ほか 2017 に追記）

土の層理面には編み物痕跡と、直径四〜五センチの重なり合う搗き棒痕跡が残されていて、入念な叩き締めがされたことを物語っている（図6・7）。

◉石槨の概要

墓道と敷板　石槨の南側からは幅約三メートルの墓道が確認されている。墓道は石槨の構築とともに盛られた下位の版築土を、ほぼ垂直に近く開削して設けられており、遺体を納めた木棺を石槨内に埋葬する際、南小口壁石（閉塞石）を取り外して行われた。墓道の底面からは閉塞石を運び込むための道板（コロのレール）として、木材を据えた敷板の痕跡が確認されている。床石、東西側壁石、天井石などの部材の隙間を漆喰《しっくい》で補填し、壁面の漆喰塗布を経て、壁画の描写や木棺の安置後、南小口壁石が閉められている。墓道の埋め戻しは下位版築に比べるとやや粗いながら、堅牢に搗き固める手法で版築を積み上げ、ここでも一部の層には凝灰岩の砕片が混ぜ込まれている。

図6　石槨を覆う薄い縞状の緻密な層からなる下位版築層（石槨解体時の状態）（奈良文化財研究所ほか 2017 より）

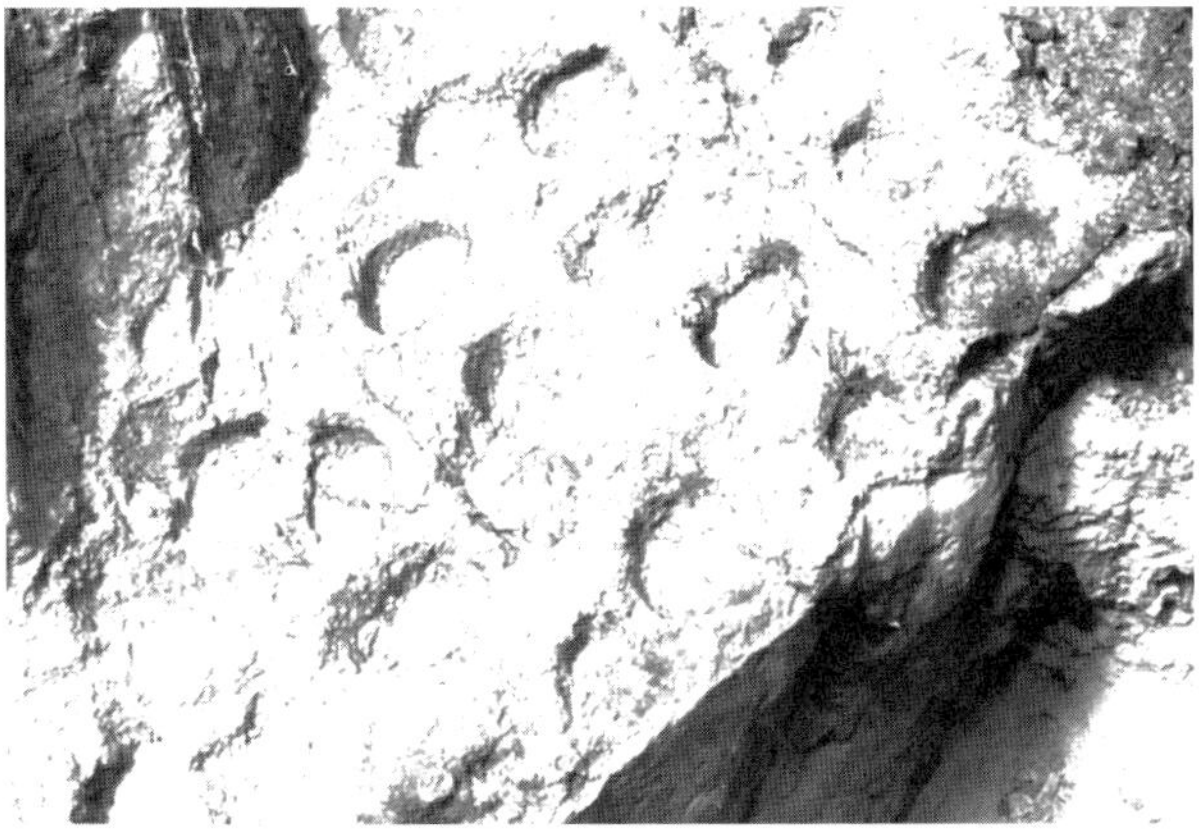

図7　版築層の搗き棒痕跡（石槨解体時の検出状態）（奈良文化財研究所ほか 2017 より）

石槨の形態と特徴　内部に壁画が描かれた高松塚古墳の石槨は、飛鳥時代後期に営まれた終末期古墳に特徴的な埋葬施設で、横口式石槨と呼ばれている。石材は大阪府羽曳野市と奈良県香芝市の府県境に広がる二上山《にじょうさん》北麓周辺で得られる、上部ドンヅルボー層の白色凝灰岩を加工した切石を用いている。石槨はこの可塑性に富んだ凝灰岩を、板状に加工した床石四石、側壁石八石、天井石四石からなる、合わせて一六石の切石をもって構築する。石槨全体は長さ三・九八メートル、幅一・九六メートルあり、槨内部の空間は長さ二・六五メートル、幅一・〇三メートルで、それぞれほぼ小尺（一尺二九・六センチ前後）の九尺と三・五尺にあたり、高さは一・一三メートルをはかる。石槨内は原則的に一人が埋葬できるだけの空間しかない。

石槨として構築された切石をみると、床石四石は幅の寸法を揃えているが微妙に違いがあり、長さにいたってはかなりサイズの異なった材を使っている。床石には隣り合う石と確実に組み合うように、木造建築技術に倣った相欠きの技法を用いて接合面積を広げ、狂いのないよう構築する工夫がみられる。また石槨内部床面に相当する中央部分を削り残し、周囲の削った部分に側壁石の下端を設置させる組み方になっている。南から北に向けて四石が並べられた床石は、東側の辺が直線に揃えられているが、西側の辺は長短不揃いのまま据えられている。側壁石をみると高さは揃えているが、幅は揃ったものを用いてはいない。側壁石も隣り合う側壁石との接合面に相欠きの加工を施している。天井石については南側三石の幅はほぼ同じだが、長さは揃えていない。特に北端の天井石はほかの三石と比べて全長は長いものの、幅が短く厚みはかなり薄く、一見して異質な感がある。完成時には石槨外面は版築によって覆われ、石槨内面は壁画を描くため漆喰が塗られているが、石材の外面や目地は隠れるため、無駄な整形作業が省かれている（図8）。また天井石にも相欠きが加工されているほか、石材設置時の組み上げ微調整に用いた梃子穴《てこあな》と思われる、幅一〇センチ余りの長方形の穴があけられている。

石槨の構築工程についても触れておこう。床石四石の石材を計測すると南の床石が最も厚く、順次薄くなって北の石材が最も薄い。床石の相欠き構造から南の石材から設置を始め、据付け面のレベルを調整し、漆喰を接着剤として用い、順次北側へ石材を据えたことがわかる。側壁石は床石とは逆に北小口壁石を据えた後、北から順に南へ配置したことが、相欠きの形状から明らかになった。この際も床石同様に接着面には漆喰を用いている。四石の天井石は床石と同様に、南から北への順に架構している。天井石の設置は床石とは反対に四石の西側端を揃えた結果、東側の石材端が不揃いとなっている。

興味深いのは、床石がわずかに南を低く設置されていることである、床石の傾斜は築造後に被った地震の影響で歪みが生じてはいるが、床石に傾斜をつけたのは当初の設計による。このことは東西両側の側壁石六石の正面形状をみると、左右（南北）の側辺を基準とした場合、上辺と下辺はいずれもわずかに南側が低く、北側が高くなるように加工されていて、正確な長方形とはなっていないことから明らかである。

高松塚古墳の石槨の形態を、類似する横口式石槨墳と比較してみよう。高松塚古墳と同様に大陸に系譜が辿れる四神図を主題とし、かつ先進的な絵画技術による壁画が描かれたキトラ古墳が、さほど遠く離れていない同じ明日香村内に存在する。このキトラ古墳も埋葬施設として横口式石槨を採用しており、凝灰岩の切石を用いて床石、側壁石、天井石を組み合わせた構造は酷似する。なおキトラ古墳に関しては、高松塚古墳壁画の保存問題とも重要な関わりがある

図８　**高松塚古墳の石槨の天井石と東側壁石**（石槨解体時の状態、南東から）天井石は西側（写真左側）を揃えた結果、東側（写真右側）が不揃いとなっている。（奈良文化財研究所ほか 2017 より）

ので、V章であらためて取り上げる。

漆喰の使用　これら石槨を構成する一六石の石材間の接触面には、漆喰が施されるとともに、組み上がった石槨の壁面の目地や隙間にも漆喰が塗られていた。使用された漆喰は炭酸カルシウム約九五％の純度の高いもので、丁寧な壁画面の漆喰塗りもあわせると、接着・補填・塗装など幅広い用途に及んでいる。床石上面にも漆喰が塗られていたが、床石中央付近は粗い仕上げとなっていて、周辺の仕上げが側壁石に近い丁寧な漆喰の塗り方とは異なっており、一部で塗り方の異なる境界が直線をなしていたことから、床には木棺を置くための棺台を設置した痕跡とみなされている。

◉木棺と出土品

漆塗り木棺の特徴　石槨内からは、中央に安置された木棺の部材が出土している。棺身は高さ約三一センチあり、長さ約一九九・五センチ、幅約五八センチと復元でき、厚さ一・五センチ程のスギの板材を小口板、側板、底板の計五枚を組み合わせる。小口板と側板は枘《ほぞ》組みで合わせ、各板は銅釘で固定する。スギの棺材には布を貼って黒の漆塗りを施したうえで、外面には金箔を貼って仕上げ、内面は鉛白を施して朱漆を塗って仕上げている。棺蓋は棺身に被せる構造で、主に東側壁石に残された盗掘時の棺移動等による傷などから、棺の全高は五二センチを超えると推定されている（図9）。

出土品の項で触れるように漆塗り木棺には装飾のため、各種の飾金具が要所に取り付けられていた。金銅製透彫金具と、鐶金具の座金と考えられる金銅製六花形金具《こんどうせいろっかがたかなぐ》は、棺の外面小口や側辺に取り付けられたもので、銅製座金具や金銅製円形金具などは、棺内面の留め金具や釘隠し金具として用いられたものだろう。

高松塚古墳の棺は本体の木棺に黒漆を塗り、金箔を貼りさらに飾り金具などで仕上げた豪華なものだが、終末期古墳には同じく漆塗で仕上げた棺として、麻や絹布を漆で塗り重ねた構造の夾紵棺《きょうちょかん》があり、牽牛子塚古墳《けんごしづか》

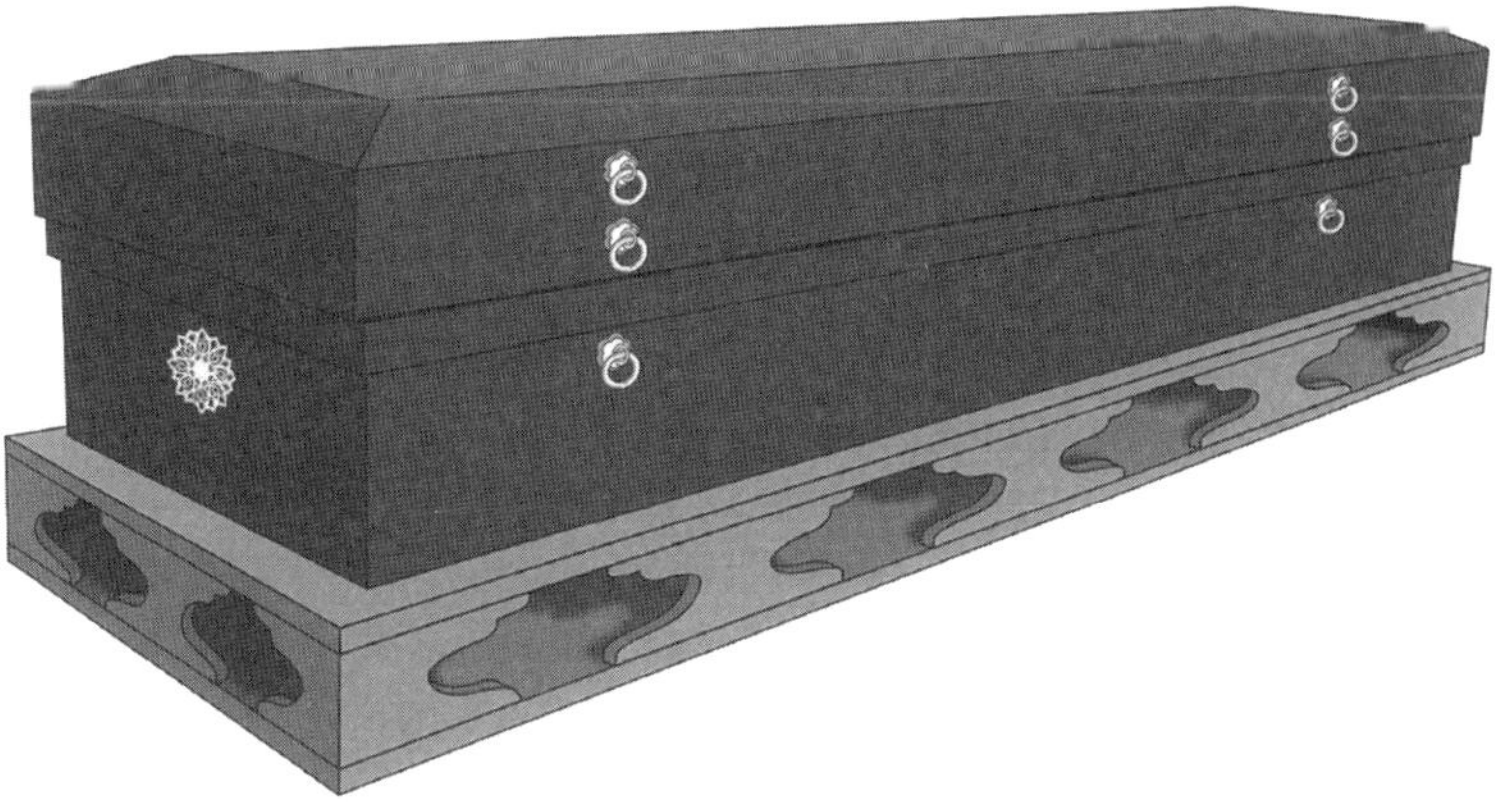

図９　高松塚古墳の木棺と棺台の想像復元図（奈良文化財研究所ほか 2017 より）

や阿武山《あぶやま》古墳などから出土したことが知られている。これらのほかに大きな破片が残存する柏原市安福寺《あんぷくじ》所蔵の夾紵棺があるが、これは特に絹布を使っていて、破片断面観察では漆を繰り返し塗られた四五枚の絹布による棺体の構造が明らかになっている。棺は棺身に棺蓋を被せる構造と考えられるが、長さ約九四センチ、幅約四八センチ、厚さ約三センチの破片の大きさから、棺身を復元すると長さが不明なものの、小口幅が九四センチ、高さ四八センチの法量であったと考えられる。このような安福寺の夾紵棺の製作や構造に加えて、牽牛子塚古墳から出土している七宝亀甲形座金具《しっぽうきっこうがたざかなぐ》のような豪華な棺金具などの存在からみて、夾紵棺は当時の最上級の棺と考えてよい。棺の序列からみると、高松塚古墳の漆塗り木棺は夾紵棺に次ぐものと推定してよいだろう。

棺台の存在　木棺は直に石槨に納められていたのではなく、現物は遺存していなかったが、先述の石槨床石に残された漆喰痕跡から、棺台の存在した可能性が高いとされている。棺台の法量は長さ約二一七センチ、幅約六六センチをはかり、棺よりひとまわり大きい長方形で、太子町御嶺山《ごりょうやま》古墳の石製棺台の側面に刻まれた格座間《こうざま》の表現などを参考にすれば、高松塚古墳の棺台も同様に、格座間を刳り出した低い木製箱形であったと推定される。

出土品　石槨内からは盗掘時に取り残された副葬品の一部が出土している。副葬品以外には少ないながら後に取り上げる土器など、墳丘から出土した遺物も存在する。これら副葬品やそのほかの出土遺物については、伝世品などの類例も含めて、比較できる資料がある。大刀の装具として足金物《あしかなもの》、石突《いしづき》、冑金《かぶとがね》、露金具《つゆかなぐ》、俵鋲《たわらびょう》が出土している。このなかの足金物は唐草文《からくさもん》と走獣文《そうじゅうもん》の意匠を透彫りした山形金具で、すでに本体は失われている銀装大刀に付属する装具である。この種の山形金具は正倉院宝物《しょうそういんほうもつ》のなかに見出すことができ、大刀のなかでも最も豪華といえる、金銀鈿《きんぎんでん》装唐大刀《そうのからたち》の山形金具と、系統を一にする形態的特徴をもっていることがわかる。

副葬品のなかには舶載鏡とされる海獣葡萄鏡《かいじゅうぶどうきょう》があるほか、玉類には琥珀製の丸玉二点や、ガラス製丸玉六点があり、これらとは別に約一、一〇〇点にものぼる粟玉《あわだま》とそれらの破片が出土している（図10・11）。

(2) 高松塚古墳壁画の構成と系統

●壁画の特徴と構成

高松塚古墳壁画はこれまで知られていた、北九州や東北南部から北関東の一部に存在する古墳や横穴の壁画とはまったく異なる世界観に基づいた画題を描いているだけでなく、新しい画法と描写技術によって実現された絵画として登場した墓室壁画である。

図10　高松塚古墳から出土した海獣葡萄鏡（橿原考古学研究所編 1972 より）

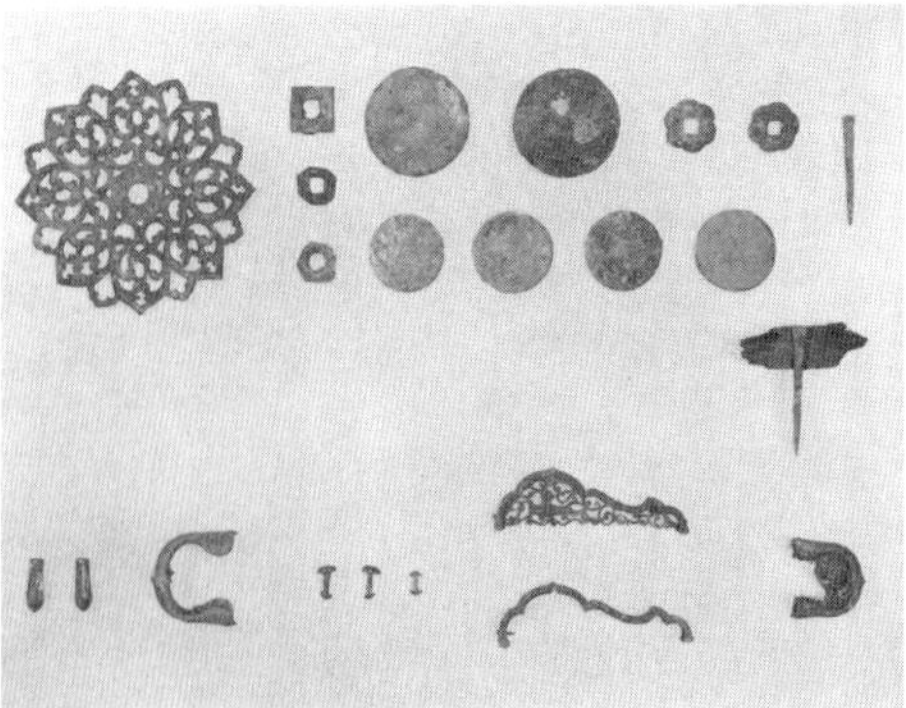

図11　高松塚古墳から出土した大刀装具などの副葬品（橿原考古学研究所編 1972 より）

高松塚古墳壁画の画題の内容をみると、盗掘によって失われた朱雀《すざく》を欠くものの青龍《せいりゅう》、白虎《びゃっこ》、玄武《げんぶ》を東南西北壁に配した四神図を画題の中心に据え、日像《にちぞう》と月像《がつぞう》や、男女の人物群像で構成された題材が、整然とした配置に従って描かれている。四神は中国戦国時代に創始された五行説に基づく、方位をつかさどる霊獣であり、壁画の四神図のように方位があてられ東の青龍は青、南の朱雀は赤、西の白虎は白、北の玄武は黒とする方色も定められている。この四神図に加えて東壁には金箔で表現された日像が、対する西壁には銀箔で月像が描かれており、どちらも雲と重なる水平線の上に置かれ、陰陽の思想に基づき対称的に壁画構成のなかに表現されている。天井には北極五星と四輔星《しほせい》からなる紫微垣《しびえん》を中心に、四神にそれぞれ七宿ずつに割り振られた二十八宿、三十二組を表した天文図が描かれている。天文図を構成する個々の星は金箔を貼り、互いに朱線で繋ぐことで二十八宿の星辰を顕かにし、その星辰は黄道に沿って運行することを表している。

このように高松塚古墳の壁画には日像、月像、星辰図《せいしんず》、四神図など天上界を表現した図像と、地上の現実世界を表現した人物群像との、いわば二つの世界が狭い空間の石槨内に描写されている。前者は律令制の政治的秩序を象徴するものとしての宇宙の原理を表したものであり、後者はその秩序に支配され華やかに彩られた現実世界を描いたものと解釈できるだろう。

ただこの高松塚古墳の天文図は、中国唐代の墓室や高句麗壁画古墳の天文図からの影響を受けていたものの、画題としての扱いは異なり、独自性をもつとする解釈がある。泉武は中国など大陸の墓室の天文図が死後世界の星空として描かれているが、高松塚古墳や後に触れるキトラ古墳の天文図は、天極星と北極五星を中心に据えて描かれた、天命思想が強く意識されたものであると考えた。また四側壁の画題についても、天命の使いとしての四神と、その命を受けた場面を人物像として表現したとする、壁画全体の画題構成の意味を解いている。(2)

◉壁画の画法と系統

高松塚古墳壁画の画法については、それまでの古墳壁画のように対象を平面的に単に並列して表現するのではなく、重なり合う人物像の遠近を奥行きある手法で表現するなど、新たな描写技術に大きな特徴がある。唐代の壁画にみられる大陸の先進的絵画の手法が墓室に採用された初期の数少ない事例である。

また壁画に描かれた個別の図像の表現についても、大陸の資料との比較によって、時代や系統を検討するうえで重要な特徴を見いだすことができる。画題の中心である四神図の図像的特徴が共通する資料として、六六七年に咸陽で埋葬された、唐の軍人蘇定方墓の墓道両壁に描かれた青龍と白虎など、七世紀後半の初唐の事例が挙げられるほか、国内資料では薬師寺金堂の薬師如来台座の玄武や、正倉院宝物として伝世された十二支八卦鏡《じゅうにしはっけきょう》の青龍と白虎との類似が指摘されている。高松塚古墳の青龍や白虎の尾は、後脚に絡むように潜らせてから跳ね上げる描き方に特徴があり、これも十二支八卦鏡の図像と通じるが、唐代でも八世紀代の壁画や鏡文様などにも類似した表現があり、図像の系統的な関係を推定させる。

人物像については群像としての描き方だけでなく、個々の人物や服装の表現にも特徴がみられる。人物像の全体構成は簡略化されてはいるが、基本的には中国唐代の出行儀仗図《しゅっこうぎじょうず》などがそのベースとしてあったといえる。如意《にょい》、払子《ほっす》、団扇《うちわ》など人物の持ち物や人物群の描写方法、加えて図像構成など壁画の特徴からみて、同時代の唐の墓室壁画から多くの影響を受けて成立したことに疑いはない。また人物像の横顔の描き方の特徴も、高松塚古墳と同時代の唐墓壁画の表現に最も類似しているとみてよい。ただ高松塚古墳の壁画の個々の人物の服装表現は、永泰公主墓や李寿墓などに代表される、同時代の唐の壁画墓に描かれた服装とは異なっていて、時代は遡るが高句麗《こうくり》壁画のなかの、水山里古墳や双盈塚などの服装表現に共通するところがあり、多分にその影響を受けていると見做してよい。こういった大陸からの表現上の色濃い影響がある一方で、群像として描かれたなかの従者など個々の人物が着用している服装は、当時の我が国の規定に則っている点も見落とせない。

例えば天武一三年（六八四）の詔の規定に基づいた上着のすそに襴《すそつき》を着用し、長い紐をたらした服装の表現があり、また男子の上衣が左衽《さじん》であることは、養老三年（七一九）以前の規定によっている。女子の上着の下に見える褶《ひらみ》は天武一一年（六八二）に禁じられ、大宝令制（大宝元年〈七〇一〉）で再び認められた服装の規定である。仮に服装が古墳築造時の服制を忠実に描いているとすれば、大宝元年以降に製作された根拠になると考えられる。ただ表現された服装を総体的に捉えた場合、飛鳥浄御原《あすかきよみはら》令制に準じているとする見方もあり、胡牀《こしょう》など儀礼用の器物なども含めた検討も必要だろう。

●高句麗系絵師の活躍

このように高松塚古墳壁画の題材や表現は、当時の中国だけではなく高句麗に展開する墓室壁画や、そのほかの文物などの造形と、深く関係するものであることがわかる。

なかでも星辰図の構図や、ともに四神図を壁画の主題としていること、また人物の服装表現などにも、製作年代の隔たりを超えて高句麗壁画と共通する点がある。それは高松塚古墳壁画が描かれるより、一世紀近くも遡る推古《すいこ》朝に初めてみえる、黄文《きぶみ》や山背《やましろ》など高句麗系の絵師が、その後に画工司として組織のなかに組み込まれ、次第に絵師集団を主導していったと指摘されていることと無関係ではないだろう。高句麗で培われてきた絵画描写技術や図像構成など、彼の地の絵画伝統が確実に引き継がれていたことを示している。そこへ遣唐使とともに唐に赴き、仏足石《ぶっそくせき》を模写したといわれている黄文連本実《きぶみのむらじほんじつ》のような絵師が、前代から引き継いだ高句麗絵画の技術や画法に加えて、唐の新たな画風も調和的に取り入れることで、高松塚古墳壁画が成立したとする美術史からの見解が主流となっている。

◉画像の下絵

高松塚古墳壁画の四神や人物図などが同時代の絵画や彫刻などと、図像的に類似することを根拠に、青龍や白虎などの四神図のほか、壁画に描かれた複数の男女の人物の顔などを描く際に、粉本《ふんぽん》（絵の手本となるもの）を使って写し取った可能性が指摘されている。このことは知識や技量が絵師集団に継承されるなかで図像やデザインも型紙のように代々伝えられたという考えだが、粉本そのものが実際に継承され、それが高松塚の壁画にも用いられたか否かはわからない。ただ青龍と白虎の胴部や脚部など体躯は反転して重ねるとほぼ外形線が一致することや、人物の顔についても、複数の顔の輪郭がほぼ重なることが認められているなど、型紙に類するものが用いられていた可能性は捨てきれない。

天井に描かれた北極五星や二十八宿を表現した天文図は、地上世界に対する天上を石槨内に表現する、中国の思想に基づいた画題を受け入れて成立したものである。ただもう一つの壁画古墳であるキトラ古墳に描かれた天文図の研究によれば、朝鮮半島における天文の知識が介在していた可能性が指摘されている。また両古墳の天文図については、星宿の形や精度にかなりの違いもあることも事実で、受容の経緯が異なっていたのかもしれない。

(3) 古墳の造営時期と被葬者

◉墳丘の規模

二〇〇四年に実施された発掘調査で、高松塚古墳の墳丘規模が約二三メートル、高さ約七メートルの二段築成の円墳であることがほぼ確定している。飛鳥に所在する終末期古墳の墳丘規模をみると、天武持統陵とされる野口王墓、斉明陵が有力視される牽牛子塚古墳、文武陵の可能性が高い中尾山古墳など、天皇陵に比定、ないしはその有力な候補とされる八角形古墳では、対角長が三〇メートル以上あり、墳丘規模では当時のトップクラスとみることができる。一方高松塚古墳の直径二三メートルという規模は、同村大字真弓《まゆみ》にあるマルコ山古墳の直径

（対角長）とほぼ同じ数値で、この両者は最上位に準ずる階層と考えてよい。すなわち墳丘形態に違いがあるものの、飛鳥時代の古墳の墳丘規模を基準として比較した場合、高松塚古墳は天皇陵に次ぐクラスに位置づけられる。ちなみにキトラ古墳や、平城京《へいじょうきょう》の北にあたる奈良市神功と木津川市兜台の府県境にある石のカラト古墳は、直径ないし一辺が一四～一五メートルの規模であり、墳丘規模で比較すると、高松塚古墳などのさらに次のクラスと考えることができるだろう。

●高松塚古墳の造営時期

石槨の構造　高松塚古墳と類似する横口式石槨を有する終末期古墳の事例は、河内から大和地域に分布するが、なかでも比較的古い時期の石槨は河内に多く存在している。横口式石槨の起源や出現の契機に関しては、形態の継承を根拠として太子町松井塚《まついづか》古墳などの家形石棺形の石槨に代表される石棺からの系譜を軸に捉える立場があるが、一方で香芝市平野塚穴山《ひらのつかあなやま》古墳を典型とする切石を用いた横穴式石室を介して、構造と用材から接近する系統的な理解がある。後者は百済《くだら》の

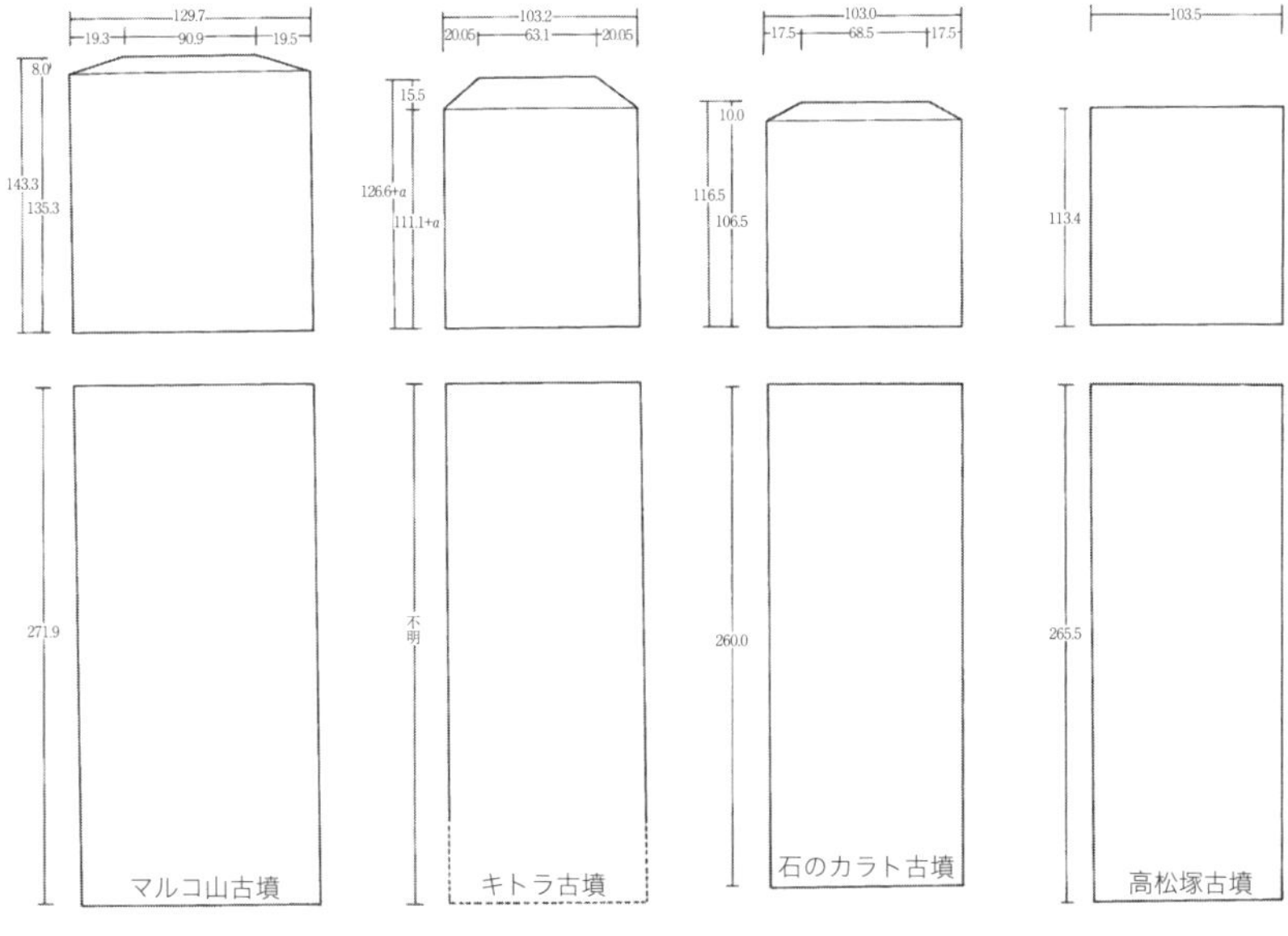

図12　石槨規模と構造の比較（明日香村教育委員会 1999 を加工）
上が石槨の横断面形・下が平面形を表している。

扶余陵山里古墳群東《とう》下《げ》塚《づか》古墳との構造や形態的繋がりを根拠に、大陸からの影響を重視した解釈である。

　飛鳥地域とその周辺において、構造上および系統的にも関連が深いとみられる横口式石槨と比較することが可能である。具体的にはこれまでにも取り上げてきた同村所在のマルコ山古墳とキトラ古墳、および石のカラト古墳について、高松塚古墳と比較してみる。これらの石槨は凝灰岩の切石一六枚から一八枚をもって石槨を組み上げており、基本的に隣り合う切石とは相欠きによる継手技術を用いて、躯体としての石槨の強化を図る。同様に床石は側壁を設置する部分を削り込んで安定を維持させるなど、多少の違いはあるものの、構造的には共通した仕様であることがわかる。ただそれぞれの横口式石槨の主に形態的特徴に注視すると、構造の簡略化に添った型式学的な組列を読み取ることができる。具体的には石材の規格性や屋根形天井の消失、加えて石槨規模も関係すると考えられる。それに従えば型式学的に先行するマルコ山古墳、キトラ古墳、石のカラト古墳タイプの三基から、退化した高松塚古墳への変遷という相対的な時期の差に置き換えることができるだろう（図12）。

葬法と葬地　高松塚古墳と同一丘陵上にあって、南東方約二五〇メートルの指呼の距離には、宮内庁が文武天皇陵に治定する檜隈《ひのくまの》安《あ》古岡上陵《このおかのえのみささぎ》（明日香村大字栗原の栗原塚穴古墳）が存在する。一方高松塚古墳の北の谷を隔てて、隣り合う北側の尾根上には、史跡に指定されている中尾山古墳が立地している。近世以降の陵墓治定の経緯は先に記したが、最近実施された中尾山古墳の調査成果によれば、墳丘は版築と基壇に似た石積みからなる八角形であることが確定した。また精巧に磨きあげられた花崗岩と、凝灰岩一〇枚の切石からなる横口式石槨内の空間は、およそ九〇センチ四方の内法で、火葬用骨蔵器の安置に相応しい構造で、真の文武天皇陵である可能性がきわめて高い状況的証拠が揃っている。

　この中尾山古墳と高松塚古墳との関係については、火葬墓と非火葬墓という埋葬方法の違いを、そのまま造営順序に置き換えて良いとはいえず、慎重を期す必要がある。ただ文武天皇陵は『延喜式』によれば兆域東西三町、

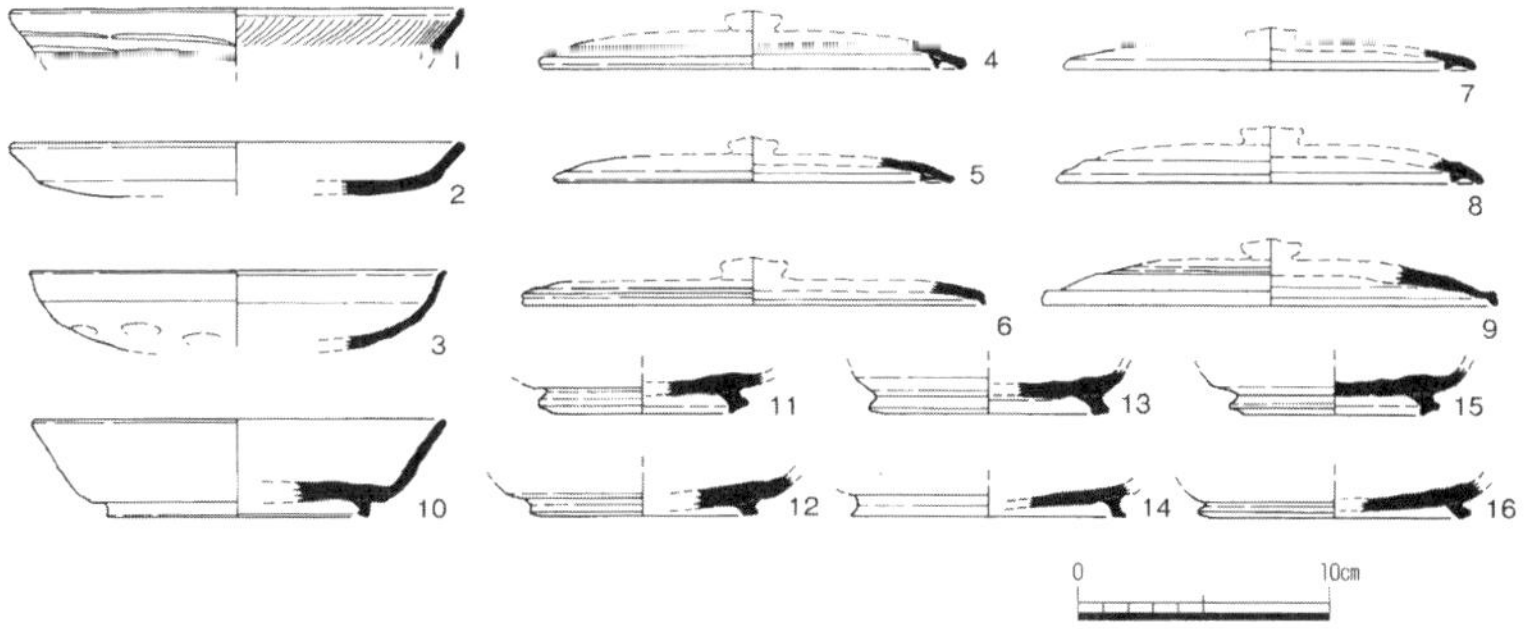

図13　高松塚古墳から出土した土器1（奈良文化財研究所ほか 2017 より）
石槨解体時の発掘調査で墳丘封土と墳丘下整地土から出土（11・12 は周溝最下層から出土）。

南北三町、陵戸五烟とある。中尾山古墳が文武陵だと仮定した場合、高松塚古墳の位置はその兆域にきわめて隣接しており、文武天皇の没年である慶雲四年（七〇七）以降に造営されることがないと考えれば、それが高松塚古墳の年代の下限を示しているともいえる。

副葬品　高松塚古墳から出土した副葬品には、古墳の年代を推定することが可能な資料が少なくない。先に触れた船載の海獣葡萄鏡と同型鏡とされる鏡が、中国西安市独孤思貞墓や同市十里鋪三三七号墓などから出土しており、独孤思貞墓では神巧二年（六九八）の墓誌とともに出土している。墓誌は鏡の製作年代の下限を示しており、本鏡はほぼ七世紀終末の製品として絞り込める考古資料である。これについて王仲殊は、独孤思貞墓例から海獣葡萄鏡の年代を考慮した上で、黄文本実などが派遣された天智八年（六六九）以降、三〇年余り中断していた遣唐使が、大宝二年（七〇二）に粟田《あわたの》真人《まひと》を執節使として派遣され、二年後の帰国時に唐から海獣葡萄鏡を持ち帰る機会があったと想定した。したがって慶雲元年（七〇四）以降に高松塚古墳に埋葬された可能性が高いと考え、古墳の年代を推定するうえで、根拠となる有力な資料だとした。

古墳にともなう土器　土器は一九七二年に行われた最初の発掘調査以来、数度にわたる調査の機会に出土した資料があるが、いずれも破片資料に限られる。しかし破片とはいえこれらの土器は、高松塚古墳の築造年代

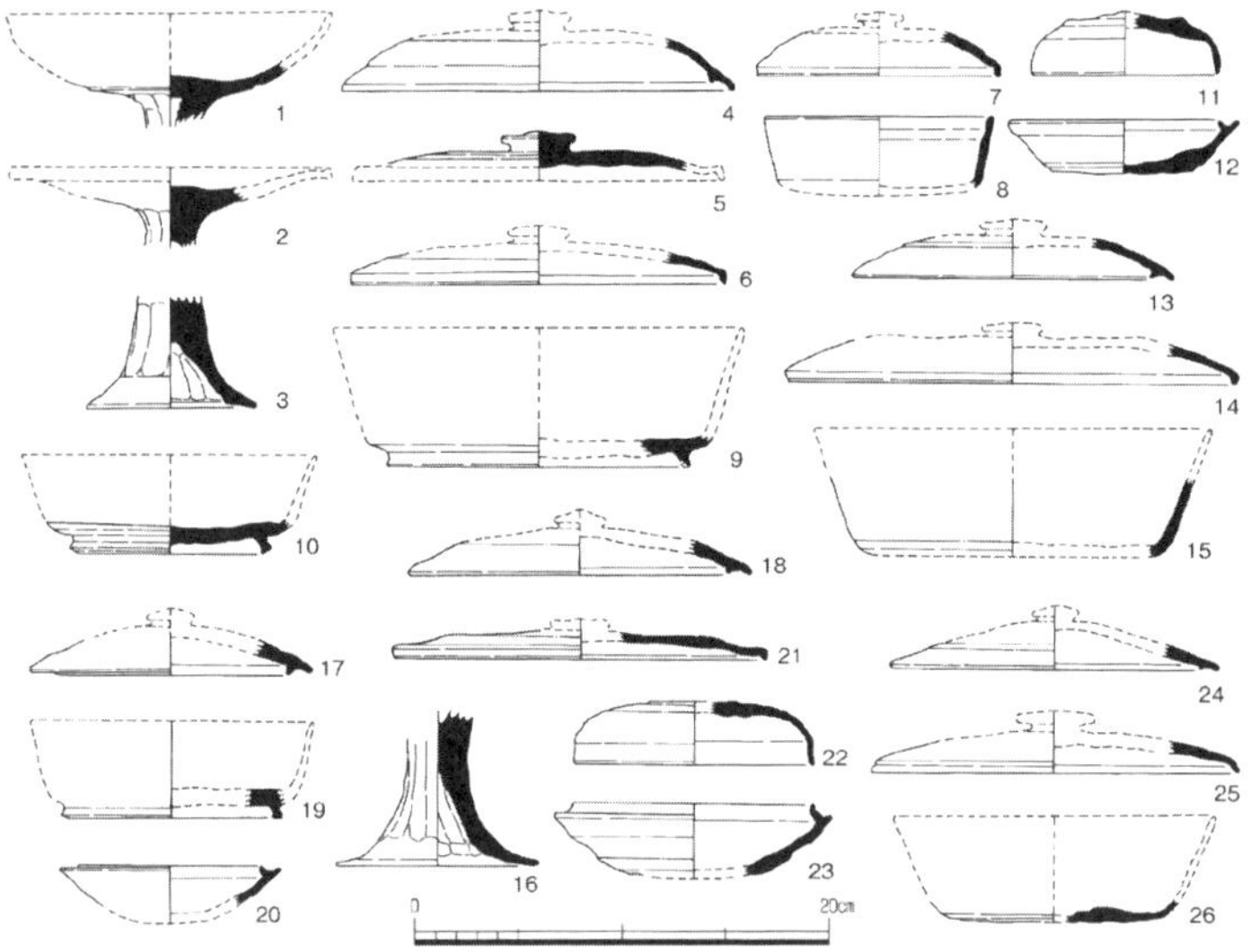

図 14　高松塚古墳から出土した土器 2（奈良文化財研究所ほか 2017 より）
石槨解体より以前の発掘調査で出土した土器（1〜10 は墳丘下の整地土から出土、11 〜 15 は版築内から出土、16 〜 20 は墓道埋土から出土、21 は周溝から出土、22 〜 26 はそのほかの遺構などから出土）。

を考える上で確かな鍵となる。墳丘の整地土と墳丘版築土からは、須恵器《すえき》と土師器《はじき》が出土しているが、時期が判定できる須恵器はいずれも藤原宮が機能していた時期（六九四〜七一〇年）に限定できる。墓道の埋土から出土した須恵器もこれらと同時期とみてよい。一方周溝からも須恵器が出土しているが、これらの土器はいずれも平城京遷都前後の特徴をもっている。なお石槨解体にともなう発掘調査では、版築の最下層から須恵器坏蓋が出土しており、藤原宮期の年代が与えられ、高松塚古墳の築造時期の上限を示すと考えてよい（図13・14）。

人骨　高松塚古墳の石槨内からは被葬者の人骨が出土している。顎骨、舌骨、甲状軟骨、頸椎骨、上膊骨、大腿骨、下腿骨、距骨のほか、臼歯が三点出土している。島五郎氏による骨の状態や、骨化状況および歯の咬耗の分析によって、四〇から五〇歳ぐらいの熟年男性であるという結果が得られている。

●被葬者の謎

一九七二年の壁画発見以来、石槨解体の調査を含む数次の発掘調査によって、高松塚古墳に関わる諸学の学術的な解明が進められた。古墳の発掘調査成果やそれに基づく研究において常に期待されるのは、墓の被葬者の問題だろう。特に飛鳥時代の終末期古墳の場合は、何らかの関係があると推定される人物の記録も少なないため、なおさら諸説が唱えられることになるが、高松塚古墳の被葬者論はまさにその代表例といえる。

被葬者の性格や地位などから区分すると、皇子説、高位の官人説、渡来人説などが挙げられている。

皇子を被葬者と考える立場では、高松塚古墳が位置している藤原京の南方丘陵地域に立地する天皇陵や、相応の規模や構造の石室や石槨を備える終末期古墳などを考慮し、かつ死亡時期などが矛盾なく説明可能な候補が挙げられ、時期的には天武天皇の皇子の年代が該当するとされている。この場合『延喜式』などの葬地と一致しないものや、比定できる可能性の高い墓が別にあるものなどを除いて絞り込むことができる。弓削《ゆげ》皇子は大宝二年に火葬された僧道昭《どうしょう》、さらにはその翌年に天皇として最初に火葬された持統天皇が没する、四年前の文武三年（六九九）に亡くなっており、有力な候補のひとりに挙げられている。古墳をより新しいとみて、七世紀に没した人物を除いた場合は、慶雲二年（七〇五）に亡くなった忍部《おさかべ》皇子も、被葬者候補の範疇に入ってこよう。

壁画東壁に描かれた男子像に注目してみると、中心人物である男子にかけられた蓋《きぬがさ》の表の色が濃緑色であり、『令義解《りょうのぎげ》』「儀制令」の規定に基づけば、一位の階位に該当する。さらに頂と四隅を錦で覆い、朱色で錦の房を表現していることがわかる。この男子が被葬者を描いていたと解釈した場合、候補を一位の人物から探ることが可能となる。高松塚古墳が築造された時期とされる、七世紀終末から八世紀初頭に限定してみると、霊亀三年（七一七）の没後従一位を賜っている石上麻呂《いそのかみのまろ》を候補とすることができる。この場合は奈良時代の古墳になるが、石のカラト古墳が平城京遷都後に、高松塚古墳に先行して平城山の地域に築造されていたということが前提となり、帰葬の問題や葬地の設定などに関しても議論があるだろう。また、持統天皇以降の天皇が火葬されている事実との関係から、葬法の問題についても解釈が必要とされる。

　これらの候補以外にも、大友皇子の長男である葛野《かどの》王のほか、善光《ぜんこう》王など百済の王族や、高句麗系の渡来人などを被葬者として挙げる見解もある。

　本書は国宝壁画の甚大な劣化被害という、前代未聞ともいうべき大きなイベントに遭遇してしまった事態を通して、あらためて墓室壁画保護の問題について考える契機としたい。本章ではこの問題を考えるうえで欠かせない、壁画発見時を含め、以降の数次におよぶ発掘調査によって明らかになった、様々な考古学的事実を簡潔にまとめて記述した。加えて調査の成果を踏まえた研究の一端にも触れたが、それぞれの専門分野に関する最新研究については個別の論文等に譲りたい。さらに壁画が著しい劣化を被ったなかにあっても、着実に進められた各分野の研究が、今後より深められることにも期待したい。

註

（1）高松塚古墳の埋葬施設の呼称については、古墳時代後期以降の横穴式石室の変容を一連と把握し、一般書籍や公式文書などの場合、石室とすることが多い。本書ではその形態や構造から、引用文を除き、終末期古墳の近年の調査・研究に準拠した用語の使用に倣い、石槨《せっかく》という用語で統一している。

（2）泉　武『キトラ・高松塚古墳の星宿図』同成社、二〇一八

Ⅱ章

国宝の壁画が辿った道

松田真一

1 壁画はどのように扱われたか

(1) 壁画発見の経過

◉村史編纂事業のなかで

冒頭にも紹介したように、戦後の埋蔵文化財の行政的動向は、著しい経済発展のもとで開発行為にともなう発掘調査が急増し、次第に地下に埋蔵されている遺跡の価値の認識とともに、遺跡の保存意識も高まった。このような遺跡についての市民の認識は低成長時代になった今日では定着し、埋蔵文化財行政は地方公共団体による遺跡保護のための調査や、遺跡の範囲を確定するためなどの発掘調査に主体が置かれてきている。こうした遺跡保護を念頭においた発掘調査を除くと、地域史解明を目的とした学術的な遺跡の発掘調査は、かつてと比較すると減少しているのが現状である。

しかし、全国的に地域史編纂が盛んだった一九六〇〜七〇年代当時、全国各地ではその編纂を機会に、事業の一環として新たに遺跡の発掘調査が実施されることが少なくなかった。地域史の掘り起こしに積極的に取り組もうとする考古学や古代史の分野が主導した、新たな資料の渉猟や蓄積といった側面もあった。我が国の国家形成期である飛鳥時代を中心とした、重要な遺跡が数多く眠る奈良県明日香村では、隣り合う橿原市の宅地開発が市村界まで及んでいる情勢にあって、「古都における歴史的風土の保存に関する特別措置法（古都保存法）」や、総理府による「明日香村歴史的風土保存区域」および建設省「明日香風致地区」の指定など、法的・行政的に村内の遺跡をはじめとした歴史・文化遺産を保護する措置が図られてきた。

そういったなかで村史の編纂事業を進めていた明日香村は、一九七二年（昭和四七）にその事業の一環として、同村平田に所在する高松塚古墳を学術的に発掘調査する方針を決定し、現地調査を奈良県立橿原考古学研究所に依頼し、同年三月一日から発掘調査を開始した。盗掘坑から掘り進められた発掘調査は同月中旬までに、凝灰岩の切石を組み上げた石槨を確認するに至った。三月二一日に石槨の調査に取りかかるため、調査員の一人が石槨南側小口にあけられた盗掘穴から内部を覗きこんで、薄暗い石槨の壁面に描かれていた極彩色の壁画を発見するに至った（図1）。

横口式石槨という終末期古墳の埋葬施設に加えて、前例のない壁画の存在が決定的となって、あらためて当古墳の重要性が認識された。何より発見された壁画が幸運にも、酷い劣化を被ることない状態で今日まで保存されていた事実に鑑み、発掘調査終了後間もない一九七二年四月には、速やかに古墳の管理が、明日香村から文化庁に委ねられた。また壁画保存という重要かつ喫緊の課題に対処するため、文化庁に高松塚古墳応急保存対策調査会が設置されることとなった。

●壁画発見後の手探りの対応

早速当該調査会のもとで、石槨内の温湿度や微生物調査をはじめとする壁画保存のための環境調査が実施され、その結果に基づき保存対策を講じるための協議が行われた。当面の具体的対策として、天井に描かれた星宿図の剥落を防止するため、アクリルエマルジョンを用いた処理のほか、微生物対策としてパラホルムアルデヒドを塗布するなどの対策を講じている。一九七二年九月になり、石槨前面に外気の影響を防ぐ目的で遮蔽用の仮前室が設けられる。

図1　高松塚古墳壁画発見時の石槨内部
正面奥壁に玄武像が見える。（橿原考古学研究所編 1972 より）

その年の一〇月には、フランスの後期旧石器時代の洞窟遺跡として知られている、モンティニャックにあるラスコー壁画の保存対策の経験をもつフランスのフロワドボー氏と、地中微生物の専門家フォシオン氏を招聘し、現地調査を含めた保存のためのアドバイスを受けている。この時点で壁画の剥落の問題とともに、黴被害を想定したうえで、微生物についての対応が課題であることを認識していたことがわかる動きといえよう。

◉壁画の現地保存に向けて

応急保存対策調査会は同年一二月に高松塚古墳保存対策調査会として改組され、第一回調査会において「現地で保存していくことを原則とする」として、保存施設と壁画修復の部会を設け、本格的な保存対策の検討に取り組むことになった。調査会では翌一九七三年一月には早くも、専門官を壁画保存について実績のあるフランスとイタリアに派遣し、主に現地保存の方法や課題などについて、海外の先進事例の情報収集などに努めた。同年一〇月には、修復技術に関する豊富な経験をもつイタリア中央修復研究所モーラ氏を招聘し、壁画の剥離を防止するためパラロイドB72の使用の推奨などのアドバイスを受けている。

その一方で将来の壁画の経年劣化や、一九四九年の法隆寺《ほうりゅうじ》金堂壁画《こんどうへきが》焼失のような、不慮の事故などの危機回避も考慮されたのだろうか、壁画現物の保護対策を検討することとは別に、同年八月からは芸術院会員前田青邨《まえだせいそん》の総監修のもと、平山郁夫《ひらやまいくお》、守屋多々志《もりやただし》、近藤千尋《こんどうちひろ》、月岡栄貴《つきおかえいき》の院展所属作家五氏に委嘱して、壁画の模写が開始されている。翌一九七四年三月に壁画の模写は完成し、現在高松塚古墳に隣接する高松塚壁画館に常設展示されている。

◉保存方針の決定と保存施設の建設

壁画の保存方法としては先述の高松塚古墳保存対策調査会の第一回において、現地での保存を前提とすることで検討が進められていた。この壁画保存の考え方は、一九七三年一〇月に開かれた第四回壁画修復部会での議論にも引き継がれ、高松塚古墳の石槨については、現地に保存のための施設を建設し、壁画を現状のまま維持し保存するという、その後の壁画保存の行方を左右する重要な方針が、あらためて決定されることになった。

壁画現地保存の実施に向けて古墳本体については、一九七四年八月に保存施設の建設予定地である石槨南側にあたる墳丘の発掘調査が実施され、その終了を待って保存施設の建設に着手した。

文化庁は壁画の現地保存の決定を受け、壁画保存技術研修のため一九七四年から一九七五年にかけて、相次いで技術者をイタリアに派遣する。また一九七五年四月には翌年の保存施設完成に備えて、壁画の現状把握のための本格的な調査を実施し、壁画の管理計画を取り決めた。一九七六年三月には保存施設が竣工し、その運用が始められた。

(2) 文化庁による保存管理の実態

◉特別史跡と国宝に指定

高松塚古墳の発掘調査による壁画発見以降、保存施設完成までの文化財保護法に基づく指定を含む保護措置の経過を整理してみよう。壁画発見の翌一九七三年四月には高松塚古墳が特別史跡の指定を受け、国内の埋蔵文化財の扱いとしては最も上位にランクされるとともに、さらに翌年には高松塚古墳壁画が国宝に、副葬品を主とした出土品が重要文化財に指定された。なお実質的な古墳と壁画の保護に関しても、先に触れたように古墳は壁画発見の翌月（一九七二年四月）には、壁画保存の重要性が考慮され、速やかに国の管理の下におかれ、以降は文化庁がその任にあたることになった。

◉経験のない漆喰壁画の保存

日本列島では九州北中部を中心として、一部東北地方南部にも分布する横穴式石室や横穴の壁面に、絵画が描かれた壁画古墳が存在していることはよく知られていて、壁画の保存方法や劣化対策に関しても長い経験が重ねられてきた。ただこれらの古墳壁画の多くは、高松塚古墳より一五〇年前後も遡る六世紀を中心に築造・製作されたものであり、また高松塚古墳のように石材面に漆喰を塗り、その上に壁画が描かれているのとは違い、なかには白土を塗った例もあるが、多くは石室の石材面に直接顔料を用いて、絵画や文様などを描く手法を採っていて、高松塚古墳壁画とは描かれる支持体が異なっている。

高松塚古墳壁画の発見後、Ⅳ章で詳しく触れる茨城県ひたちなか市虎塚古墳や、同じ明日香村キトラ古墳で壁画が発見されることになるが、高松塚古墳が発見された当時、我が国では封土に覆われた古墳の石室や、石槨内全面に塗られた漆喰に、絵や文様などが描かれた墓室壁画の保存の前例や実績はほぼなかった。このような事情のなか、ポンペイなどフレスコ画の保存経験が重ねられていた、ヨーロッパの壁画保存の技術に学ぼうとしたことは、自然の成り行きではあった。壁画が存在した場所の自然や人為環境、墓室の素材や構造、壁画下地や顔料などに違いはあるものの、先行事例の経験をもつフランスやイタリアの壁画保存の専門家を招いて、高松塚古墳壁画のより適切な保存管理方法のアドバイスを参考にして、保存策を模索したことも無理からぬことであった。

このような経緯を振り返ると、発見直後の壁画保存の取り組みが、とりわけ慎重に進められていたことが窺える。壁画発見以降、保存方法について十分な広報や公表がなされていたとは言い難い面もあったが、誰もが特別史跡に指定された高松塚古墳本体も、世紀の発見と評された石槨内の壁画も、国の責任において厳重にかつ適切に維持・管理されることを疑わなかった。

●保存施設の構造と仕組み

現地において壁画をできる限り発見時の状態で維持するため、一九七六年三月に完成した保存施設は、古墳の前面に設置されたコンクリートがむき出しの建物構造となった。保存のためとはいえ終末期古墳の墳丘を大きく切り裂いて設けられた外観を初めて目にしたときは、相当な違和感があった。しかし壁画を維持し現状で保護するためには、不可欠の施設と考えられ、古墳と不釣り合いな景観はもとより、石槨と一体である重要な終末期古墳の墳丘の犠牲も、容認せざるを得なかったのだろう。

施設の内部はコンクリート造りの二階建てで、一九七四年の一次調査の発掘調査区を利用する形で設けられて

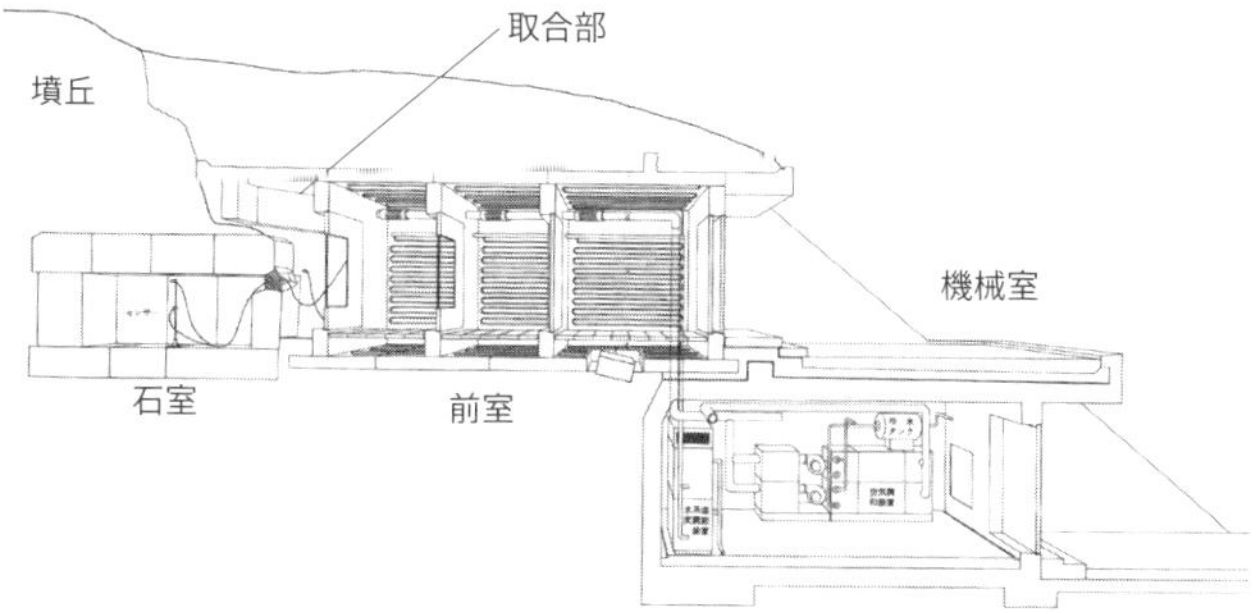

図２　高松塚古墳保存施設の構造図・高松塚古墳石槨と保存施設の関係
（坪井清足・猪熊兼勝ほか 1982 より）

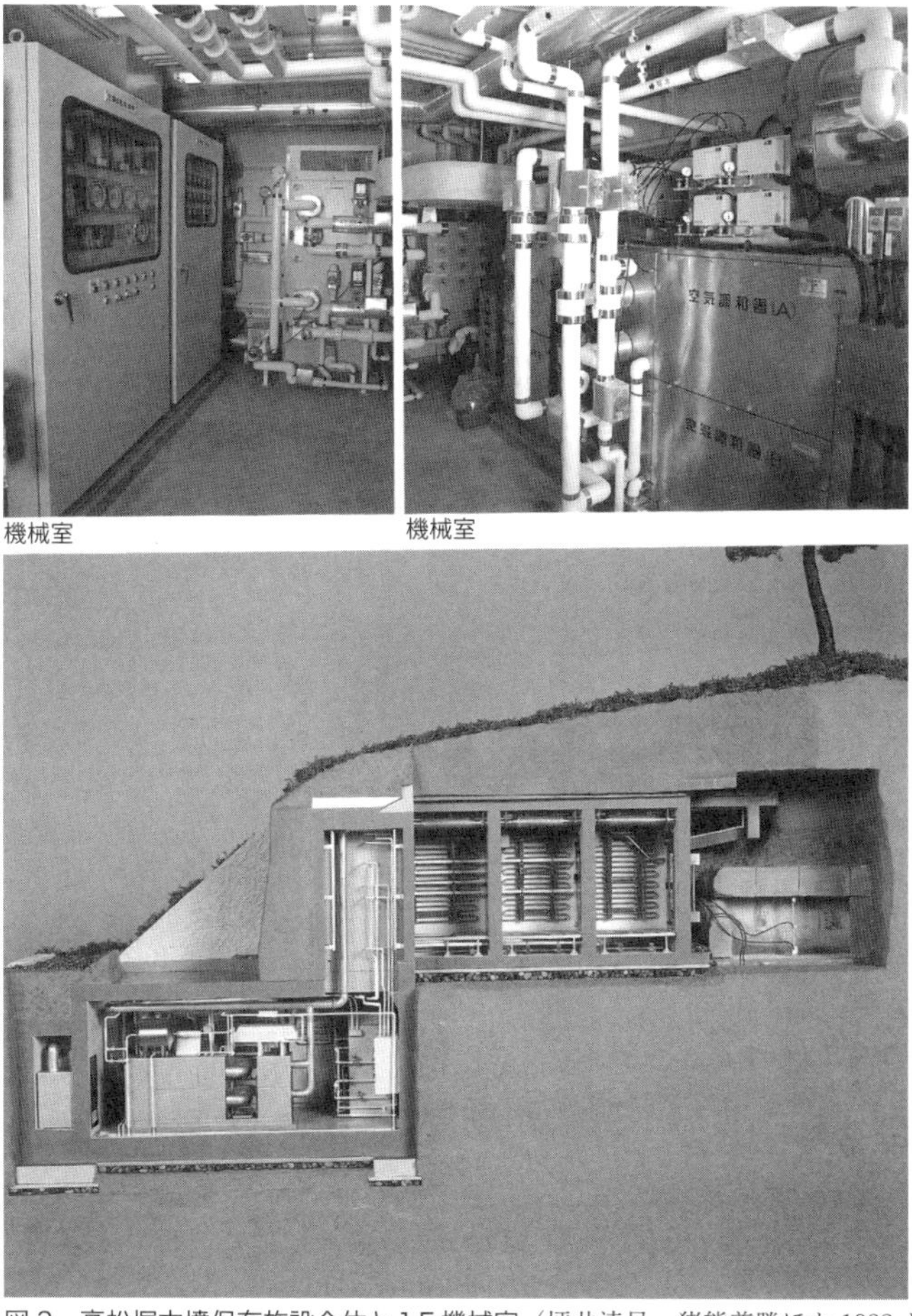

図３　高松塚古墳保存施設全体と１Ｆ機械室（坪井清足・猪熊兼勝ほか 1982 より）

いる。北側には壁画の管理のために石槨に通じる前室と、準備室を併せた二階部分があり、南側にはその二階の空調管理を行う電気・機械室の一階部分とからなる、図2・3のような構造の施設であった。また前室と石槨の間には取合部という長さ約一メートル、幅約二・九メートル、高さ約二・七五メートルの緩衝空間が設けられている。つまり石槨南側小口部と保存施設前室が直結せず、間に古墳の封土とその一部である版築が壁となる、通路状の空間が存在したことになる。

この施設の目的は、石槨内の環境や壁画の状態の点検のほか、脆弱な状態の漆喰や顔料の剥落修理など、必要があって石槨内に係員が出入りする際、石槨内環境に直接外気の急激な変化や、負荷による影響が及ばないよう、機械室の空調設備によって通路にあたる前室内を、石槨内に近い空気環境に維持するという、いわば間接的に石槨内の環境維持をはかろうとするものであった。要するに高松塚古墳壁画の現地における保存策の基本的考え方は、密封されるように版築土によって覆われた条件下にあって、外気など外の環境から直接の影響を受けてこなかった発見時の石槨内環境のままで維持することが前提となっていた。したがって何らかの理由や原因で石槨内が好ましくない空気環境になったとしても、強制的に石槨内の環境を調整することや、制御する仕組みにはなっていない。この保存施設の構造と機能は一般の市民はもとより、関係者であっても誤解や、十分理解されていない面が現実としてあったことは否めない。

●墓室環境の復旧に期待

こういった石槨内環境の非制御方式ともいえる機能の保存施設を選択した背景には、我が国では漆喰面に描かれた墓室壁画の適切な保存対策についての経験がないということも、少なからず関わっていたのではないかと思われる。ただそれだけではなく、壁画を保存するための理想的環境を人為的に作り出すよりは、発見まで壁画が著しい劣化や褪色などに見舞われず、およそ一三〇〇年間も維持されてきた墳丘下の安定した石槨内環境を重視したことが、むしろ大きな理由だったのではないかと考えられる。ヨーロッパの壁画保存の経験に基づくアドバイスもあっただろうが、最終的に現状の維持を重視した考え方に基づく、構造と機能の施設としたことには、堅牢な版築に覆われた高松塚古墳の石槨は、仮に一時的に外からの不測の悪影響があっても、環境を再び復旧する柔軟な構造であるという認識があり、それに期待した考えが根底にあったように思われる。以上のように当時の壁画維持方法の判断を推し量ってみると、保存施設を建設した当時の壁画保存の方針や、それに基づく設備の構造や機能には、十分に納得できる理由があったといえる。

ここで重要なことはこのように限定された機能しかもたない施設であるが故に、細心で慎重な運用が必要だったことである。壁画を良好な状態に維持していくためには、当然壁画自体の異常や変化の点検と同時に、施設と石槨を覆う古墳の環境も含めた、厳重な管理が担保されていなければならなかったはずである。一般の見学をさせないという判断を下し、壁画の点検や修理のため基本的には年数度という最低限の保存施設への立ち入りに限ったのも、強制的な環境コントロールを前提としていない構造・機能だったからにほかならない。

(3) 施設完成後の古墳壁画の管理―点検の記録から―

このような考え方に基づいて建設された保存施設を備えることで始まった壁画管理であったが、現実には思い描いた通りの壁画の維持・管理が実現できなかったことが、次第に露呈することになる。高松塚古墳の壁画の保存状態は一九七二年に発見されて以降、見た目には落ち着いた時期もあったらしいが、その管理は特に設備完成後のかなり早い時期から、しばしば発生する生物被害（黴）との戦いであったことが、著しい壁画劣化が問題となった後になって、ようやく明らかにされた。文化庁からは一九七六年三月末の保存施設竣工後の壁画の保存修理と、壁画の状態調査の記録の概略が公表されている。

ここでは二七年にもわたる間、詳しい情報はほとんど公にしてこなかった文化庁が、二〇〇三年になってようやく立ち上げた国宝高松塚古墳壁画緊急保存対策検討会と、それを受けて二〇〇四年から始まった国宝高松塚古墳壁画恒久保存対策検討会のなかで、その維持管理の実態を一部に限って明らかにした。保存施設が竣工して以降、恒久保存対策検討会が開催されるまでの記録をもとに、どのように管理されてきたか、羅列的で多少煩雑な記述になるが、記録を補綴する意味から、註釈（本文括弧付きとⅡ章末の註で記述）を加えて、時系列で経過を追ってみよう（文化庁ホームページ→文化財→高松塚古墳・キトラ古墳→国宝高松塚古墳壁画保存管理の経緯〈昭和四七年〜平成一八年九月〉を参考・準拠した記載としている）。

▽一九七六年三月末　保存施設の竣工。

▽一九七六年七月　壁画修理のための調査が行われる。

▽一九七六年九月　この月から翌年二月にかけて、パラロイドB72を接着剤とした剥落止め作業が行われる。（保存施設の竣工からおよそ一年間は、主に修理と称した壁画の剥落止めに注意が払われていたことが窺える。）

▽一九七八年一一月　この月から東壁と西壁の一部と天井南端に発生した黴を処理する作業が始まる。ホルマリンとエタノールの溶液を使用している。約一か月後の一二月には、黴が二〇か所以上に広がって発生し、それらを除去処理している。[1]

▽一九七九年一二月　黴はやや沈静化したようだが、新たに小さい虫類が多く確認されている。[2]

▽一九八〇年一一月　沈静化していた黴が西壁中心に発生。糸状菌も確認される。

▽一九八一年一月　黴が青龍や白虎像のほか、西壁男子像など石槨内の広範囲に発生する。取合部の上部で白綿状黴が確認されたのもこの時の点検による。同年二月黴の大量発生が収まらず、石槨内全面に白粒状の菌が発生。ホルマリン溶液による黴除去も効果なし。新たにトリクレンによる黴除去を行う。パラホルムアルデヒドの燻蒸殺菌を開始する。同年六月には新たに第三次修理事業を始

める。（この新たな修理事業の内容は不明だが、おそらく七六年以降一貫して実施していたパラロイドB72による剥落止め作業が第二次修理事業と思われる。こういった内容の記録がある一方で灰色綿状黴の発生は収束していない。ホルマリン溶液による殺菌効果がないため、新たに燻蒸殺菌が選択された模様。なお第一次と第二次修理事業がどのように区分けされ、実施されたのかは記録からは読み取れない。ここでは取合部の上部で白綿状黴が確認されていることが見逃せない。）

▽一九八二年一〇月　保存修理。黴処理作業。天井と西壁に菌糸状？（前年二月の黴大量発生の後、同年六月点検時にも黴は収束していないにもかかわらず、一年五か月後まで点検記録がなく、この点検でも効果ある対策は行われておらず、それまでと同様の黴処理作業を継続していた実態が窺える。）

▽一九八三年五月　ここでも保存修理、黴処理作業を行った記載があり、この点検の際に初めて黒黴が発生したと記録されている。[3]

▽一九八四年一〇月　保存修理。黴処理。黴の状況については、北壁に糸状菌との記載がある。

▽一九八五年九月　初めて異常なしと記載されている。（異常なしとはどのような状態を述べているのか不明で、黴の状況については具体的な記載はなく、前年までに発生していた黴がさらに増殖はしていないようにも想像できるが、収束していたかどうかはわからないし、黴処理の記載もない。後に検証しようにも、記録の内容があまりに不足していることと、以前の点検との関連性を意識した記載となっていない点に、管理組織が一体となって取り組んでいたのか疑わしい。なお公表されている記録がすべてだとすれば、一九八二年から四年間は点検自体が年一回しか行われていない。すでに遅きに失してはいるがこの間、深刻な微生物被害を表す黒黴の新たな発生があっても、残念ながらその原因を探ることなく、石槨の壁画面だけに注意を払うことに終始していた状況が窺える。）

▽一九八六年七月　前年と同じく異常なし。黴処理の記載なし。同年一二月も異常なし。ただし黴処理の記載があって、北壁に胞子の黒い黴との記載がある。
▽一九八七年一月　異常なし。同年三月に文化庁から『国宝高松塚古墳壁画―保存と修理―』が刊行される。
▽一九八八年六月　この年の記録に誤りがなければ、六月から一〇月までの間、例年にない長期間の点検を行っている。理由は不明で、内容は保存修理とだけあって、そこには黴に関する記載はない。
▽一九八九年一二月　保存修理。黴処理。西壁に白色の黴が微量確認されている。
▽一九九〇年二月　異常なし。
▽一九九一年一二月　異常なし。
▽一九九二年一二月　異常なし。（一九八七年から一九九二年の六年にもわたって、ほぼ異常なしという記載が続くが、黴など微生物の目立った変化がないのか、虫などの侵入が認められなかったのか、そういった重要な事項には触れられていない。）
▽一九九四年二月　黴処理。北壁、東壁、西壁に黒い粒子状の黴が確認されている。この時の点検で初めて取合部天井から土の崩落のあったことが記載されている。しかもそこには崩落大と記されている。(4)
▽一九九五年三月　異常なし。
▽一九九六年三月　異常なし。
▽一九九七年三月　盗掘口の上面に黴を確認。
▽一九九八年三月　異常なし。
▽一九九九年三月　異常なし。
▽二〇〇〇年三月　異常なし。取合部天井の崩落は断続的に続いている。（この時点で崩落がはっきり確認されてから

でも、すでに六年間が経過している。それにもかかわらず、点検時に異常なしと記載され、何らの対処もされず放置された。）

▽二〇〇一年二月　取合部および石槨を覆う左右の封土崩落部分を保護強化する工事を、二月一三日から三月二三日にかけて実施。（黴被害が一挙に蔓延した事態の引き金になった問題の工事で、詳しい工事内容やその実施実態については後述する。）

▽二〇〇一年三月　取合部の工事が終了した後の、三月二六日から二九日に点検と思われる記述があり、そこには工事施工個所を中心に夥しい黴の発生を確認したとある。黴の分析によれば、そのなかに初めて確認された四種の微生物も含まれており、エタノールによる黴の殺菌と除去作業が行われている。

▽二〇〇一年四月　二四日に取合部の点検を行っているが、黴は取合部一帯に蔓延し収束していない状態。（この点検では石槨には入っていないようだが、もはや取合部の黴繁殖を制御できない状態になっていたと想像される。）

▽二〇〇一年五月　初旬に点検している記録があるが、防黴処理を実施したか否かはわからない。

▽二〇〇一年七月　取合部の黴に対して、コートサイド123を使用して防黴を試みている。

▽二〇〇一年九月　二六日から二九日の点検では、取合部の黴は収まっていたが、数日後石槨内を確認した結果、黴が石槨内に侵入していたことを確認。防黴剤コートサイド159を石槨内に噴霧する。確認された微生物には、工事後に取合部で初めて発見した二種が含まれていた。（このように一旦取合部で著しい黴被害が蔓延すると、石槨内への黴の侵入を短期間で許してしまうことになることがわかる。）

▽二〇〇一年一二月　一八日から二〇日の点検によって、石槨内の状況が明らかになる。噴霧した防黴剤コートサイド159の効果はなく、石槨内の黴の大発生が確認されている。東壁青龍の頭部から前肢や青龍後

方、女子群像左女子の腹部下部から下方などに灰白色の綿状黴が、西壁女子群像の下方、白虎の下方、男子群像の左下方に白色黴などがみられ、広範に被害が及んでいる状況がわかる。微生物調査によれば取合部での一種のほかに、新たな微生物二種を検出している。（同年二月から三月に及んだ取合部の崩落防止の保護強化工事が原因で、壁画へ黴が蔓延し被害が押さえ込めない状態になっていたと推定される。発生した黴の除去と、防黴措置を繰り返すがほとんど効果はなく、壁画保存に重大な事態を招いていたことが読み取れる。）

▽二〇〇二年一月
初旬に取合部と石槨内の白色の黴をエタノールで除去。具体的方法は不明だが消毒と記載されている。同月末点検の記録には石槨内には黴は確認されず、石槨内床面の清掃と消毒とある。

▽二〇〇二年二月
取合部の黴減少。

▽二〇〇二年三月と七月
この二回の点検ではともに異常なしと記されている。（これが取合部であるのか石槨内なのか、公表された記録では明らかでない。）

▽二〇〇二年九月
九日から一二日の点検では、西壁男子群像下方に青黴が見つかって黴処理。

▽二〇〇二年一〇月
二七日から一一月一日の点検では取合部と、石槨内東壁青龍の後方と女子群像下方、西壁白虎の下方に複数種の黴が再び多量発生し、東壁では粘性の強い黒色の黴、西壁では点状の黒色の黴を確認。また石槨内からムカデやワラジムシの死骸一〇匹余りが発見されている。

▽二〇〇二年一一月七日
この点検でも前月石槨内から発見されたムカデなどの虫のほか、クモやアリなど二〇匹ほどが確認されている。(5)

▽二〇〇二年一一月から二〇〇三年二月 （この間五回もの点検に入っているが、なぜか具体的内容の記録はない。）

▽二〇〇三年三月
「国宝高松塚古墳壁画緊急保存対策検討会作業部会」メンバーによる墳丘と壁面調査。（壁画へ

の重大な被害をもたらした取合部工事からでもすでに二年以上が経過し、黴被害が一向に収まらず、壁画の汚染と劣化が急速に進む深刻な状態に陥っていた。もはやいかなる対応も困難な手詰まりの状況になってしまっていたのだろう。それまでほとんどと言っていいほど、高松塚古墳の保存・管理の現状についての情報さえも公表してこなかった文化庁は、ここへきて経過を公に説明し、専門的意見を聴取するなど、ようやく保存対策を図る方向に舵を切り、同月一八日「国宝高松塚古墳壁画緊急保存対策検討会」を開催することになる。ただしこの際にも、公表されなかった重要な案件が存在していたことが後に判明する。）

▽二〇〇三年四月二一日　第二回「国宝高松塚古墳壁画緊急保存対策検討会」の開催。

▽二〇〇三年六月一九日　第三回の同検討会において作業部会の報告を受け、『国宝高松塚古墳壁画緊急保存対策について』が作成・報告される。

▽二〇〇四年三月二三日　第四回の同検討会において緊急保存対策が提言される。（緊急対策検討会では古墳のおかれている現状のなかでとり得るいくつかの対策が検討されたが、いずれも応急的で、しかもいわば対処療法的な対策に限られた。黴が蔓延する状態の石槨内環境のデータによれば、二〇〇〇年前後から次第に気温と湿度の上昇が認められ、特に繁殖を促す大きな原因になっているとして、緊急の対策が求められていた。このような地規規模の温暖化の影響も指摘されたが、検討会では主に石槨に直接悪影響を与えている雨水の処理などいくつかの対策が提案された。なおこの検討会の経過や議論については、次節「2　壁画保存の模索」で詳説する。）

▽二〇〇四年六月四日　この緊急対策の提言を受けて、第一回「国宝高松塚古墳壁画恒久保存対策検討会」が開催されることになる。

以上、文化庁が公開している「国宝高松塚古墳壁画保存管理の経緯」をもとに、国宝高松塚古墳壁画恒久保存対策検討会の発足までの壁画管理の歩みを振り返ってみた。

(4) 管理の杜撰さを象徴する工事

◉見逃された石槨周辺の異常

古墳の保存管理がままならず、壁画の汚染や劣化が抑制できない深刻な状態となっていたため、文化庁は抜本的な保存対策の検討に乗り出さざるをえなくなった。そのきっかけとなった、二〇〇一年二月の取合部天井および、石槨を覆う左右の封土崩落部分を保護強化する工事の詳細について、明らかにされた範囲で確認してみたい。

文化庁が重い腰を上げて当該工事に取り組むこととなったのは、崩落が初めて記録された一九九四年からでも、すでに約七年が経過していた。記録はないようだが、その時点で「崩落大」と報告されていることをみると、実際の崩落はそれ以前に始まっていたことはまず間違いない。取合部の異変について詳細な記録が残されていないのは、保存施設の構造と仕組みが、担当部署においても充分意識されていなかった表れといってもよく、とりわけ慎重に扱わなければならないはずの国宝の保存に対する、管理者としての責任が果たされていなかったことを物語る。

崩落の事実の記録があった後も、長期にわたって場当たり的な応急処置程度で、抜本的な対策はほとんどと言ってもいいほど実施されることはなかった。取合部は保存施設と石槨との間の空間であり、墳丘外とは完全に遮断されていなければならない。構造上取合部が石槨内と一体の環境にあるという認識があったなら、崩落というただならぬ異変があった時点で、石槨周りの版築や墳丘土と、施設との接点に異常があり、石槨周辺の環境に影響を及ぼす重大な事態と受け止めたに違いない。崩落による取合部の不都合と、その前に把握していた微生物や虫類などの侵入とが、無関係でないことも察知できていたはずで、より早い時期に手立てを考えることが可能だっただけに悔やまれる。

●被害を広げてしまった無責任な工事

壁画管理に重大な影響を及ぼす取合部の崩落を放置したまま、いたずらに年月を重ね、あまりにも遅きに失した崩落止め工事だったが、その工事に臨む姿勢に緩みはなかったのだろうか。ところが問題の二〇〇一年の取合部の土砂崩落止め工事の実態は、あまりにも杜撰で呆れるほどである(6)。

事の詳細を説明しよう。まずこの工事を請け負った業者は、文化庁から最も注意を払わなければならない、防黴対策に関する注意や指示はなかったと証言している。高松塚古墳の壁画の管理にあたっては、現場担当者に引き継がれてきた、保存修理に関するマニュアルが存在していたという。しかし肝心の工事に際してそれが遵守されず、必要であった重要指示も徹底されることなく、請け負った業者によって、淡々と工事が進められていったのではないかと疑われる。その証拠に、あろうことか工事業者は無菌衣や無菌マスクなども着用せず、また作業中の扉の開放

図４　無菌衣未着用での工事の様子
（高松塚古墳取合部天井の崩落止め工事及び石室西壁の損傷事故に関する調査委員会〈第２回〉議事次第　配付資料より）

図５　無菌衣未着用での石室開封
（高松塚古墳取合部天井の崩落止め工事及び石室西壁の損傷事故に関する調査委員会〈第２回〉議事次第）配付資料より）

などに頓着することもなく作業にあたっていた（図4・5）。さらに工事に使用した機材の滅菌をはじめ、用材である樹脂の黴防止剤の添加、崩落土を利用した壁補修のための擬土の滅菌などにまったく配慮しないまま工事を進め、黴被害が一挙に拡大する直接の引き金となってしまった。この工事のわずか数日後の点検で、取合部で大量の黴の発生が確認されることになるのも、如上の工事の準備から施工時の経過内容をみれば、起こるべくして起こった悲惨な結果といえよう。皮肉にも工事では崩落部の壁が樹脂によって補強されたため、黴にとっては新たな栄養源が供給されたこととなり、急速に取合部に黴が蔓延する温床をつくり、さらに石槨内にも広がり、最終的には壁画にも深刻な黴被害を及ぼすことに繋がってしまった。

(5) 隠ぺいされた事故と修復

◉不注意による事故

この取合部の工事については、二〇〇三年三月に立ち上げられた美術史、考古学、保存科学などの専門家からなる国宝高松塚古墳壁画緊急保存対策検討会で報告はされており、取合部周辺における黴の発生などにも言及し、壁画の劣化をいかにして防ぎ、保護・維持するかについて喫緊の対策が話し合われていた。しかしその工事自体に重大な問題があったとは説明していない。おそらくこの工事内容を詳細に説明すると、その後に起こった不始末にも批判が及ぶことを恐れて、責任問題にもなりかねないため、杜撰な工事の問題を伏せていた可能性が高い。

ところがこの緊急保存対策検討会の提言を受けて立ち上げられた、国宝高松塚古墳壁画の恒久保存対策の具体的な検討と対策方針が決した後に、石槨内の防黴作業中に起こった、信じ難い事案が隠されていたことを知ることになる。二〇〇六年四月に各報道機関によって公にされたのは、四年以上も遡る以前の高松塚古墳の保存管理のなかで、密かに行われた壁画の修復事案で、以下に記すようにとても国宝を扱っているとは思えないほどの驚く内容だった。二〇〇一年二月に施工された、問題の取合部の崩落防止のための工事が引き金となって、俄に石槨内の壁画の生物被害が甚大となった。その対応に迫られた翌二〇〇二年一月、黴の除去と拡大防止のため石槨に入って作業していた係官が、不注意から照明灯を倒して国宝壁画の一部を毀損してしまうという、あってはならない事故を起こしてしまった。狭い空間のなかで行わなければならない厳しい条件下であり、神経も使い困難がともなう人変な作業であることは否めないが、事故はもちろん許されることではない（図６・７）。

●信じがたい隠ぺい

しかしこの過失事故の後に行われた許しがたい行為は、その毀損部の事後処理にあった。こともあろうに照明灯で傷ついた箇所が目立たぬように、周囲の土を捏ねて、それを使って壁画を秘密裏に修復していたというのである。卑しくも国宝の壁画を管理する専門職が、その毀損

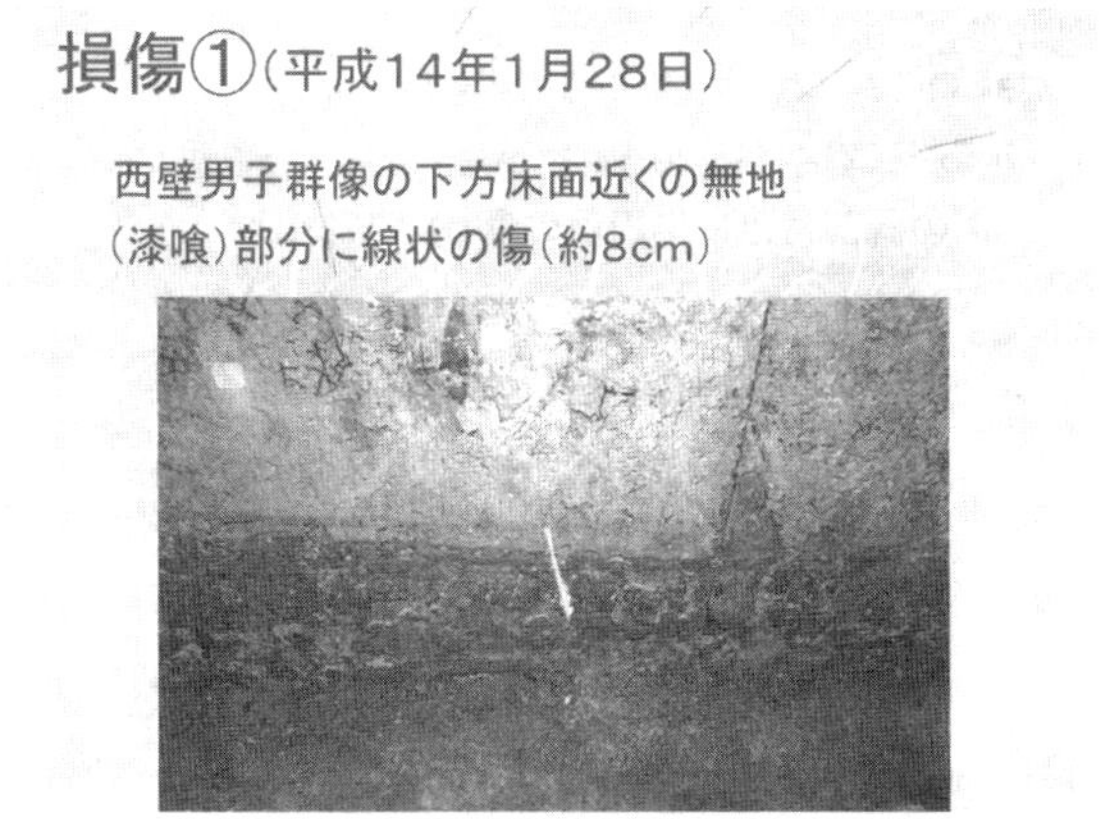
損傷①（平成14年1月28日）
西壁男子群像の下方床面近くの無地
（漆喰）部分に線状の傷（約8cm）

図６　西壁男子群像の下方の長さ約８㎝の損傷部
（高松塚古墳取合部天井の崩落止め工事及び石室西壁の損傷事故に関する調査委員会〈第１回〉議事次第＋資料６石室西壁の損傷事故についてより）

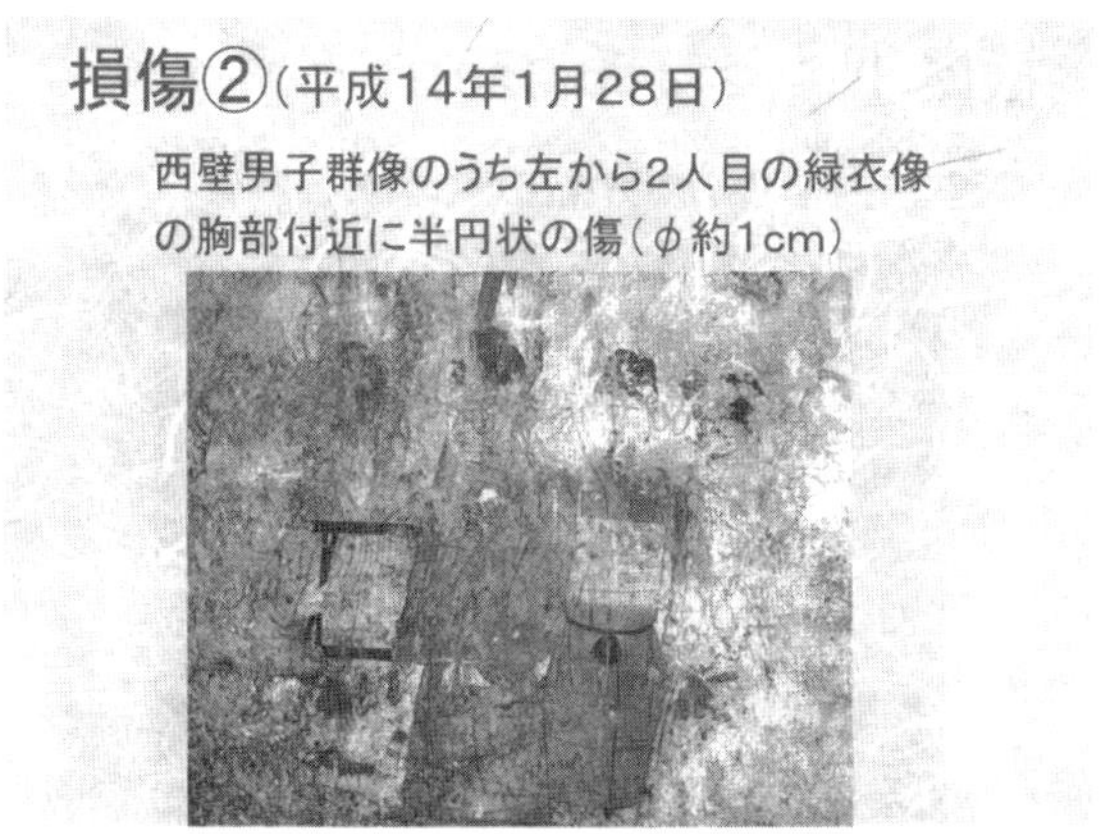
損傷②（平成14年1月28日）
西壁男子群像のうち左から2人目の緑衣像
の胸部付近に半円状の傷（φ約1cm）

図７　西壁男子群像のなかの緑衣像の胸部付近の約１㎝の損傷部
（高松塚古墳取合部天井の崩落止め工事及び石室西壁の損傷事故に関する調査委員会〈第１回〉議事次第＋資料６石室西壁の損傷事故についてより）

事故の事実を公表もせず、そのうえ傷つけた国宝壁画の修復まで、泥縄式にやってのけていたのである。壁画管理に関するすべての資料を調査分析して議論しなければならないはずの、緊急保存対策検討会においても、その後の本格的な保存対策に知恵を絞ろうという恒久保存対策検討会の場においても、これらの事実が、隠ぺいされていたなかで議論が進められていたことになる。

史跡や名勝など記念物の保護のための現状変更では、遺跡などの本体に直接影響が及ばないような看板の取り替え程度の工事でさえも、文化庁は厳しくチェックするのが通例である。また、国宝や重要文化財に指定されている壁画などを含む美術品の修理にあたっても、当該文化財に少しでも毀損や悪い影響が及ぶことがないように、慎重かつ厳重な修理方法の検討を踏まえて実施されることになっている。生物被害で傷んだ高松塚古墳壁画を、何としてもこれ以上の劣化から護ろうとしていたその陰で、何ら正式な法的手続きも経ないまま、いとも安直でかつ杜撰な方法によって壁画の毀損個所が修理され、その事実自体も隠されていた。最近も国の行政執行のなかで何度か聞いた記憶のある、まさにあったことを無かったことにしていた、お役所の仕事と同根の不祥事で、とても申し開きなどできないお粗末な内容であった。

なおこの事故の一件に関しては、事故の重大な責任を負う当時の東京国立文化財研究所長を、文化庁は恒久保存対策検討会の座長（本件事故の発覚後に辞任）に任じており、こういった姿勢も国の文化財保護行政への不信を招く一因になった。

(6) 重大事故の検証

◉自らの過ちを検証する委員会

この事態を受けて文化庁は二〇〇六年四月、高松塚古墳取合部天井の崩落止め工事及び石室西壁の損傷事故に関する調査委員会を立ち上げることになる。ついには自ら発注した工事と、自らが引き起こした事故と不法修復の事実を検証するための調査にまで、乗り出さなければならないことになってしまった。

その委員会による調査の結果が、同年六月に「高松塚古墳取合部天井の崩落止め工事及び石室西壁の損傷事故に関する調査報告書」（以下「工事損傷事故報告書」）として纏められている。先に述べた悲惨ともいえる、取合部天井の崩落止め工事の重大な事故はなぜ起こったのだろう。報告書の検証に基づく指摘内容をみてみよう。本事案の問題は工事仕様の段階から始まり、工事の開始から終了に至るまで、一貫して責任の所在もあいまいな体制のなかで行われたと指摘している。そこでは石槨に直結する取合部の工事が、石槨内にどのような影響を及ぼすのかといったことは考慮されず、当事者意識もないまま工事が実施された実態を、報告書では驚くほかないと言い切る。具体的には工事を依頼した美術工芸課は、壁画の保存に重大な影響があることが予想される工事内容でありながら、またそのことを詳しく知る立場であったにもかかわらず、工事が記念物課の担当ということで一切関与せず、その不作為は明らかだ。一方記念物課は工事と壁画への影響について認識しないまま、結果的に奈良文化財研究所の専門職員にまる投げし、その意見のままに作成した仕様書によって発注した。

取合部の工事による黴の大発生は、管理責任を負う文化庁の古墳の維持管理の注意事項や、手順などマニュアルの不備と、不徹底が引き起こしたことは間違いないが、組織としての管理体制にこそ問題があったとする見方もできる。庁内において関係する当時の記念物課や美術工芸課のほか、その管轄下にあった附属する文化財研究所など、いわば身内同士である当時の部署間の調整・連携が十分に図られていなかったことが、重大な失態を招く結果に直結したといえる。結局のところ高松塚古墳と石槨内の壁画は、縦割り行政の隙間に埋没し責任の所在が曖昧な状態のまま、庁内が一体として取り組むこともなく、いわば厄介な案件として扱われていたように思えてならない。

◉責任感が欠如した国宝の扱い

「工事損傷事故報告書」によれば、担当の記念物課はこの取合部天井の崩落止め工事に際して、その工事中はおろか最終確認検査にも立ち会っていない、ほぼ業者任せの工事だったことが明らかになっている。こういった実態からは担当した文化庁の二つの課の、特別史跡や国宝壁画を扱っているという緊張感や、責任感はまったく感じられない。

一方壁画の損傷事故については、信じられないことだが、国宝に傷をつけた重大な事故という認識がきわめて薄いことに驚かされる。事故の当事者からの報告を受けた実質的責任者である当時の美術工芸課長と、東京文化財研究所長の二人の問題意識の低さや、起こした重大事故にあまりにも鈍感であったという実態が、俄かには信じられない。「工事損傷事故報告書」によれば、彼らの一人は我が国の指定美術品などの文化財保護について指揮・指導をする行政の要職にあり、もう一人は文化財の保存研究にかかわる我が国の技術的機関のトップにあっただけに、このような損傷事故を引き起こしたことに加え、さらに隠ぺいに及んだことに至っては、組織統治に根深い問題が存在する異常さを感じずにはいられない。

今後の基本的な取り組みとして調査委員会が掲げたのは、①文化庁幹部職員の責任ある判断・対応、②文化財保護への真摯な取り組みに向けて職員の意識改革に全力を挙げることとしている。文化財を保護するために置かれている部署の専門職員に、そのイロハを説いて聞かせなければならない内容の報告となっている。しかし残念ながら、これで高松塚古墳壁画劣化問題の本筋が認識されて、その後壁画の保存対策の検討が正しく軌道に乗せられたというわけではなかった。

2　壁画保存の模索

(1) 壁画緊急保存対策の検討

◉遅きに失した壁画保存対策の検討会

高松塚古墳壁画の保存問題では、実際に行われた会議や起こった出来事について、それを文化庁が順序を追って公表しているわけではない。外部からの指摘などで問題が表面化した時に明らかにした案件もあって、時系列に沿って説明することが難しいが、壁画が発見された発掘調査以降わずか三〇年余りの間に、著しく壁画が劣化する間には幾度となく、保存方法の見直しや再検討の機会があったはずである。しかし二〇〇〇年（平成一二）頃までにこうした動きがあったとは聞かない。事態が深刻になって、やむなく公表せざるを得なくなるまで、ほぼ定期的に壁画の観察を続け、壁画に黴被害があればその都度汚染処置を行っていた以外、抜本的といえるような対策が行われることは無かった。

文化庁は二〇〇一年に行った取合部工事以降、著しく劣化と生物被害が広まり、抑えきれない状態となってやむなく乗り出し、二〇〇三年三月になり国宝高松塚古墳壁画緊急保存対策検討会を設置し、壁画の劣化防止対策を講じるためにようやく動き始めたというのが正直なところだろう。

◉壁画の緊急保存対策

この緊急保存対策検討会では「緊急に実施すべき事項」として、古墳本体の環境的な対処として、墳丘を遮水断熱シートで覆うことや、墳丘背後に排水溝を設置して、古墳への雨水の侵入を防ぐ対策を講じること、併せて墳丘周辺土の水分量を調査することなどが指摘された。また壁画面の防黴方法を決めて速やかに処置すること、黴の発生が継続している取合部の効果的措置を実行すること、石槨の隙間には通気性のある素材を用いて塞ぎ、虫類の侵入を遮断すること、同じく墳丘上の枯れ木にもアリなどの虫類駆除を行うことなど、ほぼ現状で容易に対処が可能な対策に限られてはいるが、迅速な対応が求められるとした。

その一方で古墳については主に墳丘の雨水対策のための環境整備にかかる計画を立てること。石槨と壁画に関しては、壁面の劣化状態を全面的に再点検し、壁画保存の抜本的修復計画を立案すること。また科学的な保存対策の調査研究を進めるとともに、壁画劣化の現状や変化の観測を怠ることにないよう管理する体制を整えるなど、恒久的な保存対策に繋がる事項を継続して検討する必要があると提言があった。また壁画発見の四年後に建設された保存施設自体の経年老朽化も指摘されていて、施設も含めた今後の保存管理方法についてもあらためて問い直す必要があるとされた。

以上のようにこの検討会で提言された対策をみる限り、緊急的な対処だけに留まらず、石槨を包む墳丘の環境を改善することや、科学的に壁画を保護する調査研究にも言及するなど、将来へ向けて保存継承することを見通した、恒久対策としての考えも示されていることに注意したい。

(2) 石槨解体に至った経緯

●古墳自体の環境改善が必要

緊急保存対策検討会の提言を受けて、早速文化庁は二〇〇四年四月に将来を見据えた実効ある保存対策を講じることを目的として、新たに国宝高松塚古墳壁画恒久保存対策検討会の設置に動き出した。第一回の恒久保存対策検討会は二〇〇四年六月に開催された。検討会の委員の名簿を見ると、ほとんどが文化庁やその所管の国の独立法人の関係者や元職によって構成された検討会であることがわかる(7)。

検討会では渡邉明義座長、三輪嘉六副座長が選出され、そのもとではじめに「高松塚古墳壁画の現状及び課題」について議論が交わされた。まず石槨内の温湿度の環境が取り上げられ、石槨内壁面の含水率の上昇率については、シートの隙間から入ってきているというよりは、雨水などで墳丘周囲の含水率が上がっているのが影響していると指摘されている。壁面の含水率を安定させると黴には効果があるが、少し乾いたところでも発生するので注意を要するなど、黴についての質疑は特に多くを占めた。黴は漆喰表面に表れていないものもあり、内部には菌糸が入っているから、きめ細かい調査や研究が必要だ。相対湿度や温度を管理することで黴の発生を防ぐことが可能か。また壁自体に対する黴発生メカニズムの研究は進めているのかなど、劣化原因を取り除く方策を模索する議論があった。ほかにも取合部と石槨内の生物被害の関連と対処、老朽化している保存施設対策などについての報告に対して様々な意見があり、なかでも壁画保存に関しては、石槨内の環境だけを見て対策を考えるのではなく、墳丘全体で環境を捉え壁画保存を図っていく必要があるという意見もあった。共通するのは、あくまで古墳に内包された環境下にある石槨を維持することを前提として、改善策を考えようとする意見によって占められていたことである。

◉突然提示された石槨解体案

ところがその二か月後の同年八月に開催された第二回検討会では、前回の検討会では議論にもならなかった新たな壁画保存策が提案されることになる。そこでは事務局から一通りの古墳や壁画の状態の報告があった後、「高松塚古墳壁画の保存方針の再検討について」として、①保存施設機能および周辺環境等を整備して石槨を現在地で保存する方法とともに、②壁画を剥ぎ取り保存施設において、管理するもしくは、石槨ごと取り出し保存施設において管理するという大胆な保存案が提示された。

壁画の剥ぎ取りや、石槨ごと古墳から持ち出すという、大胆ともいえる保存方針の変更案を提示した理由はこのように説明されている。

一つ目は壁画の保存方針について、壁画が発見された当時は発見当時の環境で保存することが壁画にとって最善の方法と考え、一貫して方針を変えず保存管理してきた。ここへきて壁画の劣化に関連して、各専門分野の方々から、壁画の保存方針について種々意見が出されていること、および当初の方針を決めてから三〇年余りが経過しており、この間にも様々な意見があり、科学技術や学術研究成果も進展していることから、これらを踏まえ、壁画の保存方針を再検討することが必要であるという。

理由の二つ目は、石槨内に発生する黴による壁画への影響を極力抑えるために、いくつもの対策を打って尽力してきた。にもかかわらず黴の蔓延を終息させることができない現状があり、今後に向けた新たな抜本的な黴対策の必要に迫られているとした。

しかし発見から何年経過しようが、また科学技術が進展しようが、古墳の石槨を保護するのに本来存在した環境の下で保存することが最良であることは変わらない。

筆者には劣化が加速度的に進む壁画の現状を改善するには、多少の反対を押し切ってでも、壁画保存の対策を一度リセットし、過去の杜撰な管理を清算したいという、文化庁の思惑が透けて見える提言と映った。

◉前代未聞の石槨解体決定

翌二〇〇五年五月に開催された第三回の検討会では、墳丘ごと環境を強制的にコントロールして保存する案や、石槨だけを地盤から隔絶させて局所的に環境を制御するという現地での保存策が提案された。しかしそれらとともに、前回の検討会で示された、壁画が描かれた石槨自体を解体して古墳から取り出し、別の施設で保存修理するという、俄かには信じがたい方法が、恒久保存案の一つとして具体的な内容が書き込まれて提示された。

その場での議論で主に意見が集中したのは、現地での石槨の環境制御が可能か否かということにあった。ことは微妙で難解な問題であるにもかかわらず、黴被害を抑制するための温度と湿度の低減と、石槨を構成する石材や版築のほか壁画顔料の劣化を防ぐ一定の含水率の維持とは相反する措置であり、現地において双方の理想的な環境を生み出すことが困難だと単純化され、ことさら現地での壁画保存の難しさだけが強調された。その一方で、石槨解体とその後の復旧にかかるリスクのような重要な問題については、説明し尽くされたとは言い難かった。このように検討会でほぼ議論もされていない案が、有力な恒久対策案として唐突に提案されたこともあり、当日の検討会での結論は持ち越しとなった。

ところがこれまで幾度も黴被害を認識していたにもかかわらず、悠長な対応しかしていなかった文化庁は、ここへきて先の検討会から間をおかず、翌月二七日に再び検討会の開催に踏み切った。この場ではじめから効果がないか実行不可能な案を選択肢に羅列し、それ以外には解体案しか示さず、慎重な反対意見があるなか、石槨を解体して保存するという前代未聞の方針を決定した。黴被害が抑えられない現実はあったにせよ、委員以外の専門分野からの提案なども含め、議論を尽くすことなく、石槨解体のための予算要求の時限を念頭に、とにもかくにも事を先に進めたいという意図があからさまに映った。現地から特別史跡である古墳の心臓部ともいえる石槨を取り出すということの重みを、十分に踏まえて議論が進められたといえる内容では決してなかった。

●遺跡保護を軽視した検討会の実態

文化庁は二〇〇五年六月に石槨解体を決定するわずか一年前までは、少なくとも表面的には従来からの現地保存を堅持してゆく方針であったようだ。ただ憶測でしかないが、慢性的な黴被害を抑え込めない現実を踏まえて、水面下では石槨解体を本気で模索していた節がある。問題は解体案を提示するまで、黴や壁画劣化の現状や経過の詳しい報告はされていても、劣化原因を追及するために必要な、石槨入出管理状況や黴対策を中心とした保存処置と、取合部天井の崩落のほか、石槨周囲の環境変化や構造の詳細調査などとの関係を総合的に検討することなどはなかったことだ。本来ならこれらの材料を揃え、必要な専門分野の研究者などの参画を得て、壁画を長く維持できた石槨の構造や置かれていた環境と、壁画が劣化してしまった理由を分析し、できうる限り遺跡に負担のかからない対策を探るべきであった。

何よりも二〇〇四年に始まった恒久保存対策の検討材料は限られたものであり、また外部委員も含まれてはいたが、文化庁および国の文化財研究機関のいわば身内中心の検討会で、第三者も含めた専門家の意見が充分反映されたものではなかった。加えて二〇〇六年に報道機関によって明らかにされた保存管理中の壁画毀損事故すら、未公表のなかで開催された恒久保存対策検討会において、石槨解体の方針を決定したことは、過去の管理責任を不問とすることを意図したのではないかと批判される所以だ。恒久保存対策検討会の内実は、石槨の解体を目指すための、壁画管理の関係委員が多数を占めるなかで行われた、予定調和的会議であったといえないだろうか。

(3) 壁画劣化原因の見方

●甘い劣化原因の追究

壁画の本体である漆喰の劣化が著しく進行した時期について、二〇〇五年五月の恒久保存対策検討会の席では文化庁から明確な回答がなかった。その後の調査で、壁画発見直後に文化庁へ管理が移ってから数年後には、早くも劣化は進行していた事実が明らかになった。その時に事実の公表があれば、早い時期から対策を練ることができた可能性が高かっただけに、取り返しがつかない長期にわたっての放置状態がいかに問題だったかがわかる。ただし黴被害については、抑えきれないような深刻な事態を招くことになった主因は、保存施設や石槨の不充分な管理が引き起こした「人災」であることだけは確かだろう。

しかしこれまでに立ち上げた二つの保存対策検討会と、それぞれの検討会の作業部会で文化庁は、一貫して石槨が黴の被害や漆喰の劣化などにいたった主因は、地球規模の温暖化による古墳を取り巻く環境の悪化や、外気と遮断された中で適度に保存されていたものが、発掘調査によって石槨内環境の微妙なバランスが失われたことなどと、不可抗力ともいわんばかりの原因を理由として説明してきた。あらゆる恒久保存方法を議論する場であったはずの検討会ですら、一九七二年（昭和四七）の発掘調査時点で良好な保存状態を保っていた理由や、その後急激に劣化していったことについて、管理責任がある文化庁からは、ついに納得できる真の原因を聞くことはなかった。

◉尽くされなかった保存策

文化庁が石槨の解体を推し進めようとしたなかで特に問題だったのが、民間会社に依頼して行った、「高松塚古墳石室の空気漏洩量調査」の内容である。まずこの空気漏洩調査については、以下のように測定機器の使い方や測定方法が誤っていたことを含め、いくつかの疑問があったが、検討会では専門的なメンバーを欠いていたため、係官から通り一遍の説明があっただけで、誰にも正しい判断を下すことはできなかった。

まず、石槨の空気漏洩量調査の問題点を指摘しよう。一つはこの空気漏洩量調査では高湿度の空気を送り込んで測定している。しかしそれに使用した圧力計（デジタルマノメータ長野計器GC15）は、乾燥した空気または窒素ガスに対して使用する計器で、使用湿度が二〇～八五％（相対湿度）の条件下において使用が可能である。高湿度下での使用には不向きで、期待する結果は得られないとされる。

次に実測結果は、空気流量に対しての差圧の実測値が示されている。しかし空気流量5[l/min]から5刻みに20[l/min]まで計測し、それぞれ0.0～0.2[Pa]の実測値を得たとしているが、圧力計の誤差範囲は±0.5Paである。計器の測定精度を超えた結果が平然と示されていて、この測定調査のほぼすべてが、検討会が必要としているデータとはなっていないこと明白である。(8)

以上のような信頼がおけない測定による調査結果をもって、高松塚古墳の石槨は空気漏れが大きいと報告されている。ここでいうところの大きいとは何をもって、また何と比較してのことなのだろうか。仮にこの結果が、正しい方法で行われた測定に多少近い数値であったとしても、これをもって酸素を低減する保存対策方法が採れないほどの空気漏洩量であるか否かについては、どの分野の専門家が、また何を基準に、効果がないと判断したのか、今もって根拠が公にされていないままである。石槨内を低酸素環境に維持する保存対策については、解体が議論された当時にも少なからず意見があったと聞く。しかし文化庁はガス供給時の壁画に与える影響や、作業時の安全性に問題があるなどを羅列する程度の評価に終始し、安全で効果ある方法を見いだすために検討した形跡さえもなかった。

個別文化財は個体差だけでなく置かれていた環境や、被ってきた劣化経緯も異なる。高松塚古墳と同様な石槨を扱った経験がないなかで、リスクの大きい石槨解体を行おうとしているのに、それに比べれば遥かにリスクも少ない方法を、検討や実験すらしないというのは、それこそ「あらゆる保存方法を検討する」といったこの検討会の目的にも趣旨にも反していた。壁画発見時には石槨内が壁画の保存にとって好ましい環境が保たれていたメカニズムや、その後の劣化の原因が未解明なままであることはもとより、石槨の現地保存方法の徹底的な検討もないまま、見切り発車的に解体へ踏み切ったことには大きな問題があった。

(4) 文化庁の姿勢

◉欠けていた墓室環境への視点

壁画が発見されて以来今日まで、保存を委ねられた文化庁の、高松塚古墳の保存管理に対する姿勢をひとことでいえば、「木を見て森を見ていなかった」ということだろう。壁画はながめていたが壁画が描かれた石槨の置かれている古墳という特別な環境への視点に欠けていたということに尽きる。二〇〇一年の取合部工事が原因の黴の大発生があった後、解体を決定した二〇〇五年六月に至る間も、墳丘の樹木の伐採や、シートによる覆いを行うなど、当面の不都合な現象を回避する方策などに終始しただけで、なんら根本的な改善策は採られないまま経過した。二〇〇五年九月になってようやく着手した墳丘への冷却装置の設置も、今考えればあくまで石槨の解体を前提とした暫定的措置でしかなかった。

●第三者の目が届かない組織体質

石槨解体に至る経過を振り返ってみると、こういった深刻な壁画の劣化は、一握りの担当部所だけが知りえていたことで、外部の誰にも知るよしも無かったなかで進行していた。高松塚古墳の壁画の当時の担当部局は文化庁美術工芸課(9)だが、実質的には技術的な担当である東京文化財研究所（東文研）が中心である保存科学チームが携わっていた。その東文研のチームには、日本には技術的に我々に勝る保存科学の専門組織はないという自負があったのか、それが情報を公開しなかった主因ではないかとも考えられる。そこには東文研ＯＢなどのように、形だけは外部メンバーも入ってはいたが、実質的には仲間内だけで進められる仕組みが、取り返しのつかない結果をもたらしたことを重く受け止めなければならないはずである。ただ後になってすべての情報を公開しなかった理由がそれだけではなく、先に指摘した壁画毀損部の秘密裏の修理という、情報の隠ぺいが意図して組織的に行われていたという、由々しき事案も関係していたことも、組織体質に問題があったことを示している。

註

（1）この時期に黴の被害が表面化したのは、Ⅲ章の劣化原因の項目でも詳しく述べるが、取合部の天井に隙間が生じ始めたことと関係し、その隙間から外気だけでなく、微生物などが直接取合部に入り込む状態になっていたからと考えられる。

（2）虫類が石槨内に侵入しているのも施工の時期から考えて、おそらく取合部の天井の隙間からだろう。それまで確認されていなかった虫類が、石槨内で発見されたにもかかわらず、調査記録にはこの前後に何らかの対処を行った形跡は窺えず、事の重大性が認識されていないことがわかる。

（3）石槨解体の発掘調査で明らかになった取合部天井のPC版庇の隙間から、石槨の外側全体を覆うように広がっていた著しい黒黴の侵入は、すでにこの時点で形成されていたと考えてよい。この点検記録と、解体時の黒黴蔓延の発見を併せると、取合部天井付近から黒黴が石槨にまで侵入した経緯と経路がよくわかる。

（4）崩落が確認されたこの点検は、直前の点検から一年二か月もの期間が経過している。これまでに最も長い期間点検に入っていないため、正確に崩落の始まった時期はわからない。取合部の天井PC版庇の隙間の目地粘土が乾燥し、亀裂が進んで崩落が始まったとみられるが、一九七九年に石槨内で虫類が見つかったという記録を考え併せると、崩落の兆候はこの時の点検より一五年ほど以前から始まっていたと推測できる。担当者は崩落原因となっている取合部の天井構造との関わりに理解が及ばず、またわずかな土の崩落であっても、石槨の保存に重大な影響を及ぼすという認識が欠如していたといえる。なお先に触れた「工事損傷事故報告書」では一九九〇年一二月に初めて崩落が確認されたとあり、この際の修理日誌カードには、「両サイドの版築部分の土がかなり落ちている。また西側の墳丘と前室のひさし部分との隙間から落下した石材（？）のようである。この部分の崩落について検討する必要がある。一度専門家に見てもらう。」とある。またこれとは別に二〇〇八年一〇月二〇日に開催された第四回高松塚古墳壁画劣化原因調査検討会の参考資料によると、「取合部崩落止め工事及び石室西壁の損傷事故の経緯」には、一九八四年一〇月に取合部崩落写真があるとされている。実際に崩落防止工事が行われたのは、それから起算すると、実に一七年後のことである。

（5）先の崩落防止保護強化工事によっても、取合部の天井のPC版庇の隙間に充填されていた、粘土目地の隙間は塞がれなかったため、虫類の侵入が止まらなかった可能性がある。最初に取合部で確認された黒黴や新種の黴が、暫くすると石槨の中で確認されていることから、壁画を劣化させた虫類や黴が侵入してきた時期や経路が、いずれも取合部を経由していたと考えると、整合的に説明が可能である。地震による版築の亀裂や断層などからの侵入を疑う意見もあるが、壁画発見からその後の管理の経緯を見る限り、取合部経由の生物の侵入が劣化に拍車をかけた主因であるといえるだろう。

（6）取合部の工事目的と内容は、①取合部および石槨南側左右の墳丘土と版築の崩落部分の強化、②露出している石槨の強化、③崩落して空洞となった個所の修復、④取合部側壁の擬土仕上げ、とされていた。

（7）第一回委員会の委員は以下の通りである。青木繁夫（東京文化財研究所国際文化財保存修復協力センター長）、有賀祥隆（東京芸術大学客員教授）、石崎武志（東京文化財研究所保存科学部長）、岡岩太郎（国宝修理装こう師連盟理事長）、加藤寛（東京文化財研究所修復技術部長）、金子裕之（奈良文化財研究所飛鳥藤原宮跡発掘調査部長）、白石太一郎（奈良大学教授）、鈴木規夫（東京文化財研究所長）、田辺征夫（奈良文化財研究所埋蔵文化財センター長）、百橋明穂（神戸大学教授）、増田勝彦（昭和女子大学教授）、町田章（独立行政法人文化財研究所理事長）、三浦定俊（東京文化財研究所協力調整官）、三輪嘉六（九州国立博物館設立準備室長）、渡邊明義（文化審議会文化財分科会会長）の一五名。（　）はいずれも当時の役職。第二回以降、委員の入れ替えもあったが、ここでは割愛する。

（8）文化庁が民間会社に依頼して行った高松塚古墳石室の空気漏洩量調査自体の、不適切・不正確な測定や、その評価の過誤について疑問を呈していた野田昌夫氏から、二〇〇六年四月に有益な教示があり、参考とさせていただいた内容を含んでいる。

（9）当時の美術工芸課はその後、美術学芸課に改称されさらに二〇〇七年には、古墳壁画を専門的に担当するため文化庁文化財部のなかに古墳壁画室が設けられた。現在は文化財二課が担当。

III章

石槨解体の矛盾と壁画劣化の真相

松田真一

1　拙速だった石槨解体

(1) 正当化できない石槨の解体

◉解体を後押しした石槨復旧案

二〇〇五年（平成一七）六月に壁画恒久保存対策検討会で決定された高松塚古墳の恒久保存方針は、「石室ごと壁画を取出し、適切な施設において保存処理・修理を施し、将来的には壁画の保存に最適な環境を確保した上で現地に戻す」ということであった。壁画の毀損・隠ぺい問題に関わり辞任した座長は、マスコミのインタビューに、自らが決めておきながら「私は戻すことに反対だ」と言い切っている。壁画の生物被害を防ぎ石槨を将来古墳に戻すことで公開活用の道が開けるという利点だけを強調して、石槨の解体を正当化し、見通しもない修理後の石槨の復旧という付帯文言を付け加えて決議を促そうとした。復元案すら描けていない、ただバラ色の復旧された石槨を奇想させて、石槨解体に誘導しようとした、筋書き通りに事を運ぶ石槨解体決定劇であった。

◉不可能な解体石槨の復旧

将来修理した石槨を現地に戻すというのは、解体を決議した時点で、戻す方法や時期などの目途が立った上での方針ではまったくない。その内容については復旧が完了するまでのロードマップも示さず、そのことについて少しでも協議や議論を行った記憶すらない。現実的に検討すると「現地に戻す」といった一言ではすまない、以下のように困難な課題や疑問が立ちはだかっているからであろう。

①石槨解体は終末期古墳の特徴を失わせることになるが、検討会では石槨解体を、指定建造物の解体修理のように理解すればよいという意見があり、それに賛同する委員もあった。しかし墳丘を包み込む版築という独特の工法は、終末期古墳を構成する重要な要素であり、かつ内包されている石槨と一体となって終末期古

墳の特徴を顕かにしているもので、地上に建てられた建造物の保存修理とは意味も内容も異なり、同列に扱うのは適切ではない。

②また付帯的に加えられた、解体修理後は石槨を組み立て現地に戻すという案は、現地保存が難しいということで解体するにもかかわらず、再び同じ環境下に戻さざるを得ないという矛盾を抱えている。仮に実現しようとした場合、現保存施設でさえあれほどの規模があるのに、石槨はより完璧を期した保存施設を携えて墳丘内に戻ってくるか、または現地に用意せざるを得ないはずで、いくら将来保存技術や保存施設に関する研究が進歩したとしても、もはや高松塚古墳は墳丘の残骸すら残らない姿となり、特別史跡の価値が維持できるとはとても思えない。石槨解体の是非は、保存処理後のことも念頭において判断しなければならないと主張した所以である。特別史跡の維持という行政的な判断は、数少ない終末期古墳の遺跡としての特徴だけでなく、その真正性も考慮した価値に基づいたものでなければならない。

③石槨解体を早々と決めておきながら、その後今日に至るまで石槨の復旧方法について検討をしないのはなぜなのか。文化庁は今日まで史跡や、まして特別史跡の維持管理では、修理などの場合であっても、復元案を明確に示すことは最低の条件で、それがあってはじめて現状変更を許可し、また整備案を承認するというように、きわめて厳格に判断してきた。もしや今後はまだ形もみえない将来の技術開発や整備手法などによって上手に描かれた現状変更案を許可するように、要件の変更でもするつもりなのだろうか。また無理に石槨を戻すために、墳丘をさらに掘削してダメージを与えるのが良いはずもない。しかしその場合、石槨を戻さなければとても特別史跡は維持できないだろう。したがって石槨解体決定には、特別史跡の解除が条件でなければならなかった。以上のように特別史跡を維持できるのかの議論も尽くされていないまま、石槨の解体だけが先行してしまうような前例をつくって、今後特別史跡をはじめとした指定文化財の

保護に影響を与えることがないのか、事が文化財の保存の根幹にも関わる事案だけに、大きな疑問が残される結果となった。

(2) 石槨解体の障害と問題点

◉褪色は防げない

石槨解体修理には新たな疑問も表面化している。一つは環境がコントロールしにくい墳丘から、修理室へ持ち込むことで、生物被害を新たに生じさせないことは可能になろうが、修理中および墳丘へ戻した際に壁画の褪色は防げるのかという疑問がある。生物被害は酸素を絶つことで防ぐのが最も効果的だが、褪色もやはり酸化反応によって確実に進行する。黴の繁殖のように短期間で劣化が進むようなことはないが、対策を講じない限り、顔料の褪色は今も刻々と進行している。

◉確立されていない凝灰岩の保存方法

石槨解体が必要だとするもう一つの理由として挙げられたのが、石槨材である凝灰岩の劣化である。劣化状態の科学的調査結果も示されていて、高松塚古墳の石槨石材の劣化が進行しているのは事実だろう。しかし現在の保存科学の技術は、壁画に影響を与えることなく、凝灰岩自体を強化する方法を持ち合わせているわけではない。高松塚古墳の石槨石材は二上山《にじょうさん》北麓一帯で産出する、二上山白石と呼ばれている白色凝灰岩が用いられている。現在強化剤を石材に含浸する方法はあるが、凝灰岩に応用した場合、浸透が充分でないことがあるほか、浸透しなかった部分との境で亀裂が生じる不都合などがあり、いまだ実用的な段階に至っていない。むろん国宝壁画が描かれた石材への施工の目途など何も立っていない。筆者の見るところ、近未来に凝灰岩の保存強化方法を確立するのは困難だろう。北田正弘は高松塚古墳の保存材料に関する研究のなかで、「凝灰岩の結晶構造や組織の観察を通して、鉱物の組成が多岐にわたり複雑な微細構造をなしており、理想化合物となっているものはほとんどなく、また熱履歴にもよって変化し、非常に複雑な組織が特徴だとする。これからも劣化した凝灰岩の強化が今後も容易でないことは明らかである。」としている。

石材の強化保存については実際に二〇〇七年一一月開催の、第一〇回恒久保存対策検討会において配布された、資料4「取り上げた石材の劣化損傷状態について」のなかでも、如何に凝灰岩の含浸強化が困難かを説明している[1]。凝灰岩の保存処理については現在でもなお目途も立っていないなかで、さも墳丘下に置いておけばいつ壊れるかわからないと不安を煽った発言も、解体を促すための方便としか聞こえない。

●石槨床石撤去に正当な理由なし

同検討会では石槨解体の議論のなかで、壁画が描かれている石材以外の部材の取り扱いも問題となった。天井石と両側壁と両小口壁には壁画が描かれているが、四枚からなる床石にはもちろん壁画はない。解体を主張する立場の委員は、保存科学担当官からの床石も取り出して修理する提案に沿って、劣化の進行を抑止するため石槨を一体として修理するのが望ましいとした。しかし上で触れたように現状で凝灰岩の劣化を防ぐための強化方法は、まだ試験段階でしかなく、今後の保存処理もまったく見通せていない。強化もできない床石を、外して墳丘外へ持ち出す理由などどこにもない。まさか解体賛成の立場の委員らは、各地の劣化が進む凝灰岩製の指定文化財を、どれも解体して修理・保護しようと本気で考えているわけでもあるまい。

床石の取り出しは壁画の有無との関係以外に、実は遺跡の存在の証明というもう一つの大きな問題を孕んでいる。高松塚古墳の石槨を古墳から持ち出

図1　高松塚古墳の石槨床石（石槨解体時の状態）
（奈良文化財研究所ほか 2017 より）

すことは、古墳の核心部が原位置に存在しなくなることと同義で、遺跡の現地保存の原則に悖り、まして特別史跡においては、想定だにされないこととといえる。壁画を持ち出すことになり、唯一と言ってもいい石槨と古墳との繋がりについて、現物をもって存在したことの証となるものは、石槨の床石をおいてほかにない。以上のような理由で、保存処理もかなわない床石を持ち出したことは、高松塚古墳の墳丘と石槨の関係の拠り所を絶ち、価値を損なわせた大きな過ちといわねばならない（図1）。

同じく飛鳥に所在し石槨を有するもう一つのキトラ古墳との扱いの違いを見ると、保存科学担当の主張する石材の取り扱いは一貫せず、整合性がとれていないいわばご都合主義であることがわかる。キトラ古墳の石槨も同じ二上山白石を用いており、ほぼ造営から経過した年月も同じで、個体差の範囲程度の違いはあっても、基本的に同質の石材である。キトラ古墳の場合は、壁画がたまたま石槨壁面から剥離した状況であったため、剥ぎ取ることで別に保存する方法を採った経緯があるが、石槨自体は高松塚古墳と同じように版築で堅固に固められた墳丘内にそのまま置かれており、やはり地震による亀裂が墳丘を痛めているはずで、先の保存科学の専門家の立場からすれば、そのままにして置くわけにはいかないはずである。

なお、キトラ古墳発掘調査報告のなかの「石室石材の鑑定」（降幡順子・高妻洋成・肥塚隆保）には、同古墳の針貫入試験による石槨材の強度調査結果が示されている。キトラ古墳の石槨材外側の平均が87kgf/㎠で、比較資料とされた高松塚古墳石槨材外側の強度平均値は59kgf/㎠であった。若干キトラ古墳の石材の平均強度が大きいとあるが、いずれも強度が小さいという大差ない範囲にあるのは歴然としている。まさかこの結果が理由で、保存方法の違いを正当化するつもりではないだろう。

高松塚古墳の床石を取り出して保存処理しなければならないなら、なぜキトラ古墳の石槨は解体して処理しないのか、納得できる回答はこれまで聞いていない。筆者はとりわけ重要遺跡の現地保存の原則を踏まえ、凝灰岩の強化保護技術の見通しが立たない現状で、解体など説明ができない遺構の移築などに手を染めるべきではないと考える。

◉明かさなかった修理材料の劣化

いま一つは解体修理に使用する材料の問題がある。これは、恒久保存対策検討会において重要な石槨解体が決定されてから、およそ一年も経過した後になってようやく説明があった。検討会作業部会と本会議とにおいて、東京文化財研究所技術者が明らかにした保存材料の問題である。高松塚古墳の壁画修理に使用した保存用の材料の寿命が、実は二〇年から三〇年ぐらいだと明かした。保存科学に特段精通していない委員が大勢を占める検討会の、石槨解体の是非を論議する場で、保存材料については語らず、これまで沈黙を貫いていたことは意図的というしかないだろう。その技術者が真顔で語った通りだとすれば、大まかな修理計画は次のように考えるしかあるまい。解体した石槨の壁画修理を約一〇年かけて行った後、墳丘へ戻すことになり、その後二〇年ほど経てば、保存材料の劣化が進行し、また石槨を解体して修理することになる。これほどデリケートな壁画を扱っていながら、石槨解体という大きなリスクを負う石槨の解体と組み立てを繰り返さなければならない保存策が、ほんとうに恒久的な保存という名に値するのだろうか、研究者としての資質だけでなく、良心までをも疑わせる振る舞いだ。

このように石槨の解体自体にかかる矛盾や問題点が少なからず指摘できたほか、石槨解体とさらに復旧という行為のリスクも無視できない。解体工事は大きな事故や問題がなく進められたが、すでに触れたように事実上現実的ではなくなったといえる墳丘への復旧を、仮に実施するとした場合でも、石槨の再構築には技術的に解体をはるかに超えた困難が待ち受けている。壁画保存のため環境を維持する設備設置の物理的な問題もあり、文化庁が思い描くような復旧の姿は望むべくもない。

2　明らかになった壁画劣化の真の原因

(1) 深刻な地震の被害

◉高松塚古墳が被った強い地震

高松塚古墳は二〇〇六年（平成一八）一〇月二日、石槨解体のための発掘調査に着手したが、特別史跡に指定された終末期古墳の全面的解体ともいえる前代未聞の調査である。一九七二年（昭和四七）の壁画発見時には、よもやこんな事態になると誰が予想できただろう。筆者も発掘調査の期間中に、何度か恒久保存対策検討会のメンバーとして調査を視察した。この発掘調査は石槨解体が目的であるため、墳丘の大半を対象とした、ある意味徹底した調査が可能であった。特にここでは壁画劣化の原因解明に関わる事項について、明らかになった事実を紹介する。

古墳の封土である墳丘の調査が進むにつれて、高松塚古墳の石槨は堅牢な、墳丘版築土によって覆われていたことがあらためて確かめられた。しかし残念なことにその版築土は、築造からおよそ一三〇〇年余りの間に発生した地震が原因と思われる、激しい揺れによる地割れや断層によって大きく損なわれていたことがわかった。本発掘調査の成果をまとめた報告書が二〇一七年に刊行され、そこで地震の痕跡について詳しく記述されているので、それに従って説明しよう。墳丘の調査によって墳丘土の構造が把握されている。墳丘上部は粗い版築に似た土質の盛土が全体を覆っており、その下は上位の版築土と、石槨を直接包み込むように覆った下位の版築土に分かれる。版築土は厚さ三〜一〇センチ前後の単位で、黄褐色粘土と褐色粘土を交互に積土し、一定の面で搗き棒

図２　高松塚古墳の地震によるとみられる版築土の多数の亀裂（奈良文化財研究所ほか2017より）

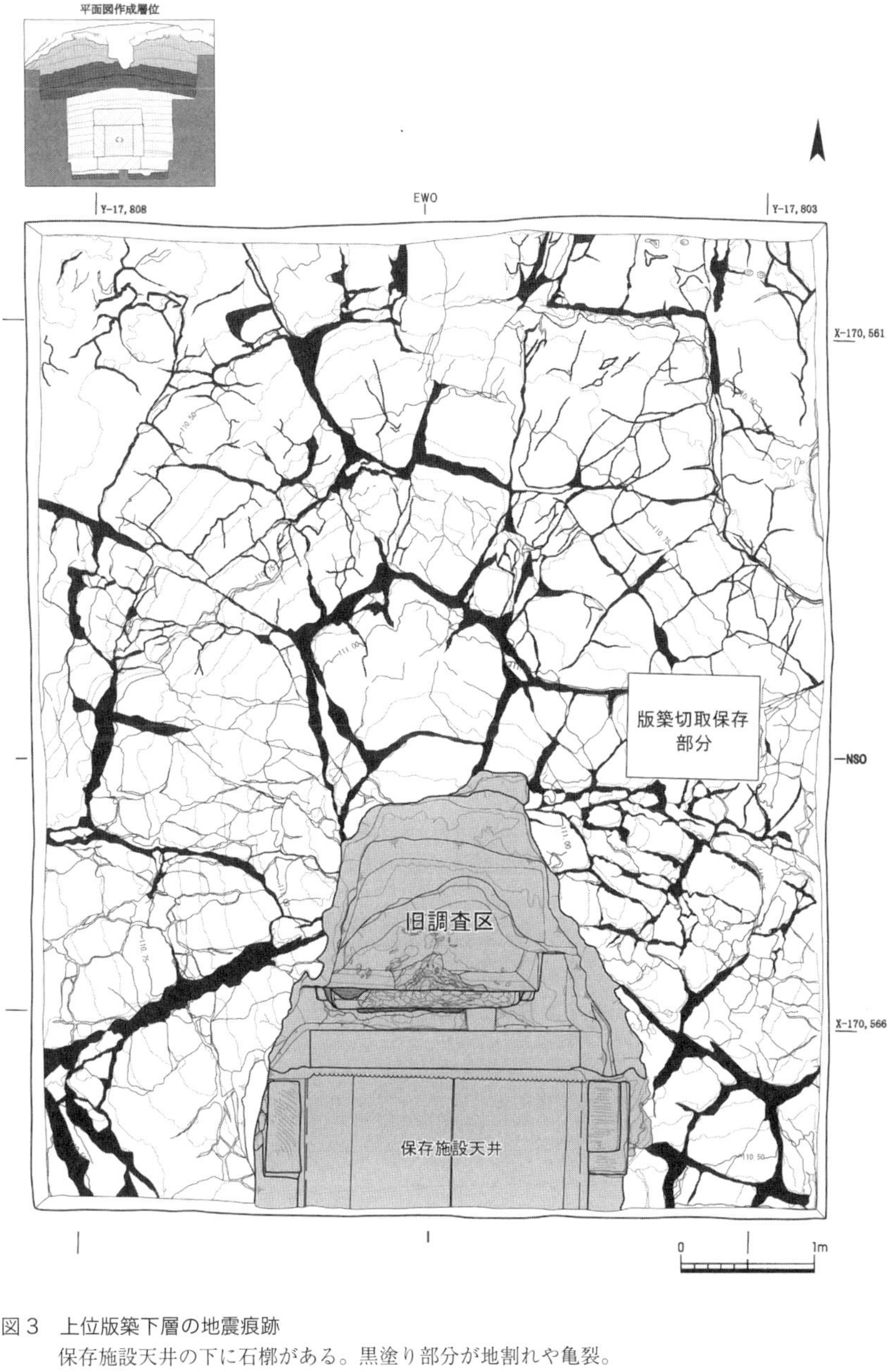

図３　上位版築下層の地震痕跡
保存施設天井の下に石槨がある。黒塗り部分が地割れや亀裂。
（奈良文化財研究所ほか 2017 より）

をもって搗き締められた堅牢な版築の層として認識できる。

このように強固に積まれた版築土が、地震が原因と思われる地割れや断層の著しい被害を被っていた。上位版築土の上面では四〇センチ前後の幅広い亀裂が確認でき、さらにその亀裂は幅を狭めながらも、下位版築土や墳丘の中心部である石槨直上へ向かい、最終的には石槨の輪郭に沿った亀裂と、石槨の四隅から墳丘外へ放射状に拡散する亀裂痕跡として観察できた（図2・3）。墳丘の縦断の観察では亀裂の一部が、墳丘下の地山層にまで達していることや、墓道部で地形斜面に沿ってずれ落ちる東西に横断する方向の深い断層痕跡も発見されている。岩盤のような硬い版築土の地割れ部分を埋めた軟質土壌には、墳丘の立木の太い根が入り込んでいたことも明らかになった。報告書にもあるように版築土に著しい痕跡を残した地割れや断層は、おそらく石槨への雨水の浸入を次第に容易にしていったのだろう。また生物の侵入のルートになったとする一部の見方もある（図4）。

●明日香村における過去の地震被害

ではこのように高松塚古墳の墳丘にダメージを与えた地震は、いつ発生したと推定できるのだろうか。亀裂などから直接年代を推し量ることのできる遺物などは出土していないため、高松塚古墳から

断面模式図
斜線は割れ目に流れ込んだ盛土

（南西から）

図4　高松塚古墳の墳丘南側において地震による地割れで確認された封土のズレ
（奈良文化財研究所ほか2017より）

得られる考古学資料だけで時期を絞り込むことは困難である。ただ過去に起こった地震については、当地や近畿各地で確認される地震痕跡のなかで、年代がほぼ判明している遺跡の層序や遺構と、文献に見られる記録との照合によって、地震発生時期の絞り込みを行うことは可能である。

そこで高松塚古墳のある奈良盆地南部で、過去に大きな被害を被った可能性のある地震を探ってみよう。地震考古学を提唱し、各地の遺跡の地震痕跡から列島の地震史を研究する寒川旭によれば、高松塚古墳に地割れや断層など甚大な被害を生じさせた地震は、南海地震と東海地震である可能性が高いという。過去に遡ると、仮に高松塚古墳の造営以後に発生したとすれば、『日本書紀』に記載があり西日本太平洋側一帯の広域に甚大な被害を与えたことで知られる、天武一三年（六八四）の白鳳地震が挙げられる。この地震では諸国の官舎や社寺の建築物の被害をはじめ、地殻変動による水没や液状化現象と思われる被害が記録に残されている。飛鳥においても「宮の東の山に石を累ねて垣とす」と記された両槻宮《ふたつきのみや》ではないかとされる酒船石《さかふねいし》遺跡の発掘調査では、強い地震の痕跡が明らかになっている。多武峰《とうのみね》から派生する尾根を、俗にいう天理砂岩の切石をもって石垣とした類を見ない構造物であるが、その切石を積み上げた石垣が崩壊しただけでなく、基礎として据えられた大型の花崗岩も転落したり、大きく動いた跡が確認されている。相当強い震度の揺れに見舞われたことは確実で、『紀』に記された列島の太平洋側を中心とした各地の、地震被害の規模や範囲などから判断して、南海地震発生による直接の影響とみられている。

飛鳥の中心部から西方の丘陵には、高松塚古墳と造営時期も比較的近い、終末期古墳のカヅマヤマ古墳がある。墳丘は直径が約二四メートル、高さ約四・二メートルの規模の方墳で、石室は吉野川流域で得られる緑色結晶片岩を小口積の磚積としており、復元すると全長が五メートルほどある。石室壁面のすべてと床の上に設けられた棺台のほか、石材接合面などに大量の漆喰を塗った丁寧なつくりとしている。ところが二〇〇五年に実施された発掘調査で、古墳の南側約半分の範囲が大きく地滑りした跡が発見された。石室の南半分が垂直方向におよそ二メートルも滑り落ちており、強い地震の揺れが原因と判断されている。実はこの古墳も高松塚古墳と同様に一三世紀頃の盗掘によって石室内が荒らされていたが、その盗掘坑が地滑りによって分断されていたことから、古墳は正平一六年（一三六一）に連動して発生した南海・東海地震が原因で崩壊した可能性が高いとみられている。

南海トラフと呼ばれる日本列島の太平洋側に沿った、プレート境界の歪みが原因となって発生する南海地震と、東海地震は巨大なエネルギーをもち、これまでに幾度となく東海地方以西の太平洋側を中心とした地域に、甚大な被害をもたらしてきた。先に紹介した飛鳥時代後期の白鳳地震と、室町時代初期の正平地震との間にも、仁和三年（八八七）と康和元年（一〇九九）の、南海トラフから発生したと考えられる地震による被害の記録が存在する。前者は『日本三代実録』に、京都で多くの官舎や倉庫などの損壊や倒壊した建物で、多数人々が圧死したことのほか、淡路島や摂津などで、津波被害があったことなどが記されている。正平の地震以降も残された過去の地震被害の記録を整理すると、一〇〇年から一五〇年の間隔で繰り返し大地震を引き起こしており、高松塚古墳が築造されて以降、奈良盆地南部を大地震が幾度も襲っていることが次第に明らかにされてきている（図5）。

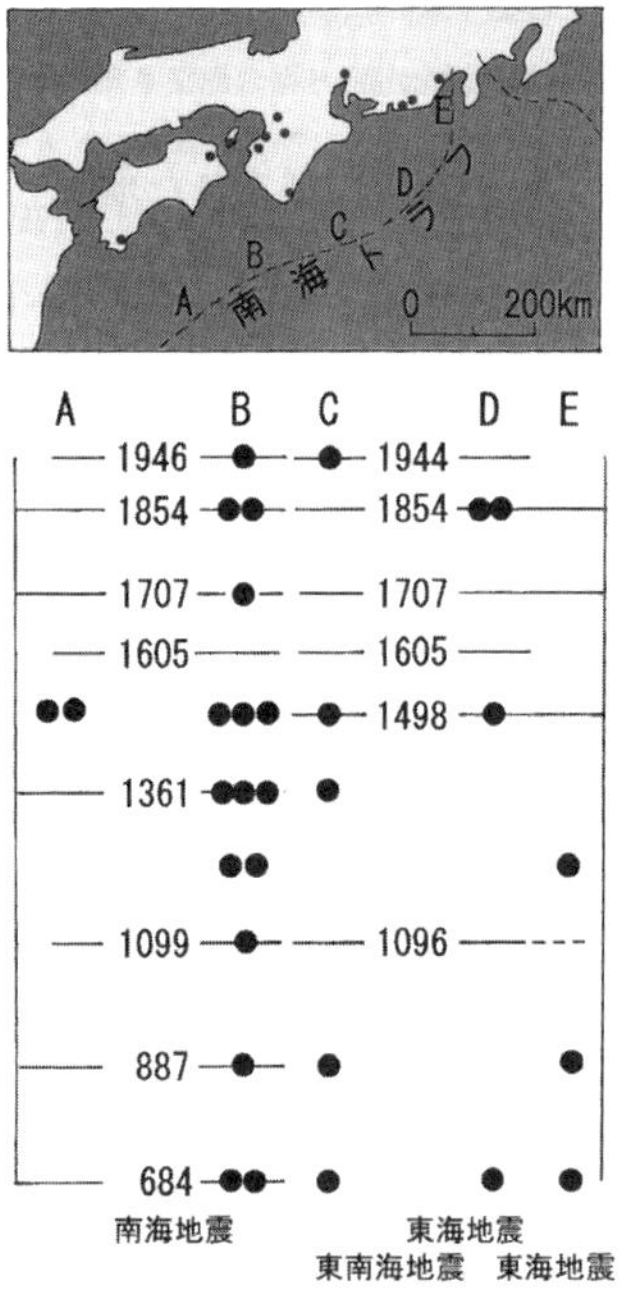

西暦年で示したのは記録からわかる地震の発生年、●は遺跡で見つかった地震痕跡で、上図では遺跡の位置、下図には地震痕跡の年代を示す。註4）ほかより。

図5　近畿地方及び周辺地域に影響を及ぼした南海トラフ発生に大地震（奈良文化財研究所ほか2017より）

また一方で飛鳥周辺では具体的な被害の痕跡は確認されていないが、高槻市の今城塚《いましろづか》古墳に大規模な墳丘崩落をもたらした慶長元年（一五九六）発生の伏見地震のように、奈良盆地やその周辺に存在する活断層が動くことで起こった、過去の大規模な地震による影響もなかったとはいえないだろう。

一九七二年の最初の高松塚古墳の発掘に携わり、墳丘版築土を調査した担当者に「鶴嘴《つるはし》をも跳ね返すほどだった」と言わせたほど版築は非常に堅牢であった。それほど堅牢な版築土に地割れや断層を生じさせる原因は、報告書でも触れているように、この地を襲った強い地震が、直接関係していたと考えてよい。

◉地震は壁画の劣化に決定的影響を与えていない

このように古墳築造以降、何度も奈良盆地を襲ったと推定される強い地震の揺れが、石槨を守っていた版築を次第に蝕むことになったことはまず疑いないだろう。しかし注意しておきたいことは、版築土が地震によって損なわれてきたことと、高松塚古墳の壁画をあれほど酷い劣化状態に至らせた原因とは、正しく分けて考える必要があるということだ。この発掘調査を指揮した文化庁は、発見された地震の痕跡をことのほか強調して、地震が壁画の劣化に大いに影響を与えたというわけだが、果たしてそうだったのだろうか。冷静に数十年間の壁画劣化の経緯と、当地の過去の地震発生を時系列で整理すれば、自ずと地震があのように酷く壁画が劣化した直接の原因でないことをすぐに悟るはずだ。高松塚古墳の管理にあたってきた責任者の面々は、壁画劣化の原因を堅牢な版築土に多数の亀裂や、地割れを生じさせた地震として、その主犯の一つにしたてたいようだが、その説明に誰も納得することはないだろう。

二〇〇九年五月一三日に開催された第八回壁画劣化原因調査検討会では、壁画劣化の原因に関して配布された資料にはこう記されている。

資料5　高松塚古墳壁画の劣化原因に関する検討の経過の概要について、「5. 地震等の石室への影響について」として、二〇〇四年一〇月～翌年三月および、二〇〇六年一〇月～翌年九月に発掘調査が行われた調査の成果のうち、壁画の劣化に深く関わると考えられる成果とされる事項が羅列されている（一部を抜粋）。

・地震にともなう墳丘の亀裂や断層が多数発見され、これらの地震痕跡は、過去に周期的に発生した南海地震等の痕跡と見られ、地震にともなう亀裂や断層が墳丘の各所に存在する可能性が高いものと考えられる。

・墳丘部にはモチノキの木株が三か所に存在し、現在も墳丘内に深く根を張る。植物は、軟質土の充てんされた地震痕跡の亀裂にそって、根を張る状況が確認されており、こうした亀裂が雨水の浸透や、石室内への虫の侵入経路となっている可能性が高いものと考えられる。

・墳丘の損傷が具体的に確認された。地震による版築層の亀裂（南海地震等の影響）、石室石材間の隙間。

・墳丘版築の亀裂、石室石材隙間等で生物被害が確認された。墳丘版築層内の亀裂と草木根、石室周囲から発見された虫、旧調査区・取合部の黴、石室外面で確認した黴、石室石材接合面の黴。

この資料には発掘調査で明らかになった事実に触れているが、その事実が壁画劣化に結びついていたか否かに関しては、推測や可能性を指摘しているに過ぎない。特にこういった事項や現象が発生した時間的関係にはなぜか無頓着で、地震と壁画の劣化についていえば、因果関係があると証明などできていない。

発掘調査によって判明した亀裂や断層は、古墳の築造後およそ一三〇〇年もの永きにわたる間に、幾度か発生した強い揺れをともなう地震が、生じさせたのだろう。強い地震のエネルギーは石槨を覆う版築土や石槨を構成する部材の一部に損傷を与え、徐々にではあるが古墳の保存環境は充分な状態ではなくなってきたことが想像される。ただそれは被害の大きさの違いこそあれ、日本列島においてはほかの遺跡でもありうることで、有形の文化財であれば避けがたい経年劣化を引き起こす原因の一つである。高松塚古墳の壁画劣化はそういった経年変化とは別の原因があって、短期間に取り返しのつかない被害に見舞われる結果となったことが何よりも問題なのである。したがって文化庁の壁画劣化原因に関する検討や検証も、壁画発見以前のどこでも起こりうる文化財の劣化問題と、一九七二年以降の急速で著しい劣化の経緯とは、当然ながら分けて考えねばならないはずである。

飛鳥では確かに過去に地震の被害を幾度か被ってきたが、壁画が発見されて以降、この度の酷い壁画の傷みが公にされるまで、版築土にあれほどの亀裂を生じさせるような激しい揺れをともなう地震など、この地域ではまったく記憶にも記録にもない。したがってここ三二年間の急激な壁画の劣化は、文化庁が壁画の劣化と深く関わると考えた地震が主因では決してない。発見時には、すでに版築土が現在とほぼ同じ程度に傷んでいたはずであるのに、あれほど見事な状態で壁画が残されていたことがそれを証明している。これを踏まえると、石槨を包んだ版築の状態が築造時のように完璧でなくても、壁画がひどく傷むことがない程度の環境が維持されていたということが、今後の壁画古墳の保存を考える上で重要な鍵になると考えられる。

二〇〇六年の石槨解体時の発掘調査では石槨内からムカデ、クモ、ワラジムシ、ゴミムシ、ヤスデなど一二種類、計一一四個体の虫類が捕獲されていて、虫類は古墳の外から石槨内に自由に出入りしていた。しかし一九七二年に壁画が発見された時の石槨内は今のような状態ではなく、調査を担当した当時の学生は「石槨内に流入していた土を丹念に篩にかけても虫はいなかった」と証言しているほか、黴被害もひどい状態ではなかったことも報告されている。これは壁画発見以前に発生した地震によって生じた版築の地割れや断層から、虫類が石槨内に侵入し黴を蔓延させたなどという想定が成り立たないことを示唆している。

文化庁が壁画発見以前の劣化原因のひとつとしている、高松塚古墳で確認された過去の盗掘被害についても触れてみよう。盗掘者は石槨の南小口壁石の上部を破壊して侵入しているが、その際に使用した灯明皿が発見されていて、その皿の特徴と型式から鎌倉時代の盗掘であることが明らかになっている。人目を避け夜陰に乗じて硬い墳丘版築を破壊し、さらに石槨の一部を壊して侵入しており、かなり大掛かりな所業で、灯明のわずかな明かりを頼りにめぼしい副葬品を持ち去った顛末が想像される。おそらくすぐに盗掘の事実が知られることがないように、石槨の破壊した部分を土で塞ぎ、盗掘穴を埋め戻したに違いない。ただどのように後始末をしたか詳細は定かでない。ある程度石槨を丁寧に密封したかもしれないが、いったん開けられたことで石槨内の環境は大きく変化したはずである。それにもかかわらず高松塚古墳には盗掘されてから八〇〇年余り経過してもなお、一九七二年の発見時の写真にみるように、壁画が良好な状態で保存された「実績」がある。おそらく盗掘時に引き起こされた突然の大きな環境変化は、版築という幾重にも搗き固められた堅牢な積土に覆われた石槨の構造が、徐々に元の安定した槨内環境へ戻る方向へ有効に働いたのではないかと思われる。無論鎌倉時代の盗掘以前にも、またその後にも幾度か飛鳥地域を襲った大きな地震によって、高松塚古墳の版築土や石槨材の一部は亀裂や破損を受けていたことは、石槨解体時の発掘調査で明らかにされている。しかし壁画のある石槨を包み込んでいた終末期古墳の構造は、このように部分的に傷んだり、一時的に環境が悪化する事態に陥っても、壁画は酷く損なわれることはなかったという事実を、教えてくれている。

(2) 壁画劣化原因調査検討会による結論の疑義

◉発見時の壁画の状態

先に詳しく述べた国宝高松塚古墳壁画恒久保存対策検討会（第二回）で説明された国宝高松塚古墳壁画の状態変化について、資料2－1には以下のように記述されている。

1．発見当初の状況

（1）壁面（漆喰層）

（1）漆喰層の状態は、亀裂・剥離・陥没・粉状化を生じ、表層部分は剥落等の損傷状態を呈していた。

（2）天井の粉状化は殊に甚だしく、天井石の継ぎ目に沿って米粒大の漆喰小片の落下が多く見られ、星宿の部分まで落下してしまう恐れがあった。
（3）盗掘者によるとみられる人為的な擦傷がみられた。
（4）ムカデなど虫類の侵入も見られた。

（2）壁画

（1）壁面の複雑な損傷状況が絵画部分にも及んでおり、表層が浮き上がり、表層の彩色層と共に剥落するおそれのある箇所があった。
（2）特に天井の天文図は危険な状況にあった。漆喰層の粗鬆状態は天井が最もひどく、金箔のうち数枚は剥落しかけていた。

これを見る限り、発見当初黴の被害に見舞われていたようなことはまったく窺えない。仮にわずかな黴が存在していたとしても、壁画に影響を与えるほどではなかったことは間違いない。見事な美しさを保っていた壁画の写真もそのことを証明している。実際に文化庁による先の保存管理の記録においても、黴に対する本格的対処を始めたのは、発見から六年以上経過した一九七八年一一月になってからである。

またムカデなど虫類の侵入が記述されているが、先に触れた発掘調査に参加していた当時の学生の証言とは食い違っている。恒久保存対策検討会で説明された発見当初というのが、壁画発見からどの程度時間が経過した時を指すのか、不確かな部分も残されている。また仮に壁画発見時に虫類の侵入があったとしても、証言から考えて、後に侵入を許すことになる虫類の数や種類のような規模ではなかったことも明らかだろう。

漆喰については粗鬆化という構造的な問題はあったにせよ、また植物根や虫、黴の侵入、泥や水の流入などがあっても、壁画自体が劣化していた状態とは言えないだろう。一三〇〇年という長い時間経過のなかで、一時的に黴が発生した時期があり、水が浸入したこともあっただろう。しかし壁画に決定的なダメージを与えたことはなかった。発見時壁面に黴が蔓延していたことはなく、また虫類などによる慢性的な被害を受けていたことはなかった事実も裏付けになっている。このことから実際には黴などの微生物も多少存在してはいたが、生物が活発には活動できない程度の低酸素状態にあったと考えられ、だからこそ壁画があれほど良好な状態で発見されたのである。

●役割を果たさなかった劣化原因調査検討会

文化庁は二〇〇八年七月の第一回検討会を皮切りに、科学的・学術的な見地から壁画劣化原因を解明するために都合一七回に及ぶ壁画劣化原因調査検討会を開催している。この検討会の討議を経て、文化庁から二〇一〇年三月に報告された「高松塚古墳壁画劣化原因調査報告書」（以下、「劣化原因報告書」とする）の内容を見てみよう（以下、同報告書からの引用を含めて加筆したものである）。

報告書には、劣化した壁画の現状認識が次のように記されている。

「高松塚古墳壁画は石槨内に描かれてから約一三〇〇年が経過し、その間地震による石室・墳丘の物理的損傷があり、また一二世紀後半の盗掘が原因と思われる植物根や虫、黴の侵入、泥や水が流入などによって、劣化が進行した。加えて石室内の長年にわたる高湿度環境の下、漆喰はカルシウムが溶出して粗鬆化し、壁面の亀裂や剥落等が進行していたという、壁画発見時の現状認識のもと、壁画劣化の原因究明を進めた。」

報告書のこの認識には問題がある。描かれてから一三〇〇年も経過した壁画であるから、壁画には傷んだ個所や汚れた部分も、漆喰もそれなりに劣化しているのは当然である。しかし発見された壁画を見て、劣化した壁画とは誰も認識しなかったし、発見時に劣化した壁画が見つかったとは報道もしなかった。文化庁の右の認識からは必要以上に、壁画は元々劣化や傷みが酷かったので、その後はその延長で劣化が進んだというシナリオにしたいように思える。劣化原因の調査検討会が、一九七二年に壁画が発見されるまでの劣化経過も調査対象とすることは理解できるが、課された最大の使命は、発見後の短期間のうちに劣化がなぜ起こったかを探ることだったのではないのかと再確認してみたくなる。

壁画の劣化について、「劣化原因報告書」では一九八〇年から一九八四年にかけての昭和の黴大発生と、二〇〇一年から二〇〇五年にかけての平成の黴大発生と呼んでいる二時期および、その間の沈静化していたと思われる一五年余りの期間のなかで、湿度環境の変化、石槨の温度上昇、人の出入り、作為ともとれる情報の未発信、杜撰な取合部工事など、様々な因子が作用したことが原因だという。「作為と不作為とが入り混じった総和」と、真実を曇らせてしまいかねない、実に曖昧な結論となっている。原因の一部には複合的に絡んでいる部分もあるだろうが、一七回も会議を重ねながらこれでは真の劣化原因を充分に検討して明らかになったとはとても言い難い。保存施設の限定的な機能と、構造的な特性や問題点を正しく認識し、それを理解したうえで壁画の変化を敏感に察知する意識をもって、危機管理にあたっていれば、早期に適切な対処ができていたはずである。それを怠った人為的

図６　高松塚古墳の取合部の天井部 PC 版庇の隙間に詰めた凝灰岩と乾燥した目地粘土
目地に詰めた粘土が完全に乾燥し、多数の隙間が生じている。（奈良文化財研究所ほか 2017 より）

図７　保存施設取合部の擁壁に広がっている黒黴
（奈良文化財研究所ほか 2017 より）

な原因を認めることで、初めて墓室壁画の保存を検討するためのスタートに立つことができる(2)。

(3) 壁画劣化の真の原因

様々な因子が複合的に作用したとして、曖昧にされた劣化原因を正し、これほど短期間に壁画が劣化した真の原因を、ここであらためて整理しておこう。

その一つはすでに明らかにされている、二〇〇一年に実施された取合部の工事とみられる。取合部は石槨と墳丘南側に設けた保存施設を繋ぐ部分で、ここを介して石槨と繋がる前室の空気環境を、石槨内の環境に近い状態にするために設けられた。ところが取合部は施設が完成してからまもなく、保存施設側から北に張り出した天井部PC版庇と、墳丘の隙間からわずかな土の崩落が始まり、次第にその規模が拡大していった可能性が高い。機械室の機能や保存施設の構造は、取合部の崩落があって、墳丘外からの大気の流入が始まっていたなら、実質的にはほとんど役に立っていなかったことになる。言い換えれば取合部の前に前室を設けて、石槨内の環境に影響を及ぼさない構造と方法で成り立っていた保存の仕組みは、その時点ですでに破綻していたことになる。石槨は無防備の状態に捨て置かれていたも同然というわけだ。残念なことだが、この推量通りだとすれば、二〇〇一年になってやっと取合部の工事にかかったことが、いかに遅きに失した対応であったかがわかるだろう（図6〜8）。

二〇〇七年の石槨解体にともなう発掘調査では、取合部の天井で、一九七二年の発掘調査区の封土と接する隙間に詰められた、ふさぎ用凝灰岩や発泡スチロールが露わになった。保存施設の施行時に天井PC版庇部分に並べられた凝灰岩の隙間に目地として粘土を充填していたが、粘土は完全に乾燥してひびが入り、無残にも各所に相当の隙間を生じさせていた。文化庁の点検記録からみると一九七八年一一月の点検以降、壁画面に黴が多数確認されており、翌年には虫類が多く確認されたとあるので、取合部の崩落など不具合の始まりを最も早く推定すると、保存施設が竣工して二年半余りの頃だったのではないかと思われる。二年もあれば粘土が乾燥することも当

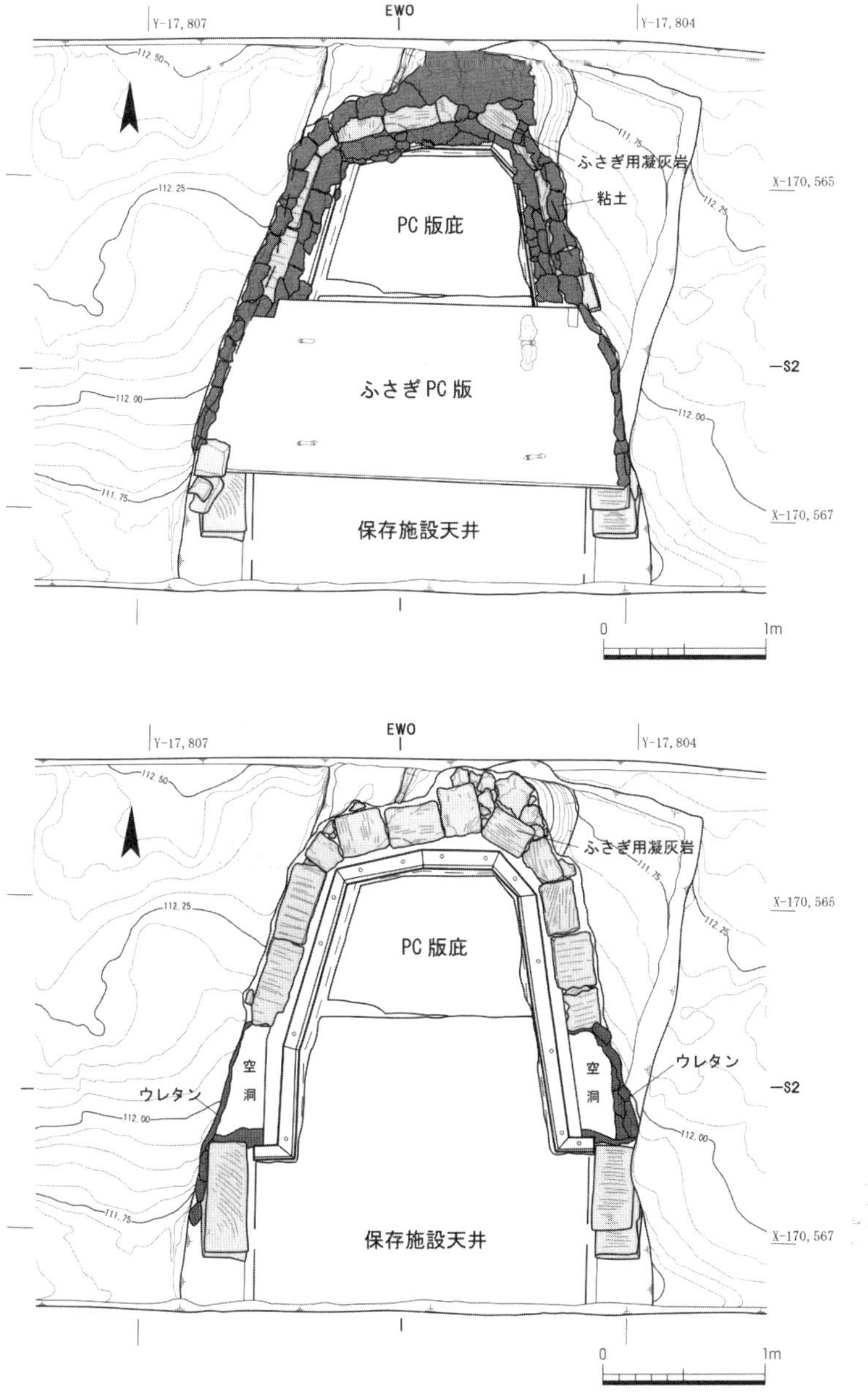

図８　高松塚古墳の取合部天井の閉塞状態

上・下図ともに保存施設の北端部分の上面平面図。上はふさぎ用凝灰岩の隙間に粘土が詰められた状態。下は粘土を外した状態。（奈良文化財研究所ほか 2017 より）

図９　高松塚古墳の石槨外面や側壁石および天井石の隙間など一面に蔓延した黒黴　取合部から石槨へ黒黴が侵入していった道筋が、手に取るようにわかる。（奈良文化財研究所ほか 2017 より）

然あり得ることで、その頃には程度のほどは推測しにくいものの、石槨はすでに外からの様々な悪影響を、直接被る状態に陥っていたことが考えられる。

文化庁が公開している一九八四年の取合部の写真では崩落が確認でき、一九九〇年には詰めた凝灰岩まで落下しているのと修理日誌カードに記録されており、上の推定とも辻褄が合う。さらに一九九四年三月の定期点検では、石室取合部の特に右側天井の崩落について、近い将来には陥没の恐れがあるという報告があるにもかかわらず、放置されてしまっていた。写真で崩落が明らかになっている一九八四年からでも実に一七年も経過しており、この間深刻な事実を認識しながら、本格的に修理を検討することも具体的な対策も講じなかったことこそ、壁画がここまでの劣化に至った重大で直接の原因だったと考えている（図9）。

なお先に指摘したように文化庁は二〇〇四年、石槨解体を前に調査自体に重大な落ち度があった「高松塚古墳石室の空気漏洩量調査」を実施したが、その際に併せて取合部の空気漏洩量も検査している。二〇〇一年に防黴対策をしないまま作業に着手して、黴汚染を広げてしまったあの崩落止め工事を終了していたにもかかわらず、その測定結果は20［l/min］の空気流量では部屋の圧力が上昇せず、取合部の空気漏洩量が大きいことが報告されている。しかしこれは取合部の天井PC版庇と封土との隙間が認識されず、工事でも修理が及ばなかったことからしても当然の結果といえるだろう。

このように高松塚古墳の壁画が、短期間でこれほどまでに劣化した直接の原因は、文化庁が要因の一つとする版築や石槨を蝕んだ地震や、地球規模の温暖化などでは決してない。発掘後に石槨内に大気を入れ不活性環境が破られ、その後に設置した保存施設が石槨の間に取合部を設けるなど低酸素・低二酸化炭素環境が保てない構造的欠陥があったことが主因である。加えて施設の構造を認識しながら、石槨周辺の環境への視点が決定的に欠け、適切にかつ注意深く維持・管理することを怠ったことが原因であったことは、誰の目にも顕らかだろう。

先の文化庁による「劣化原因報告書」は、全体を通しての筋書きが、詰まるところ現地にあるままでは壁画劣化が避けられないという論調で纏められていて、石槨解体もやむを得ない措置だったともとれる結論である。真の劣化原因を曖昧にしたままの報告では、今後の正しい古墳壁画の保存策など望むべくもない。

「劣化原因報告書」の終わりには「現地保存の実現に向けた基礎研究や技術開発は、常に推進していく必要がある。でき得ることは直ちに始め、併せて将来に活かすデータを整備していくことが肝要である。」ともっともな文言が記載されている。しかしそれからでも一〇年以上が経過した現在にいたっても依然、石槨を解体することなく現地で保存するための研究や開発が進められているとは聞かない。石槨解体を決行してしまった文化庁としては、次第に批判が沈静化することに安堵したのか、現地保存が叶う方法を積極的に研究することに、背を向けてしまっているようだ。

註

（1）資料4には、「凝灰岩の多くは、岩石全体が風化しており、処理により表層のみが強化されて、風化殻と同様な状態になるので、十分な検討を要する。石材の保存修理においては、凝灰岩は最も困難な石材の一つと考えて良い。凝灰岩は風化しやすく、部分的に粘土化していたり、強度の不均衡がより進むことなどが原因して、含浸強化後に含浸強化材（アルキルシリケート系など）の加水分解が進んだ状態や、溶剤タイプの樹脂を使用した場合は、乾燥固化時にひび割れが新たに発生したり、層状に剥離することもある（石材の浮き部分によく見られる）。一方、含浸効果については表層部の強化には効果的であるが、デッピング法（液中で浸透含浸させる方法）においても石材全体を強化することは不可能である。」と凝灰岩の含浸強化は技術的にできないことを明確に記している。

（2）二〇一七年五月に刊行された石槨解体にともなう発掘調査の報告書（『特別史跡高松塚古墳発掘調査報告』）の結語では、壁画劣化原因調査検討会が二〇一〇年三月に出した報告書で結論付けた複合的な劣化原因の遠因の一つが、大規模地震による墳丘と石槨の物理的損傷であったとわざわざ明記している。発掘調査で自らが見つけた地震の亀裂が、あまりに衝撃的で印象的だったのだろう。しかし本文で説明したように、様々な劣化が進行した経緯を具にたどり、壁画の維持管理の記録などを整理して見比べたうえで、客観的に判断すれば、そのように纏めることはできないはずである。ここに至ってもなお検討会の曖昧な結論に、ことさら根拠の乏しい劣化原因を重ねて記さなければならない必要はどこにあるのだろうか。

Ⅳ章

東アジアの古墳壁画保存の現状

蘇　哲
東　潮
鴨志田篤二

1　中国の古墳壁画の特徴と保存

蘇　哲

(1)中国における墳墓壁画の展開と特徴

中国における壁画墓の造営は、前漢の武帝期（前一四一－前八七）から明清時代まで続けられた。二〇一五年までの統計資料によると、中国の考古学研究機関が調査した壁画墓はすでに五六〇基を超え、その分布範囲は黄河流域を中心に、長江流域、遼河流域、珠江流域および甘粛省の河西回廊、新疆のトルファン盆地、青海省のツァイダム盆地にまで及ぶ(1)。埋葬施設の構造と建築材によって崖洞墓《がいどうぼ》、傾斜した墓道を持つ方形単室・多室磚墓・石室墓・土洞墓および竪穴式墓道を持つ耳室付長方形磚室墓、階段式墓道を持つ円形・八角形単室・多室磚墓などの形式に分類できる。

①壁画墓誕生の前夜

壁画墓の造営は、古代の人々の死生観に深く関わっている。前漢時代の文献『礼記《らいき》・郊特牲篇《こうとくせいへん》』によると、人の死後に「魂気《こんき》は天に帰し、形魄《けいはく》は地に帰す(2)」。壁画墓は形魄の居所として、被葬者が彼岸の世界でも贅沢な生活を送れるような願いを込めて造営されたのである。したがって、墓室の内装も現世の住居から影響を受けていた。一九七九年、戦国時代の秦国咸陽三号宮殿遺跡から車馬出行図などの壁画が検出された(3)。このような車馬出行図は、漢時代に入ってから被葬者の身分を表す重要な墓室壁画の画題となり、現世の建築装飾画から墓室壁画への展開を見て取ることができる。

一方、天に帰す死者の魂気が消え散ることを恐れ、葬儀で招魂《しょうこん》式が行われる。そのため、招魂幡などの調度品に描く冥画も発展してきた(4)。一九七二年に調査した湖南省長沙市馬王堆一号漢墓の被葬者は、紀元前一六六年頃に死亡した長沙国丞相軑侯利蒼の夫人辛追と推定されている(5)。その内棺を覆うT字形帛画《はくが》は、招魂幡のようなものであり、現世界から天上界へ昇仙《しょうせん》する被葬者の姿が描かれている。また、内棺を納める第三棺の頭側の側板および左側板に彩色で神山・神獣と仙人などを描き、後世の壁画墓によく見られる昇仙図に大きな影響を与えたに違いない(6)。

同じ墓地で発見された三号墓の被葬者は軑侯利蒼の息子と推定され、その棺室の西壁に車馬儀仗図の帛画が掛けられている。それは咸陽三号宮殿遺跡から検出された車馬出行図と同じ性格を持つと思われる(7)。

要するに墓室壁画の源流は、現世の宮殿・住居の装飾画および招魂式用の冥画に求められる。戦国時代から前漢の前期にかけて黄河流域と長江流域では、竪穴式の木槨墓は貴族墓の主流であり、彩色絵で棺桶を装飾し、帛画を副葬する風習が流行っていた。それらの装飾画は墓室壁画の先駆けとなり、横穴式墓の成立後、墓室壁画に移り変わったと考えられる。

②壁画墓の登場

紀元前二〇二年、楚漢戦争に勝利をおさめた劉邦は前漢王朝を開いた。前漢は厚葬の風習が盛んであり、首都長安の周辺および各諸侯国で数多くの大型陵墓が造営された。考古学調査の資料によると、文帝期（前一八〇－前一五七）から戦国以来の木槨墓の造営から大型崖洞墓（多室大型横穴墓）と横穴式石室墓への転換が始まった。それよりやや遅れる武帝期に造営された諸侯王の大型崖洞墓である河南省永城県柿園梁王墓、横穴式石室墓である広東省広州市象崗南越王墓から彩色壁画が検出された。

河南省永城県柿園漢墓　芒山鎮柿園村の東にあり、梁共王劉買（?–前一三七）の墓と推定されている。一九九〇年から一九九二年にかけて河南省商丘市文物管理委員会が調査。埋葬施設は北西向き、墓道・甬道・主室・過道・および八つの側室から構成され、浴室、トイレ、貯蔵室などを備える全長九五・七〇メートル、総面積が三八三・五五平方メートルにもおよぶ大型崖洞墓である（図1）。壁画のある主室の奥行きは九・二〇、幅五・二〇、高さ三・一〇メートル、その天井に東西三・二七、南北五・一四メートルの彩色壁画が残っている。画面の中心部に龍を、まわりに朱雀《すざく》、白虎《びゃっこ》、怪魚、霊芝、雲気を描いてある（図2）。また、主室の南壁と西壁にも山、豹、鳥、霊芝などの図柄が残っている。柿園漢墓はこれまで中国で発見された最も古い壁画墓と言われている。(8) 調査報告書によると、同じ墓地にある劉買の父親である梁孝王劉武などの一族墓も崖洞墓である。梁孝王は前一四四年（景帝中元六）に死去し、その陵墓は前一六八年（文帝前一二）に梁王に封ぜられてから建てた寿陵と推定できる。すると、崖洞墓の出現は文帝期に遡れる。

広州市象崗山で発見された前漢皇室と血の繋がりがない南越国文帝趙昧墓（紀元前一二二年頃）は、横穴式石室墓であり、その前室の天井、周壁、石門に

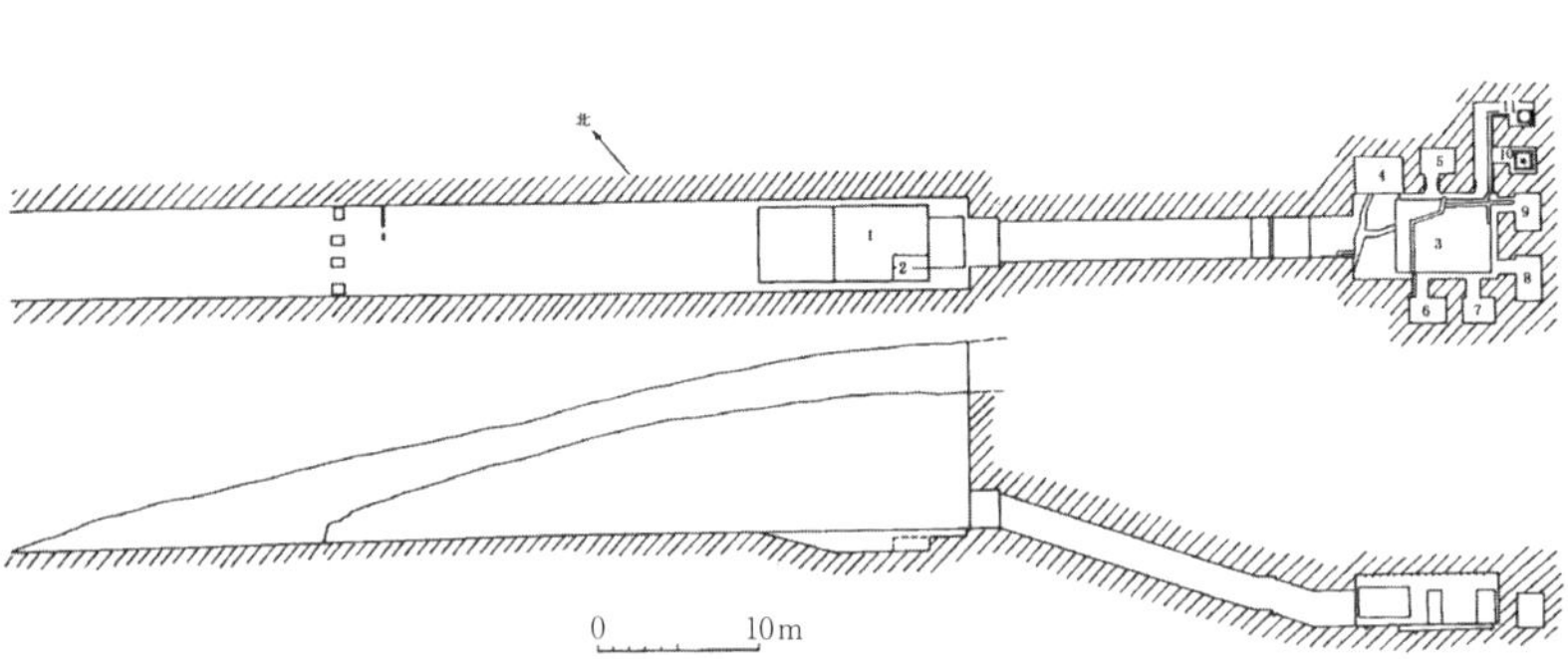

図1　永城県柿園漢墓の構造（註8、図32より）

図２ 柿園漢墓の主室天井壁画（註8、図49より）

雲気文のような壁画が残っている。(9)

要するに、少なくとも前漢武帝の時期に漆絵や帛画で木槨墓を装飾する伝統から、崖洞墓および横穴式石室墓の壁画が生まれた。それは壁画墓誕生のきっかけとなったと考えられる。

③前漢後期から王莽期（前八七－二三年）

磚室壁画墓が誕生する時期で、長安と洛陽の周辺で横穴式の磚室壁画墓が造営され、崖洞墓が衰退した。磚室墓には二つのタイプ、すなわち小磚墓と空心磚墓が存在していた。

小磚墓 長安地域で流行していた。小磚は、現代の煉瓦のような長方磚であり、ドーム式やアーチ式の天井を築くことが可能である。前漢末になると、長安周辺の小磚壁画墓には神話の世界を表す羽人図、天文図および現世生活を表現する出行、狩猟、宴会、闘鶏、舞踊などの壁画が描かれ、多彩なバリエーションで展開した。

西安理工大学前漢壁画墓 西安理工大学曲江キャンパス構内にあり、二〇〇三年八月から二〇〇四年五月にかけて西安市文物保護考古所が調査。墓室は南向き、傾斜墓道の長さは二七・五〇メートル、両脇にそれぞれ耳室を設ける。羨

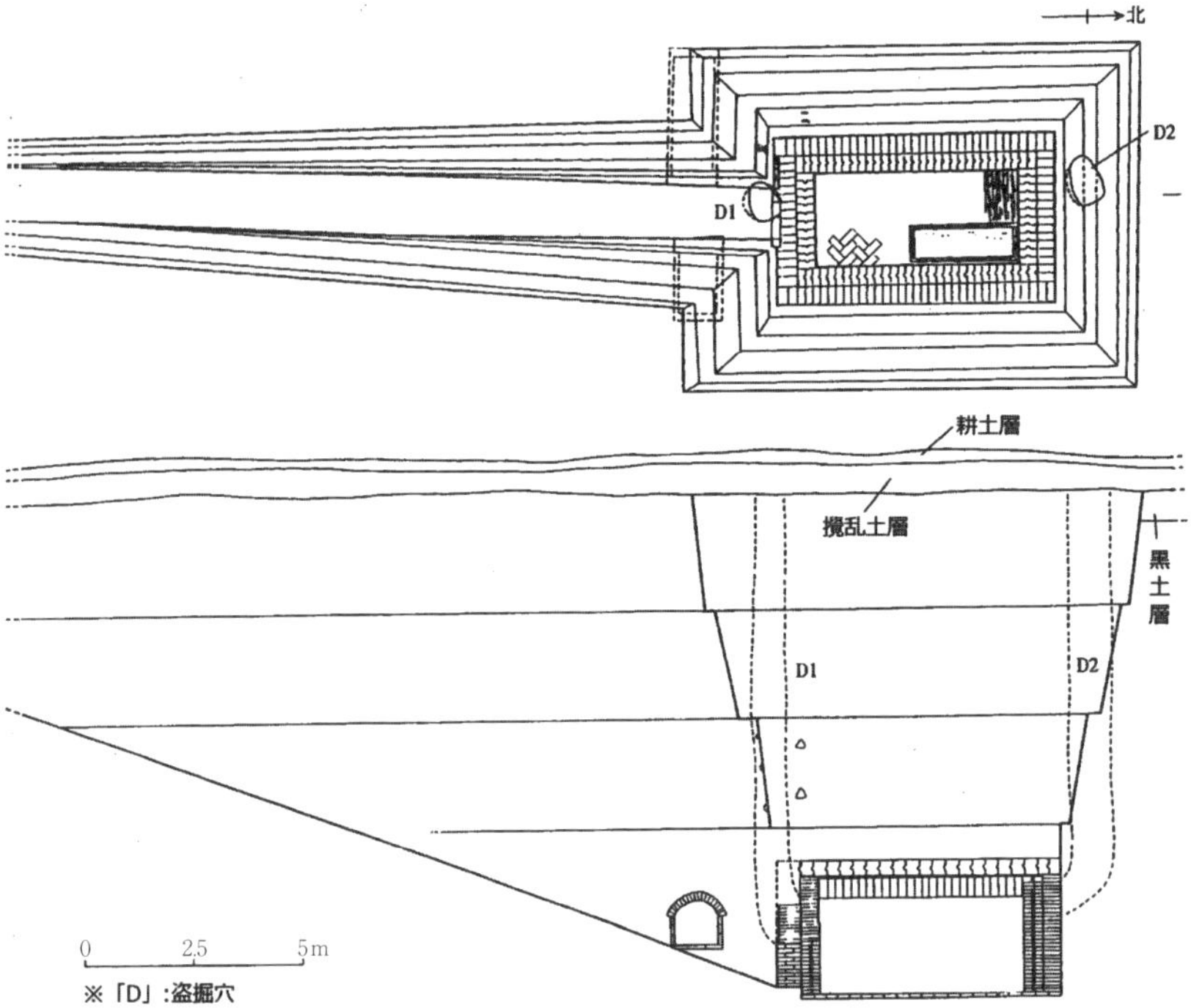

図３　西安理工大学前漢壁画墓の構造（註 10、図３より）

図４　西安理工大学前漢壁画墓の墓室東壁狩猟図（註 10、図 61 より）

道の長さは〇・六〇、墓室の奥行四・六〇、高さと幅が両方とも約二・一〇メートル（図３）。東耳室から封泥、墓室から銅印も出土したが、被葬者の名前は確認できなかった。墓室の全壁面に彩色壁画を飾っている。天井の南寄りに朱雀を中心に両脇に龍を描き、東の龍の前に太陽、西の龍の後ろに月を置く。天井の北寄りには、雲気の中を飛ぶ二羽の鶴と二羽の雁が描かれている。南壁の東側と西側にそれぞれ旛を持つ龍と虎を方角通りに配し、奥壁に羽人・龍・青蛇・黄蛇を描く。東壁に騎馬出行図と狩猟図（図4）を、西壁に女性の宴会場、舞踊、闘鶏の場面を描き出している。確認のできる人物は男女計六〇人にのぼり、被葬者生前の贅沢な生活を表現する画面と思われる。副葬される五銖銭の型式から墓の年代は前漢末と推定され、当時の貴族の暮らしを知る貴重な資料になる。[10]

空心磚墓　洛陽地域では空心磚墓が流行していた。空心磚は、コンクリートブロックのような形の大型磚であり、腰折れ天井の墓室が組み立てられるのは特徴である。戦国時代の後期から前漢にかけて河南省の洛陽・鄭州を中心に空心磚墓が造営され、その一部は竪穴式磚室から横穴式磚室に進化した。墓道はほとんど竪穴式であり、壁画は主室の空心磚壁面に描くのが一般的である（図5）。壁画の内容としては戦国以来の昇仙図のほか、「二桃三子を殺す」などの説教図も現れた。[11]

洛陽焼溝卜千秋墓　洛陽邙山南麓焼溝村の西に位置し、洛陽博物館が一九七六年に調査。その埋葬施設は墓道、空心磚構造の主室と小磚で築かれ左右耳室からなる。棺内から「卜千秋」の銅印が出土しており、年代は前漢の昭帝－宣帝の間（紀元前八六－前四九）と推定される。墓道は調査されなかったが、

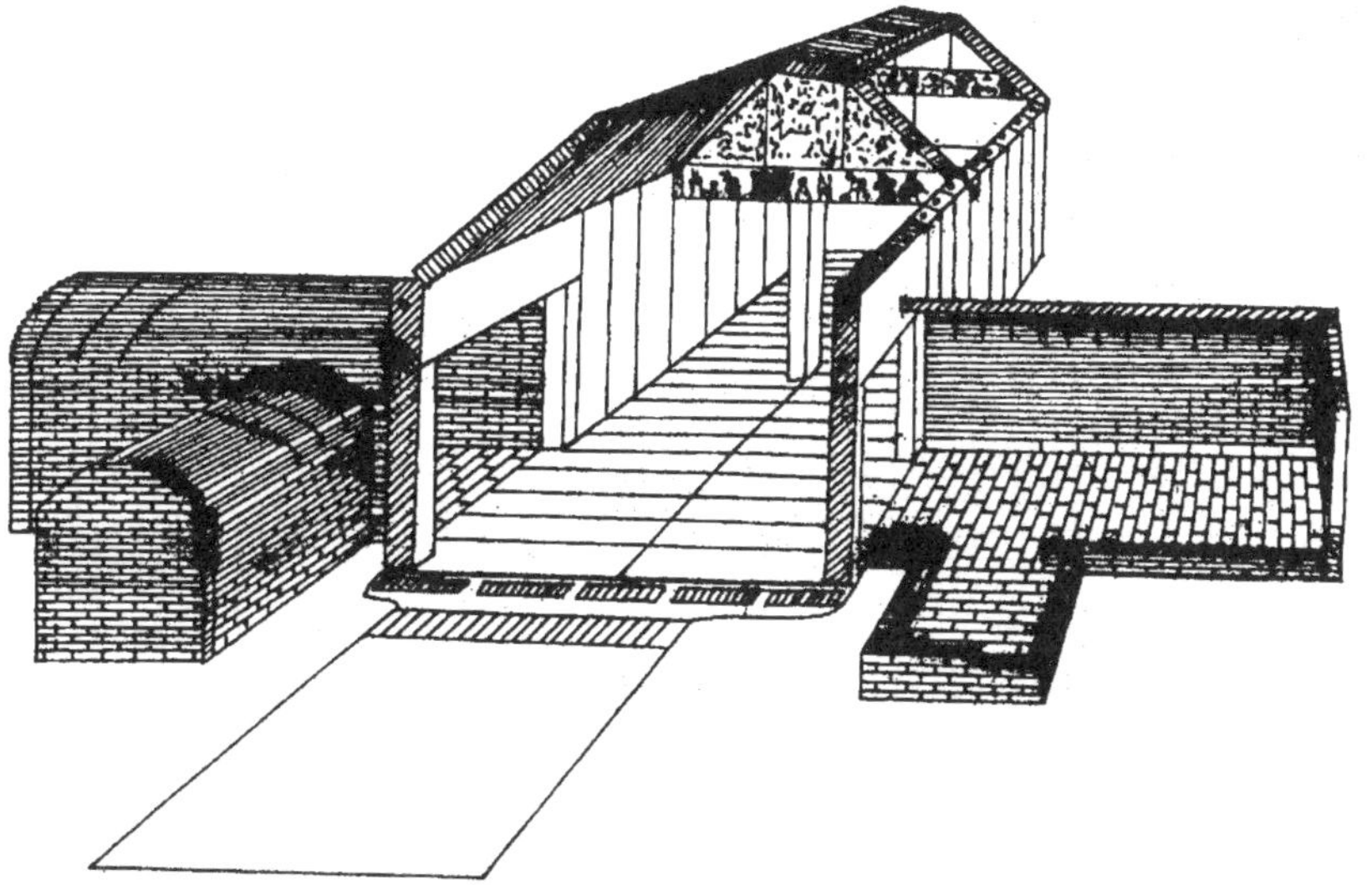

図5　洛陽焼溝61号墓の構造　（註11、図4より）

竪穴式と推定されている。主室は東向き、奥行き四・六〇、幅二・一〇、高さ一・八六メートル。壁画が、主室内側の東壁・西壁・天井に描かれている。東壁の上方に人頭鳥身の東方の神「句芒」を、西壁に猪頭人身の西方の神「蓐收」および青龍《せいりゅう》・白虎などの図柄を描く。天井は、長さ〇・五二、幅〇・二四メートルの空心磚二〇枚で築かれる。東から西へ、螭《みずち》・太陽（八咫烏《やたがらす》が入っている）・伏羲《ふくぎ》・被葬者夫婦・蟾蜍《せんじょ》・玉兎《ぎょくと》・玉女《ぎょくじょ》・九尾《きゅうび》狐《こ》・双龍、朱雀、白虎・飛廉《ひれん》・持節方士・月（蟾蜍と桂樹が入っている）・女《じょ》媧《か》を順番に配し、卜千秋夫婦の昇仙を祈るものと見られる(12)（図6）。

④後漢の壁画墓（二五－二二〇年）

空心磚墓が衰退し、小磚墓が首都洛陽周辺、河北省中部、陝西省の北部、内蒙古のオルドス地域で数多く発見され、河南省の鄭州地域に磚石混築墓、遼東半島、山東半島に石室壁画墓、四川省に崖墓が分布している。

磚室墓と磚石室墓　傾斜墓道の多室墓が多い。前漢時代から受け継ぐ神仙世界に関する図柄はさらに複雑化になり、大型天文図も現れた(13)（図7）。前漢に見られなかった「属吏拝謁」「車馬儀仗」「所管官署」などの図像を並べる連環画式の昇遷履歴図が流行り、被葬者の権力と身分を表すことがより重要視された。

内蒙古和林格爾県護烏桓校尉墓　新店子郷小板申村の東にある墳丘を持つ多室磚墓であり、内蒙古自治区文物工作隊が一九七二年から一九七三年にか

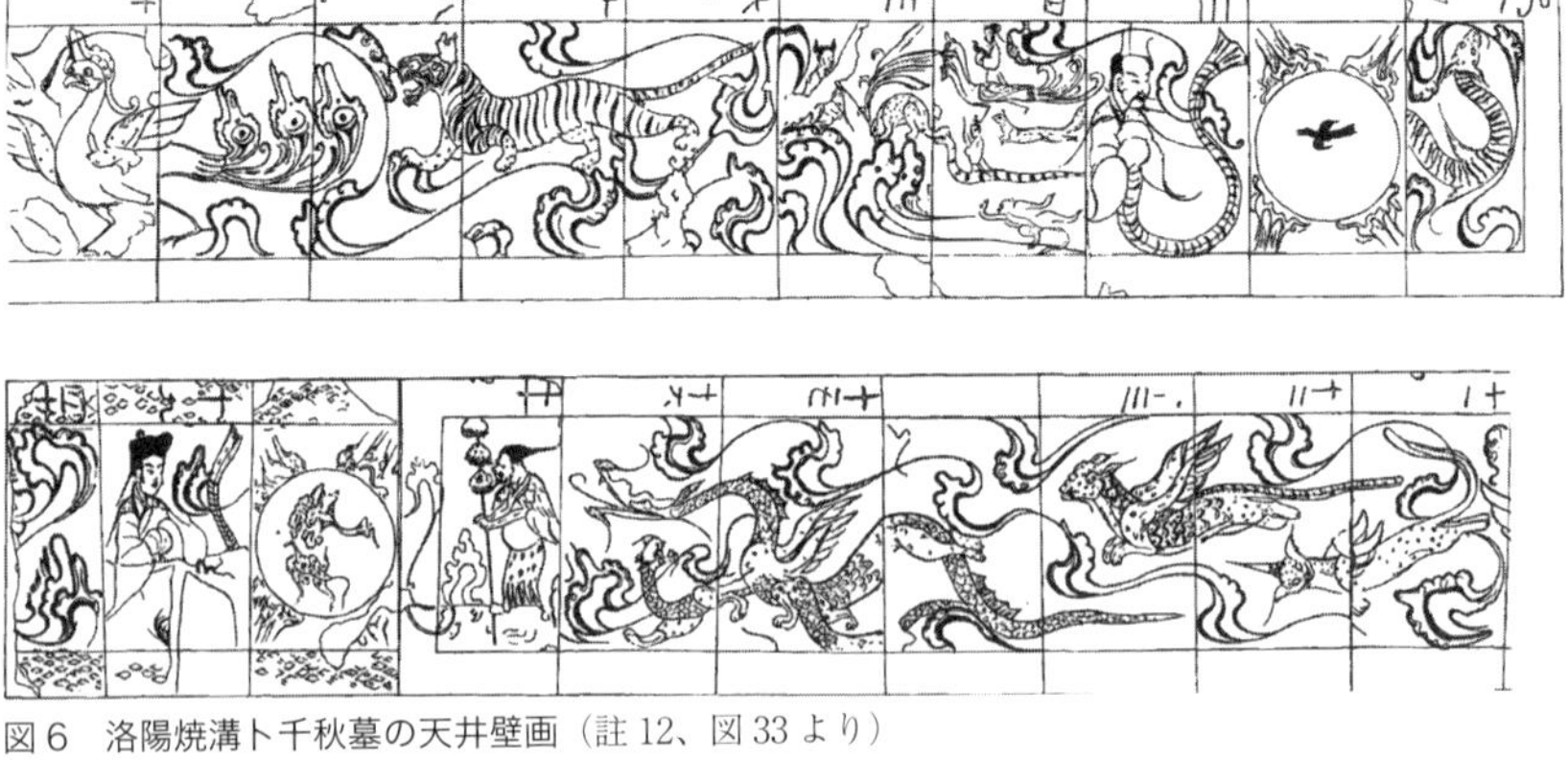

図6　洛陽焼溝卜千秋墓の天井壁画（註12、図33より）

図７　靖辺県楊橋畔渠樹壕後漢墓天文図（註 13、図 24 より）

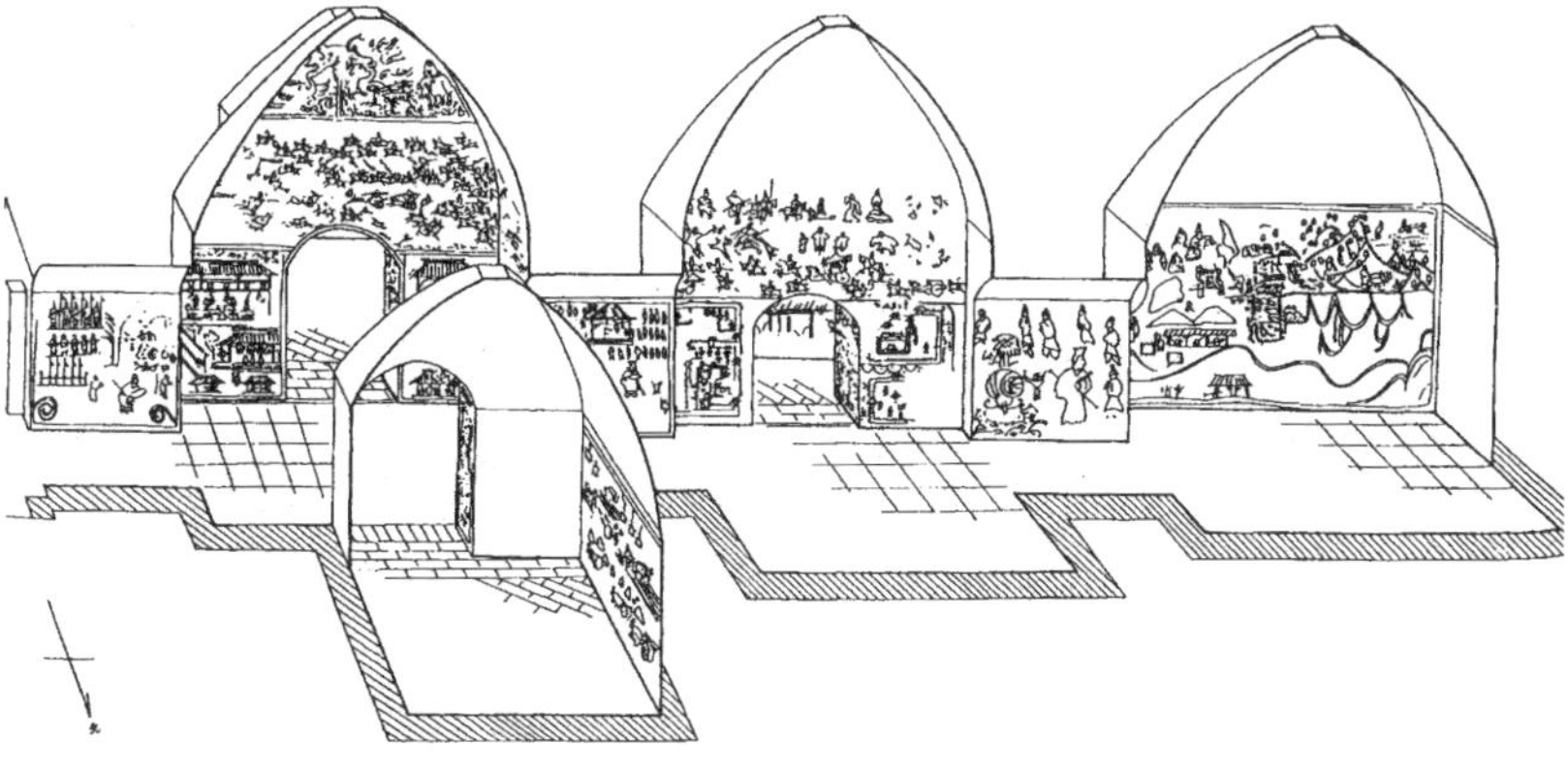

図８　和林格爾県護烏桓校尉墓の構造（註 14、壁画位置示意図２より）

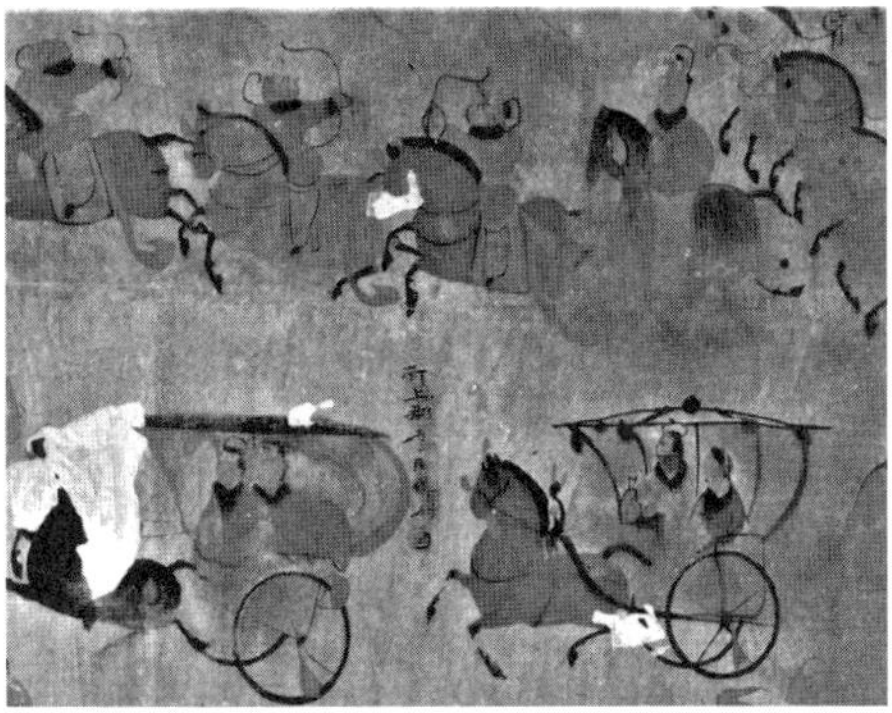

図９　護烏桓校尉墓の「行上郡属国都尉時」車馬出行図
（註 14、図版 113 より）

けて調査。埋葬施設はほぼ東向き、墓道、羨道、南北耳室つきの前室、南耳室つきの中室および後室からなり、傾斜墓道の長さ七・二〇、羨道、墓室の長さ約一二・六五、墓室の高さ三・六〇－四・〇〇メートルである（図８）。墓室壁面に五七幅の彩色

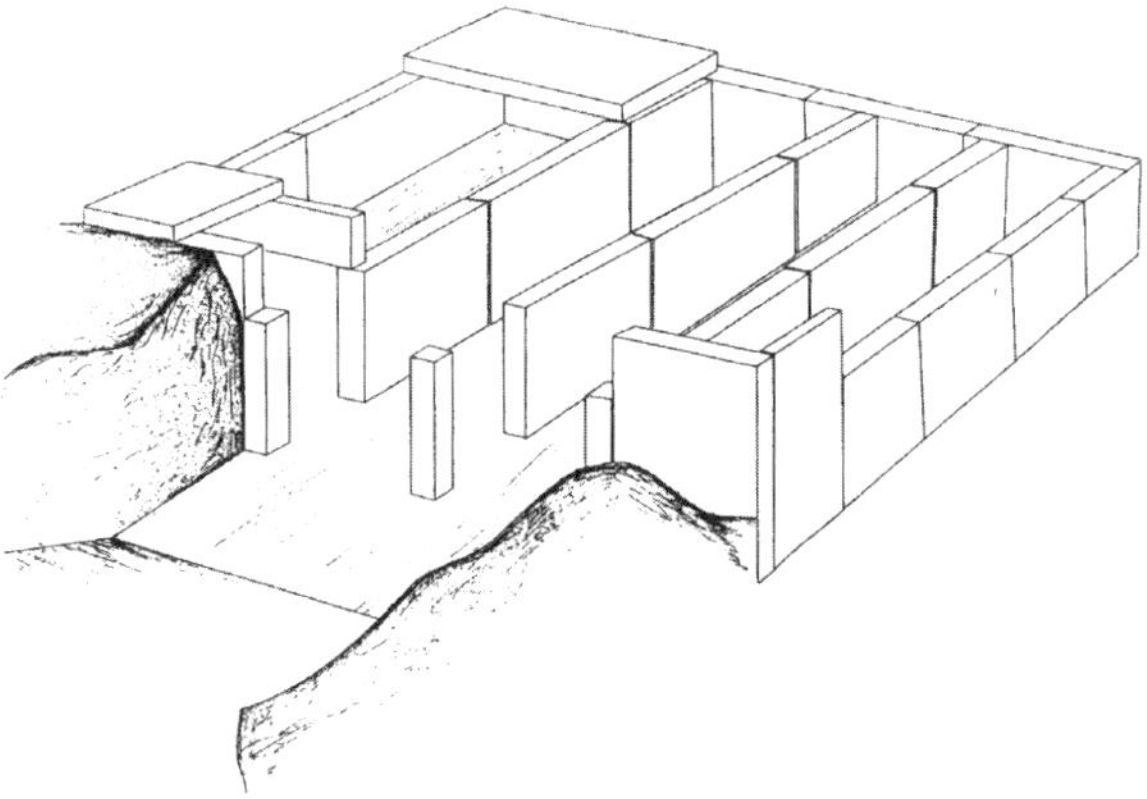

図10　東平県後屯村１号墓の構造（註16、図15より）

図11　後屯村１号墓の前室南壁踊子図
（註16、カラー図版25より）

壁画と約二五〇点の墨書題記が残っている。羨道の両壁に「莫（幕）府門」の題記と武器を持つ門吏を描く。前室の壁面は上中下三段に分けられ、上段は天井の壁面であり、鳳凰、朱雀、麒麟、雨師などの題記が付いた天上界の神々が見出せる。天井下の壁面は中段であり、西壁から南壁へ墓室の一周に車馬儀仗の出行列を配置する。被葬者の出世する第一歩である「挙孝廉時」から、「郎」「西河長史」「行上郡属国都尉」「繁陽令」「使持節護烏桓校尉」へと昇進した履歴を表す車馬出行図が順次に並べられている（図9）。下段の壁面に、被葬者が歴任した西河・上郡・繁陽県および護烏桓校尉幕府の穀物倉庫などを描く。中室とそれに接続する甬道に西河・上郡・繁陽県・護烏桓校尉幕府の官署図および孝子、刺客、列女などの説教図を描いている。後室には、被葬者夫婦の肖像のほか、四神、荘園、武城図などが配される。壁画の内容と題記から、被葬者が後漢末に烏桓などの北方遊牧民族の管理責任を負う護烏桓校尉であったことがわかる。[14] 和林格爾壁画墓は、後漢において地方州郡クラスの高官の代表的な墓である。[15]

石室墓　おもに遼東半島、山東半島に分布している。墓室が切石で築かれるのが特徴である。戦前、八木奘三郎、原田淑人、駒井和愛などの日本人研究者による遼東半島の後漢時代石室壁画墓の調査報告がよく知られているが、戦後、中国人研究者により、遼東半島と山東半島の石室壁画墓資料も報告されている。

山東省東平県後屯村一号墓 東平県政府機関物資局の構内にある。山東省文物考古研究所が二〇〇七年に調査。傾斜墓道は西向き、長さ不明。長方形石室の奥行き三・六六、幅五・三五、前室の高さ一・二七、奥室の高さ〇・八四メートルとなる。奥室は石板により四つの個室に分けられている（図10）。石灰岩の切石で築かれた前室の壁面に薄い白粉を塗り、墨で画稿を描き、白、青、緑など鮮やかな色で作画したのである。天井に雲気と鳥が入った太陽、門額と前室壁面に拝謁、闘鶏、宴会、舞踊などの図像を配し、四八人の人物と犬などの動物が描かれている（図11）。一号墓の年代は後漢の早期とされている。(16)

崖墓 後漢時代崖墓の構造は前漢諸侯王の崖洞墓に似ているが、規模はそれに匹敵するものではない。一族の何世代も同じ崖墓に埋葬する風習が流行っていたため、多室墓が数多く存在している。その分布範囲は、長江、黄河、珠江流域に及ぶが、壁画を装飾するものは四川盆地でしか発見されなかった。

四川省中江県塔梁子三号墓 中江県民主郷玉江北岸の丘陵（塔梁子）にある。四川省文物考古研究所が二〇〇二年に調査。墓道は南西向き、長さ一一・五〇、甬道と墓室の長さ二一・七五メートル、五つの墓室を甬道で前後につなぎ、中軸線に配列している。第一・三室に各二つの側室（棺室）、第二・五室に各一つの側室が付く（図12）。第三室甬道の右壁にある彩色の浮彫「胡人舞踊図」は、四川省で発見された最も古い胡人舞踊の画像である（図13）。第二室の左側室の北東と南東壁の壁面を浅彫りで四つの長方形区画に分け、それぞれの区画に彩色で家族宴会図を描く。そのうちの第一、五、七幅（調査担当者による順番付け）におよそ二〇〇字の墨書題記が残っている。これらの題記によると、この崖墓は南陽（後漢の南都）出身の荊氏一族の合葬墓である。初代目の被葬者の荊文君は、かつて後漢王朝大鴻臚卿を務め、羌族の反乱を鎮圧する際に手柄を立てた。その息子の荊中は黄門侍郎の在職中に罪を犯したため、一族は蜀に追放された（図14）。被葬者の経歴から、この崖墓の彩色壁画は南陽地域から影響を受けたと考えられる[17]。

⑤魏晋（二二〇－三一七年）・五胡十六国時代の壁画墓（三一七－四三九年）

後漢末の黄巾《こうきん》の乱を契機として、群雄割拠の魏晋十六国時代に突入した。経済が疲弊する中、中原地域と関中地域を支配する割拠政権は薄葬を提唱し、壁画墓は急速に衰退した。偏僻な遼東地域では後漢の伝統を受け継

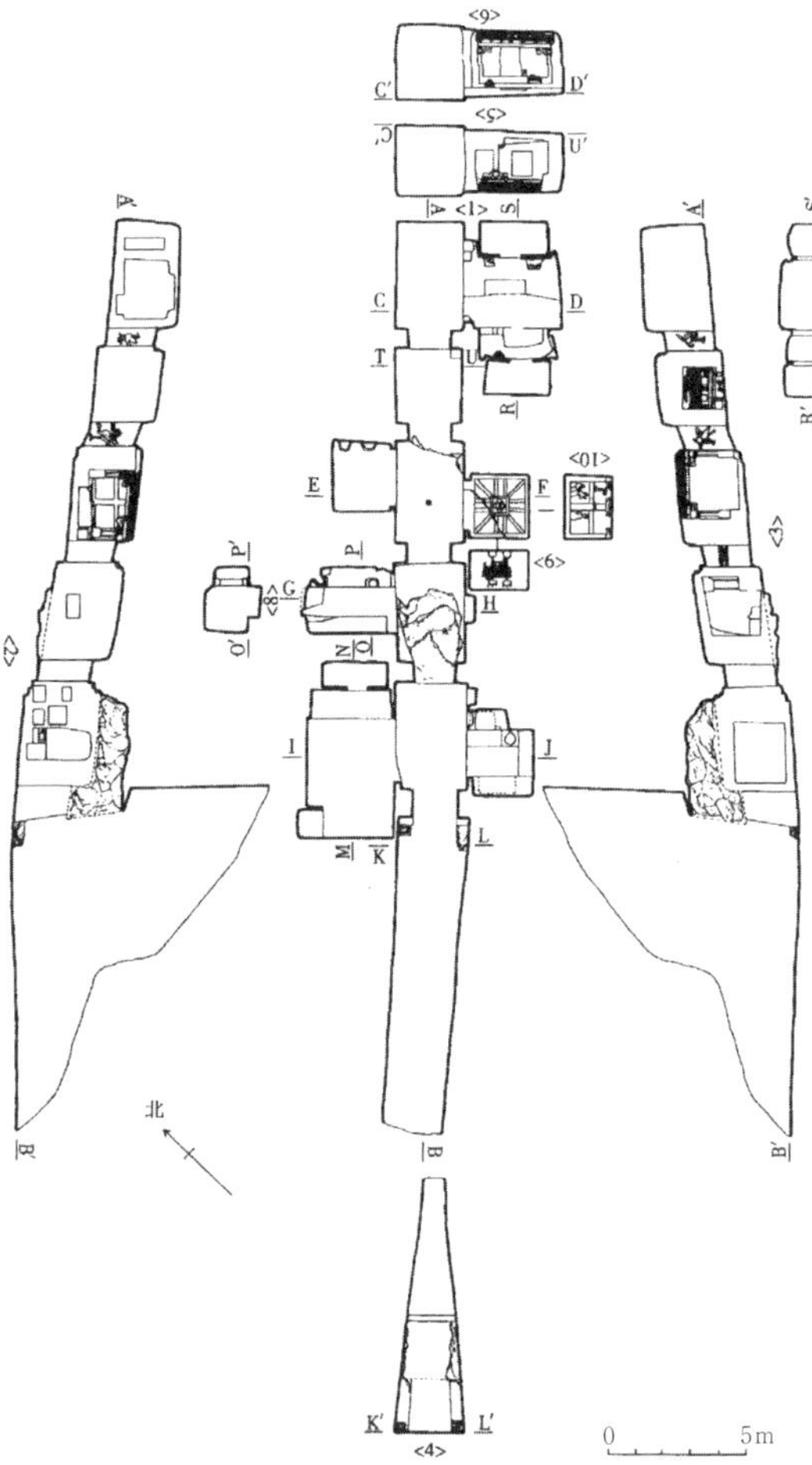

図12　中江県塔梁子３号墓の構造（註17、図5より）

図13　塔梁子３号墓の胡人舞踊図（註17、図18(2)より）

図14　塔梁子３号墓の「荊氏宴会図」第１幅
（註17、図21より）

ぎ、石室壁画墓の造営を続けていた。多民族が雑居している河西地域では、後漢時代に壁画墓が少なかったが、魏晋時代に入り、状況が一変し、甘粛省嘉峪関市新城鎮、酒泉市下清河・西溝村・丁家閘、張掖市高台県駱駝城、敦煌市仏爺湾など地域で五九基の壁画墓も発見され、「地下画廊」と言われるようになった(18)。

彩色画像磚墓　河西地域の魏晋壁画墓は、一つの磚に一幅の絵を描き、墓室を築く際にそれらの画像磚を壁面に嵌め込むのが特徴的であり、彩色画像磚墓ともいう。なかでも嘉峪関市新城鎮で発見された壁画の内容が最も豊富であり、河西魏晋壁画墓を代表するものとは言える。

嘉峪関新城魏晋墓群七号墓　嘉峪関市の東約二〇キロ漢代長城の南のゴビに、一〇〇〇基以上にものぼる魏晋時代の墓群の北縁に位置する。甘粛省文物隊が一九七二年に調査。埋葬施設は東北向き、中軸線上に羨道と前・中・後室を置き、前室の東脇に耳室を設け、羨道と墓室の全長は一一・二六メートルに達している（図15）。前室に出行・桑の葉摘み・狩猟・耕作・牧畜などの荘園の風景を表現する壁画を配す（図16）。中室の壁画は、おもに宴会・台所などの邸宅内部の生活風景を表している。後室にシルクの束や箱などの家具を描く(19)。

磚室壁画墓　五胡十六国時代に入ると、彩色画像磚を墓室の壁に嵌め込む装飾法から壁面全体に壁画を描く装飾法に変わる。酒泉丁家閘五号墓はその代表的な例である。

酒泉丁家閘五号墓　前述した嘉峪関新城魏晋墓群十数キロ南の酒泉市果園郷丁家閘村にある。甘粛省文物考古研究所が一九七七年に調査。河西回廊で初めて発見された五胡十六国時代の大型壁画墓であり、年代は西涼（四〇〇

－四二一年）である可能性が高いと報告されている。東向きの磚築の方形前後室墓であり、羨道から玄室奥壁までの中軸ラインの長さは、八・六四メートルである。壁画はおもに前室の壁面に配置している。前室の幅は三・三二、奥行き三・二二、高さ三・三六メートルである。壁画は天上界、人間界、冥界の三つの部分から構成されている。天井に神仙界、四壁に人間世界を描く。前室の入口に下への階段を設けているので、床面下にも壁面が造り出されている。その壁面の四隅に四匹の亀などを描き、冥界を表している（図17）。天井にある神仙界の画面は、西王母と東王父を中心に展開している。

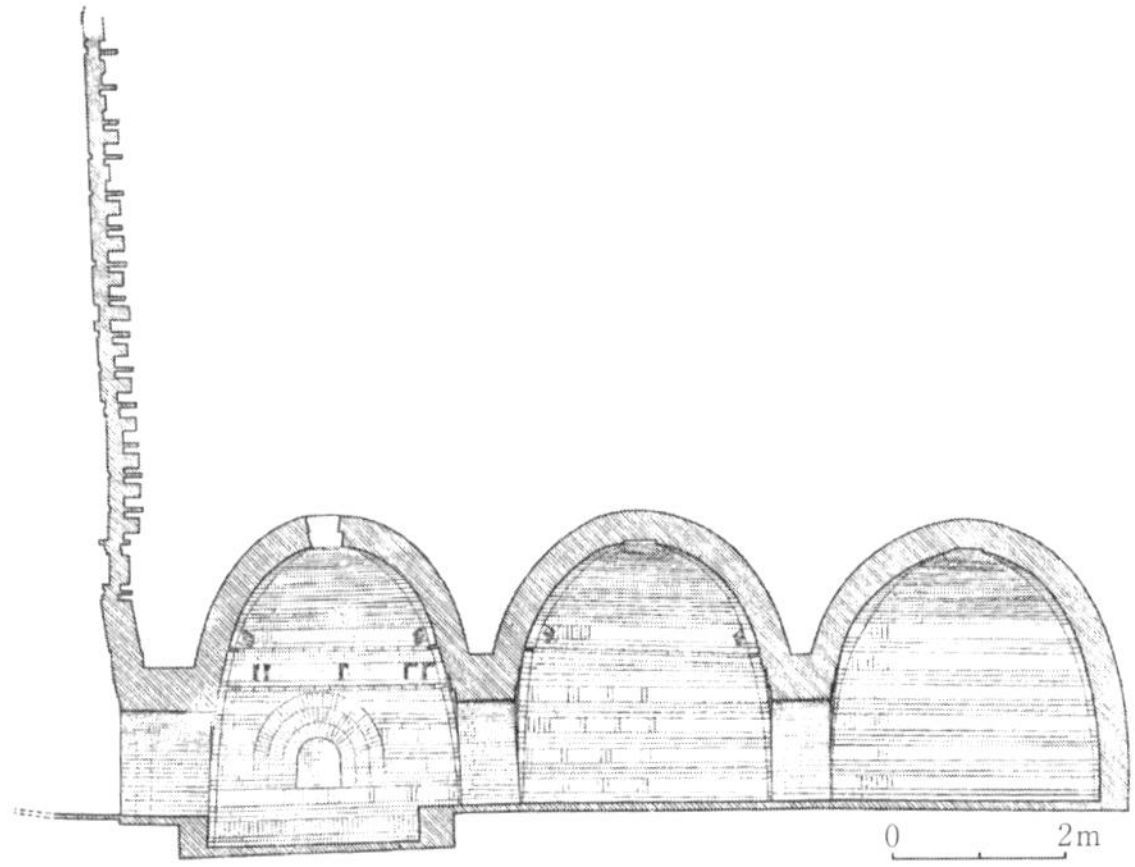

図15　嘉峪関新城魏晋墓群７号墓の断面図
（註19甘粛省文物隊ほか1985、図17より）

図16　新城魏晋墓群７号墓の前室東壁の出行図（註19宿白1989、図版39より）

東壁に東荒山の上に据わる東王父と烏入りの太陽を、西壁に崑崙山に据わる西王母および傘持ちの玉女・三足烏・九尾狐・月を配している。南壁に鹿と舞い飛ぶ天女の姿が画面の中心にあり、北壁に雲を踏んで走っている天馬の姿が見られる（図18）。人間界の壁画は被葬者を中心に、河西の荘園でさまざまな生業を営む人間の姿が生き生きとした筆致で描かれている[20]。

⑥北魏の壁画墓（三八六－五三四年）

五胡十六国大混戦の末、鮮卑族の拓跋部の北魏は、四三九年に中国北部を統一し、南北朝時代の幕を開けた。さらに六代目の孝文帝（拓跋宏、在位四七一－四九九）が漢民族化の改革を進め、四九三年に蒙古草原に接近する平城（現在の山西省大同市）から洛陽に遷都した。これまで北魏の磚室壁画墓一五基、石槨壁画墓は六基が報告されている。そのほか石槨、石屏風に刻む線刻画、彩色木棺画や漆屏風なども多数出土している。

磚室壁画墓　この時期から、後漢以来の多室墓がほとんど営造されなくなり、弧方形（墓室の壁が外側へ膨らみ、四辺が弧状となるタイプ）、方形単室墓が主流となった。壁画の題材は、鮮卑族の生活様式を反映する狩猟図、出行図、露営図、鎮墓武

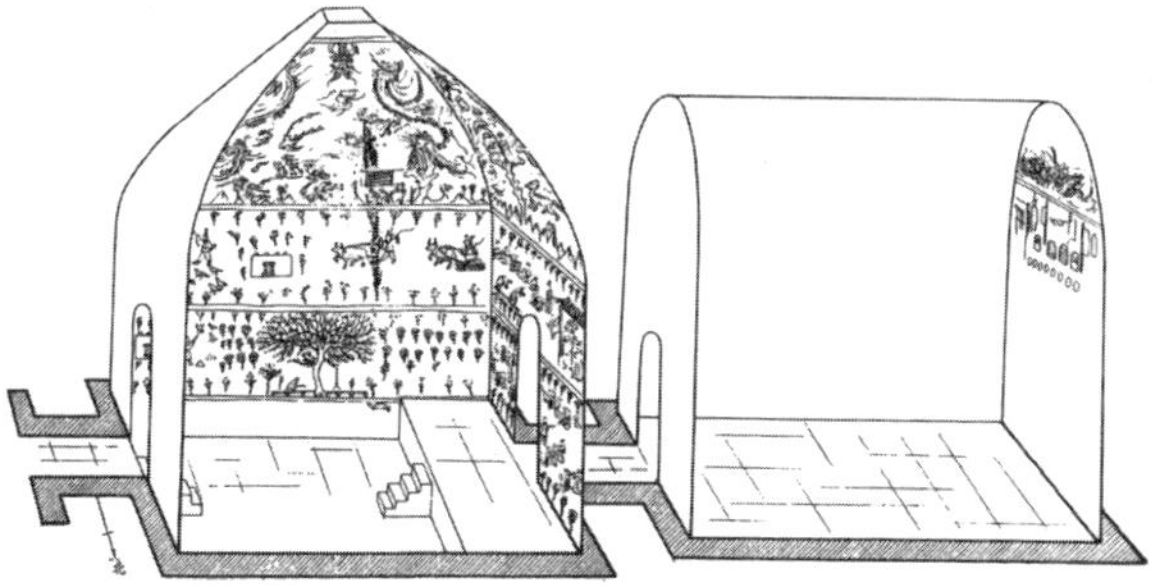

図17　酒泉丁家閘５号墓の構造（註20、図8 (3) より）

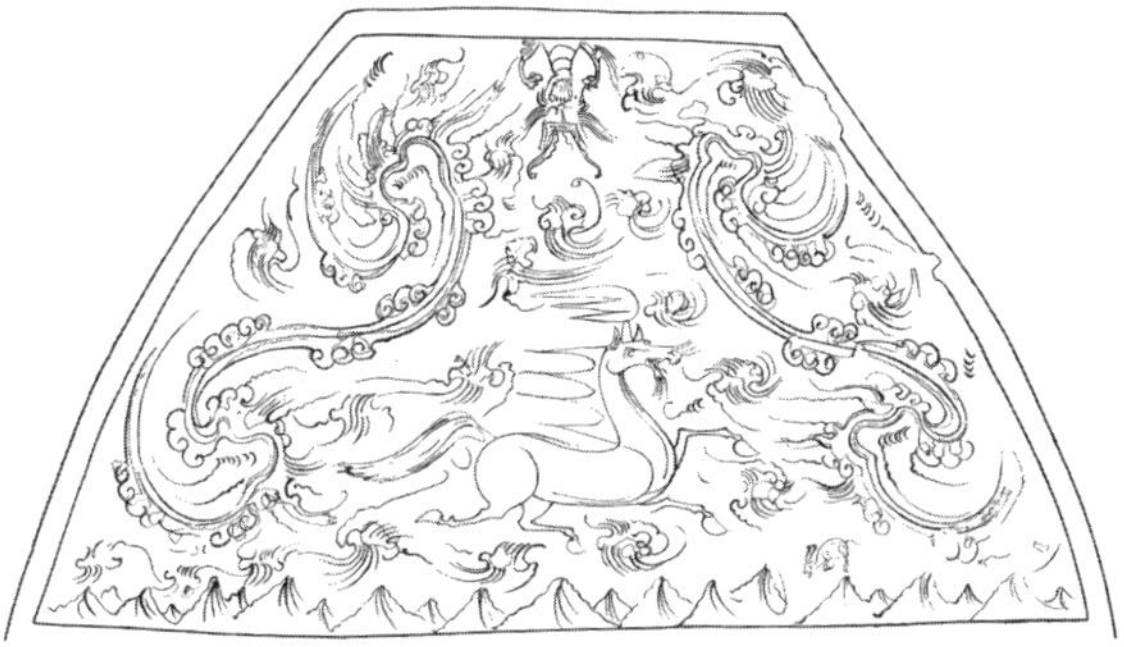

図18　丁家閘５号墓の北壁天馬図（註20、図20より）

士、胡人商売やラクダ図などがよく見られる。

大同市文瀛路壁画墓　大同市東郊にある。大同市考古研究所が二〇〇九年に調査。横穴式の単室磚墓であり、墓道は南西向き、すでに破壊された。墓室の平面は弧方形となり、辺長二・五〇、高さ二・七五メートルである。羨道、墓室の天井と四壁、棺台の表面に壁画を描いたが、保存の状態が悪くて、天井にいくつかの星、壁面に木造建築の局部しか確認できない。墓室の北壁と西壁寄りにそれぞれ棺台が設けられ、北壁寄りの棺台の側面に駱駝を引っ張っている胡人商売が描かれている（図19）。羨道の東壁には、額に第三の眼を持つ西域風守護神の図像が残っている[21]（図20）。

石槨壁画墓　磚築墓室に家型もしくは箱型の石槨を置き、その外側や内側の壁面に彩色壁画を描く。

大同市太安四年（四五八）解興石堂　二〇一四年山西省大同市東郊御河東岸の建設現場で発見され、埋葬施設がすでに破壊され、石槨（石堂）だけ保護された。石槨は長さ二一六、幅一〇五、高さ一一八センチの長方体箱形となる。その正面は四枚の石板からなり、外側に白粉を素地にして殿堂の正面をイメージした門額、舗首付きの扉および木造建築の柱と斗栱《ときょう》を描画し、扉の両脇に田園を背景にして鎮墓武士、人頭鎮墓獣、獣頭鎮墓獣、人頭（女）鳥身と人頭（男）龍身の神獣、人物、家畜、樹木、山を描く（図21）。石槨内側の奥壁に帳の中に正座する被葬者夫婦を中心として両脇に牛車、

図19　大同市文瀛路壁画墓の北棺台側面の胡人駱駝図
（註21、図版1より）

図20　文瀛路壁画墓の羨道東壁の西域風の守護神
（註21、図版2より）

図21　大同市太安4年解興石堂の正面左側壁画（註23、図10を一部改変）

鞍馬および侍従たちを配し、左右壁にはそれぞれ三人の阮咸と尺八などの楽器を演奏する芸人を描き出している。

正面の門額に「唯大代太安四年、歳次戊戌、四月甲戌朔六日己卯。解興、雁門人也。夫妻王（亡）[22]、造石堂一区之神柩祠、故祭之。」と、墨書の銘文が残っている。この銘文によって被葬者の名前は解興であり、石堂は四五八年に造られたことがわかる[23]。

⑦東魏－北斉（五三四－五七六年）と西魏－北周（五三五－五八一年）の壁画墓

五二三年には北鎮軍人の大規模な反乱が起こり、動乱の中で弱体化した北魏王朝はついに分裂した。懐朔鎮出身の高歓軍人集団が鄴で孝静帝を擁して東魏（五三四－五五〇年）を、武川鎮出身の宇文泰集団が長安で孝武帝を擁して西魏（五三五－五五六年）を打ち建てた。のちに高氏が東魏を乗っ取って北斉（五五〇－五七七年）を興し、宇文氏が西魏を乗っ取って北周（五五六－五八一年）を興した。西魏－北周では、傾斜墓道に貫天井を設ける土洞壁画墓が流行り、東魏－北斉では傾斜墓道を持つ磚室壁画墓は一般的であり、山東半島では石室壁画墓も発見された。

墓道に貫天井を設ける土洞壁画墓　西魏－北周首都長安の周辺および西部の要衝である高平鎮（寧夏回民自治区固原県）で七基ほどの壁画墓が調査され、その多くは土洞墓であった。壁画の保存状態はいずれも悪く、内容さえもわからないものが多かったが、この地域で流行っていた傾斜した墓道に貫天井を設ける構造は隋唐時代の壁画墓に大きな影響を与えた。

固原県北周天和四年（五六九）李賢夫婦合葬墓　寧夏回族自治区固原県西郊郷にある、北周柱国将軍河西公李賢と夫

人長城郡君呉輝の合葬墓である。寧夏回民自治区博物館・固原博物館が一九八三年に調査。長さ約四二メートルの墓道は南向き、三つの貫天井と三つの過洞が設けられる。墓室の奥行きは四・〇〇、幅三・八五メートル、天井は破壊され、高さ不明（図22）。墓道、羨道、墓室の壁面（地山）に白粉を塗り、その上で黒と朱色で壁画を描いた。過洞前および過洞中、天井の左右壁に太刀を持つ武人壁画二〇幅、過洞と羨道の入口上方の壁面に木造建築図を四幅、墓室の四壁に少なくとも二〇幅の侍女と楽器を演奏する人物を描いている。人物の身長は一・四〇ー一・七〇メートル、それぞれ単独に朱色の枠の中に配すのは特徴である。[24]

磚室壁画墓　これまで二六基の東魏ー北斉時期の磚室壁画墓が発見された。傾斜墓道の弧方形単室墓と方形単室墓は主流形態であるが、円形の墓室も見られる。

山西省忻州市九原崗一号北朝壁画墓　忻州市蘭村郷下社村北東約六〇〇メートルのところにある。二〇一三年三月、山西大学の考古学専攻の院生の一人が、学位論文の資料を収集するため、遺跡を廻る際に盗掘の現場で発見した[25]（図23）。山西省考古研究所と忻州市文化財管理処がその報告を受けて、九原崗

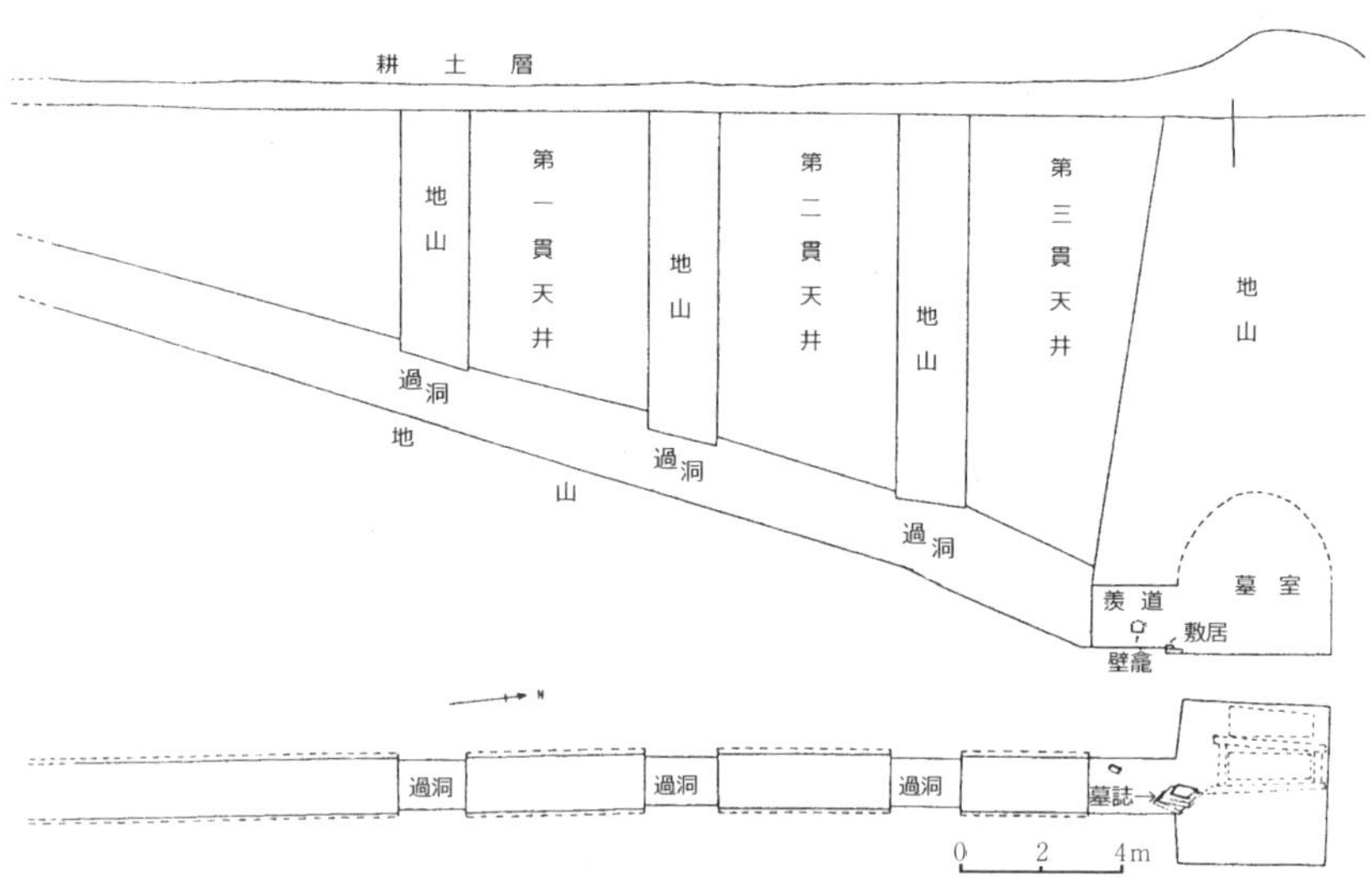

図22　固原県北周天和四年李賢夫婦合葬墓の構造（註24、図2より）

一号墓に対して緊急調査を実施した。墓道は南向き、長さ約三一・五〇、羨道の長さ二・〇〇メートル。墓室はドーム状の天井をもち、平面が弧方形となり、辺長五・八五、高さ約九・三〇メートル。残存の壁画約二〇〇平方メートル、墓室の石門と百平方メートル近くの壁画が盗掘された。

墓道の東西壁は、上から下まで四段に分けられている。上から一段目には、畏獣、仙人、鳥、神獣などを描き、雲気、パルメットで余白を埋める。二段目には狩猟図と馬交易図を配す。前者の面積は約六〇・七〇平方メートル、中国現存墳墓壁画では最大級の狩猟図である。横に展開される画面は、峰を仕切りにして各狩猟場面を水平方向につなぎ、山林で鹿、山羊、虎、熊などの動物を狩る一九人の人物を表現している。三段目には出行図を描き、弓持ち、北族の身なりや西域胡人らしき人物が墓道の出口方向へ進行している。四段目は「帰来図」であり、墓室方向へ進行している神獣や刀などを持つ人物が描かれている（図24）。墓道の北端、羨門の上方には細部まで描いた建物の図像がある。

図23　忻州市九原崗１号北朝壁画墓の盗掘現場写真（註25、図２より）

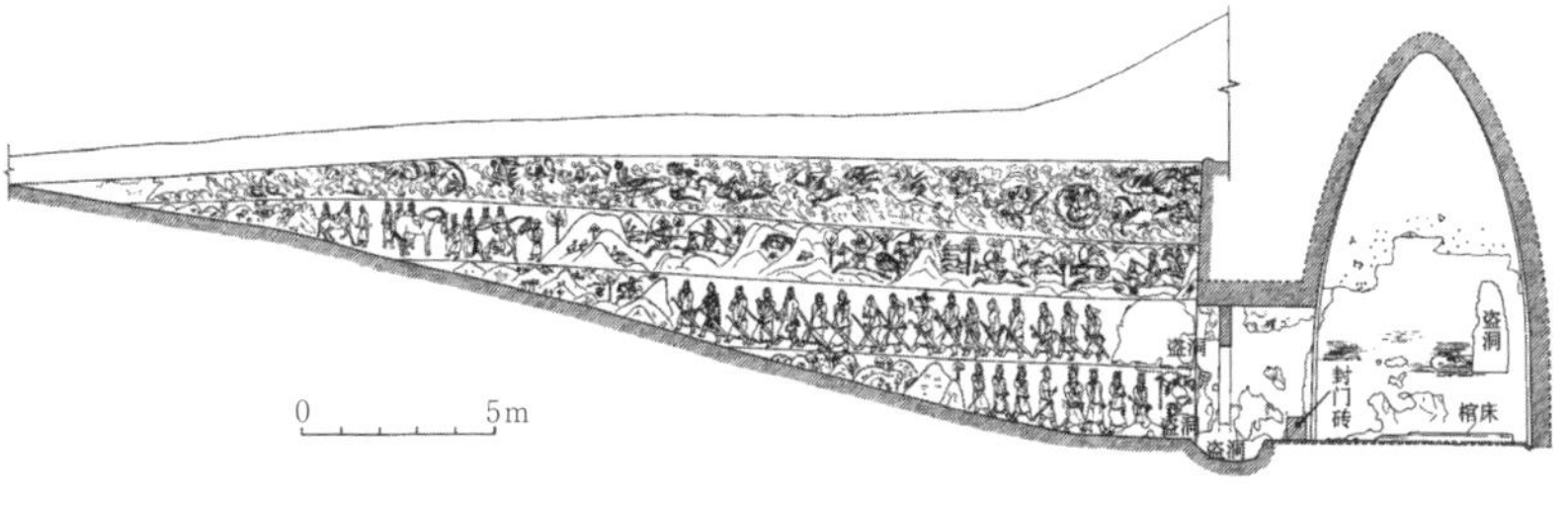

図24　九原崗１号北朝壁画墓の断面図（西壁）（註26 山西省考古研究所ほか2015、図34より）

墓室の壁画は上中下三段に配置され、ドーム状の天井に天文図、その下に四神図、最下段に牛車・鞍馬図を配置したが、盗掘によって破壊されたため、傘やサシバ（扇）などの威儀具しか確認できない[26]。九原崗一号墓の年代は北斉時期と推定されている。

石室壁画墓　これまで山東半島で四基しか発見されなかった。

山東省臨朐県北斉天保二年（五五一）崔芬墓　山東省臨朐県絲織工場の構内にある。一九八六年に山東省文物考古研究所・臨朐県博物館が調査。墳丘が建築工事によって無惨に破壊されたため、形式が不明である。埋葬施設は墓道、羨道と墓室から構成されており、羨道と墓室が切石で構築されている。傾斜した墓道は南向き、長さ九・四〇、羨道の長さは〇・六四メートル、墓室の幅と奥行きはともに三・六〇、高さ約三・三一メートルであり、北壁と西壁にそれぞれ小龕を設けている[27]（図25）。石門に武士図、墓室壁面の上段に天文四神図を描き、下段に被葬者夫婦と侍従の群像および二四枚の屏風型の高士図、鞍馬図、舞踊図を描き出している[28]（図26）。

⑧隋唐五代の壁画墓（五八一－九六〇年）

五八一年北周の外戚の楊堅は禅譲の形で帝位を奪って隋王朝を開き、さらに五八九年に南朝の陳を滅ぼし、魏晋南北朝時代の混乱を鎮めて中国を統一した。二代目煬帝の失政により滅亡し、その後は唐に取って代わられた。安史の乱（七五五－七六三）の後、唐は藩鎮割拠、官僚党争、宦官専横の危機に陥り、さらに九世紀末に起こった黄巣の乱によって崩壊し、中国は五代十国の分裂時代に突入した。隋唐五代において壁画墓の造営は盛んになり、これまで少なくとも一四基の隋墓[29]、一三八基の唐墓[30]、二〇基の五代墓[31]が報告された。隋唐の首都である大興－長安の周辺では北周から受け継いできた傾斜墓道に貫天井を設ける壁画墓は代表的な形式であり、皇室人物、功臣に採用される墓制でもある。単室墓は一般的であるが、唐高宗と武則天が合葬する乾陵の陪塚である懿徳太子墓、永泰公主墓、章懐太子墓のような特別な規格の双室墓も存在している。墓室の平面プランは、弧方形、方形、円形のタイプに分けられる。さらに唐時代から、南方の長江流域、珠江流域にも壁画墓の数が増加した。

円形磚室壁画墓　数が少ないが、陝西省潼関県、河北省の北部で発見された。

陝西省潼関県税村隋墓　陝西省潼関県高橋郷税村に位置する。二〇〇五年三月から一二月にかけて陝西省考古研究所が調査。墓道は南向き、長さ五七・五〇メートル、六つの貫天井・七つの過洞と四つの小龕を設けている。

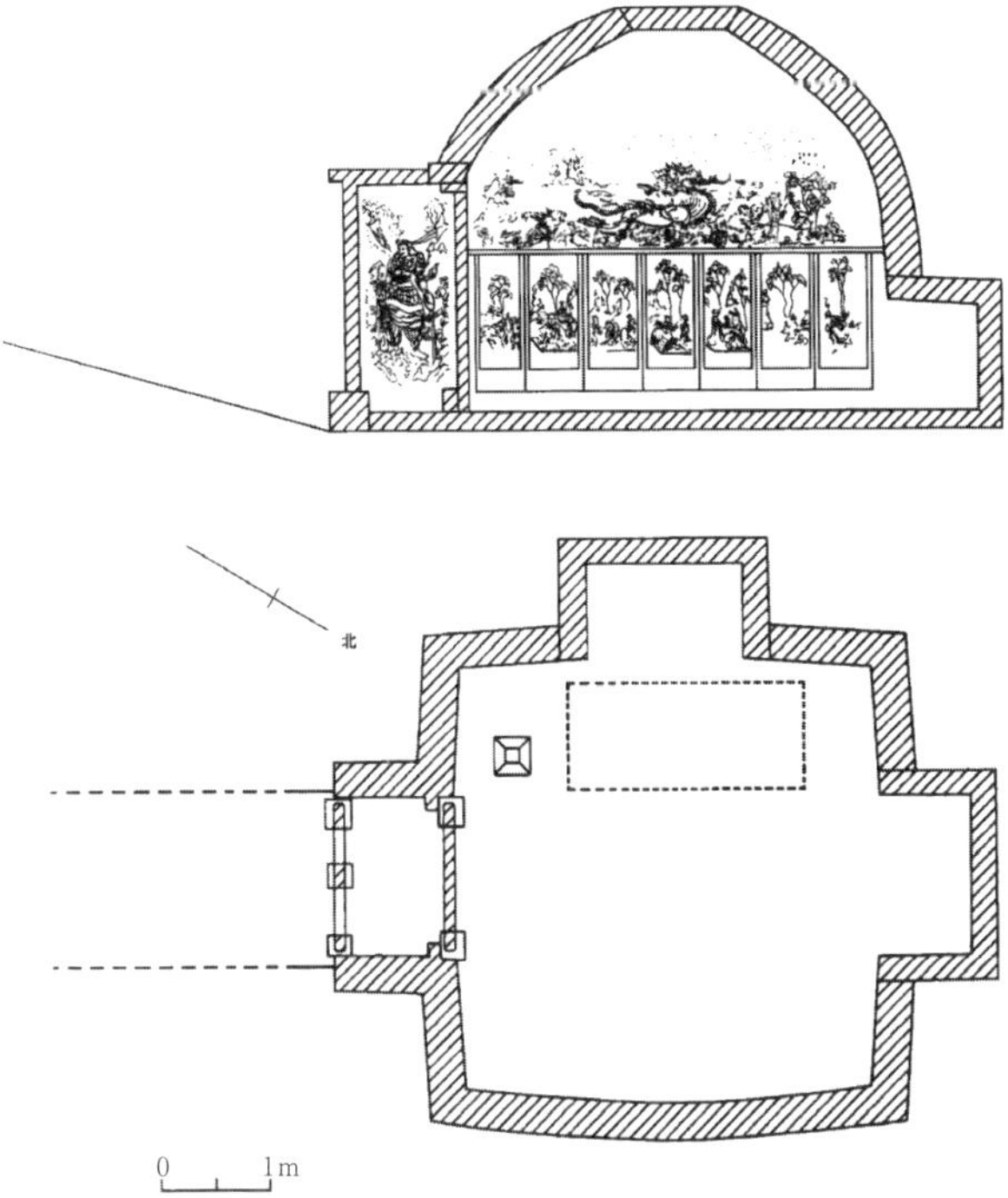

図 25 臨朐県北斉天保 2 年崔芬墓の構造（註 27、図 2 より）

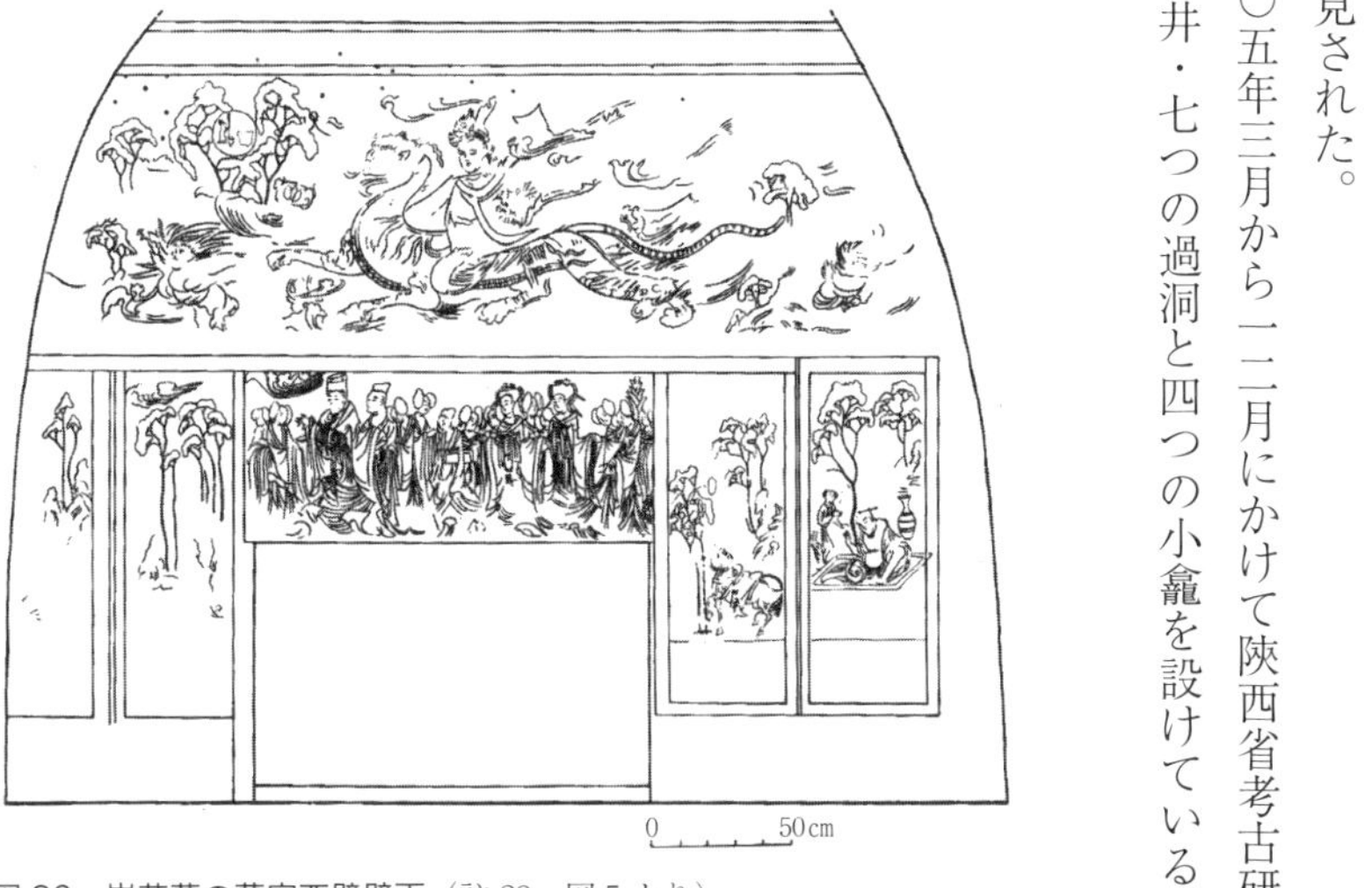

図 26　崔芬墓の墓室西壁壁画（註 28、図 5 より）

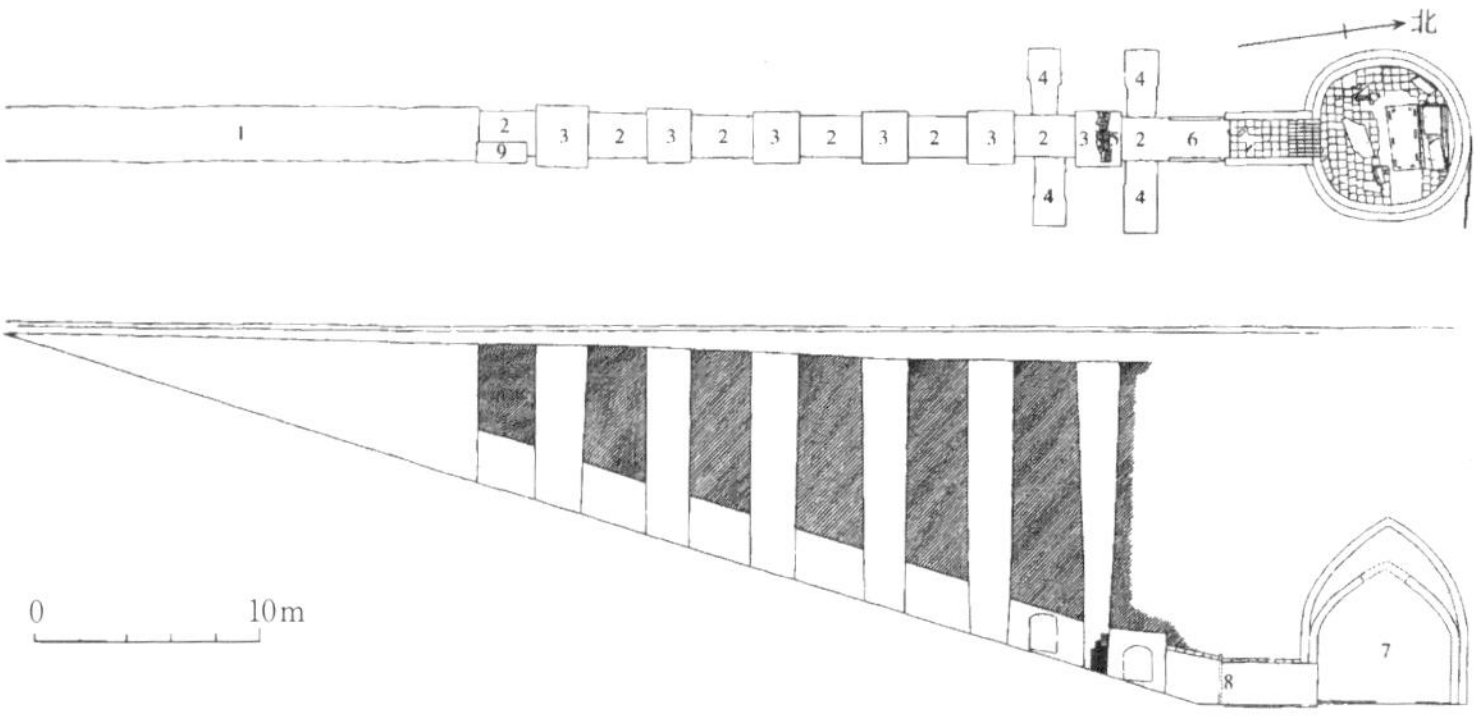

1．墓道　2．過洞　3．貫天井　4．壁龕　5．封門磚　6．羨道　7．墓室　8．石門　9．近代墓

図27　陝西省潼関県税村隋墓の構造（註33、図2より）

図28　税村隋墓の儀仗図（墓道東壁）
（註33、図44より）

羨道の長さは六・五八メートル。墓室の平面はほぼ円形となり、奥行五・七二、幅五・九四メートル。ドーム状の天井は二重構造であり、内層の高さ五・六〇、外層の高さ八・四〇メートル（図27）。葬具は美しい線刻画を刻む石槨である。墓道の東西壁には、ほぼ対称的にそれぞれ儀仗図・列戟図を配し、四六人の人物、鞍馬一匹が描かれている（図28）。墓室壁画の保存状態が悪く、壁に蠟燭台を持つ侍女、天井に天文図が確認できる。

墓の規模、石槨のランクおよび一八本セットの列戟図[32]から煬帝の兄である廃太子楊勇（六〇四年歿）の墓と推定されている。[33]

弧方形・方形磚室壁画墓　首都長安、東都洛陽、北都太原などの地域を中心として分布しており、この時期の壁画墓の主流形式となる。

陝西省西安唐天宝七載（七四八）韓休夫婦合葬墓　陝西省西安市長安区郭荘村にある。二〇一四年に陝西省考古研究院が調査。墓道は南向き、長さ二九・三二メートル、五つの貫天井・五つの過洞と六つの小龕を設けている。羨道の長さは八・一〇メートル。墓室の平面はほぼ方形となり、奥行三・九八、幅三・九六、高さ四・九五メートルである。その入口に韓休と柳氏夫人の墓誌が置いてある（図29）。

墓道の両脇壁面と墓室内壁の全体に壁画を描いたが、墓道壁画の保存状態が悪く、赤・黒・赭・黄色の斑点しか残っていない。墓室の天井に天文図を配し、南壁に朱雀を、北壁に玄武図と山水画を、西壁に六枚の屏風型の高士図を描く。東壁に描かれる幅三・九二、高さ二・二七メートルの楽舞図が注目されている。木や草が盛んに生い茂る庭園に二枚の大きな方形絨毯を敷き、左側の絨毯に五人女性からなる楽隊、右側の絨毯に胡人と漢人の男性七人からなる楽隊が正座し、真中に男女二人の踊り子が楕円形の絨毯の上に舞踊の演技を披露している（口絵03①）。北壁の山水画も最も古い独屏式山水画として有名である。

被葬者韓休は玄宗朝の宰相を務め、息子の韓滉は有名な画家であり、その名作「五牛図」「文苑図」が伝世している[34]。

⑨ 契丹-遼の壁画墓（九一六－一一二五年）

五代十国の戦乱の中、契丹可汗の耶律阿保機が九一六年に天皇帝と称し、大契丹国を建国した。二代目の耶律徳光は後晋から華北の燕雲十六州を獲得し、本格的に中原に進出した。九四六年、さらに後晋を滅ぼし、翌年「大遼」と改称した。古くから契丹族には遺体を馬車で山中に運び、樹の上に

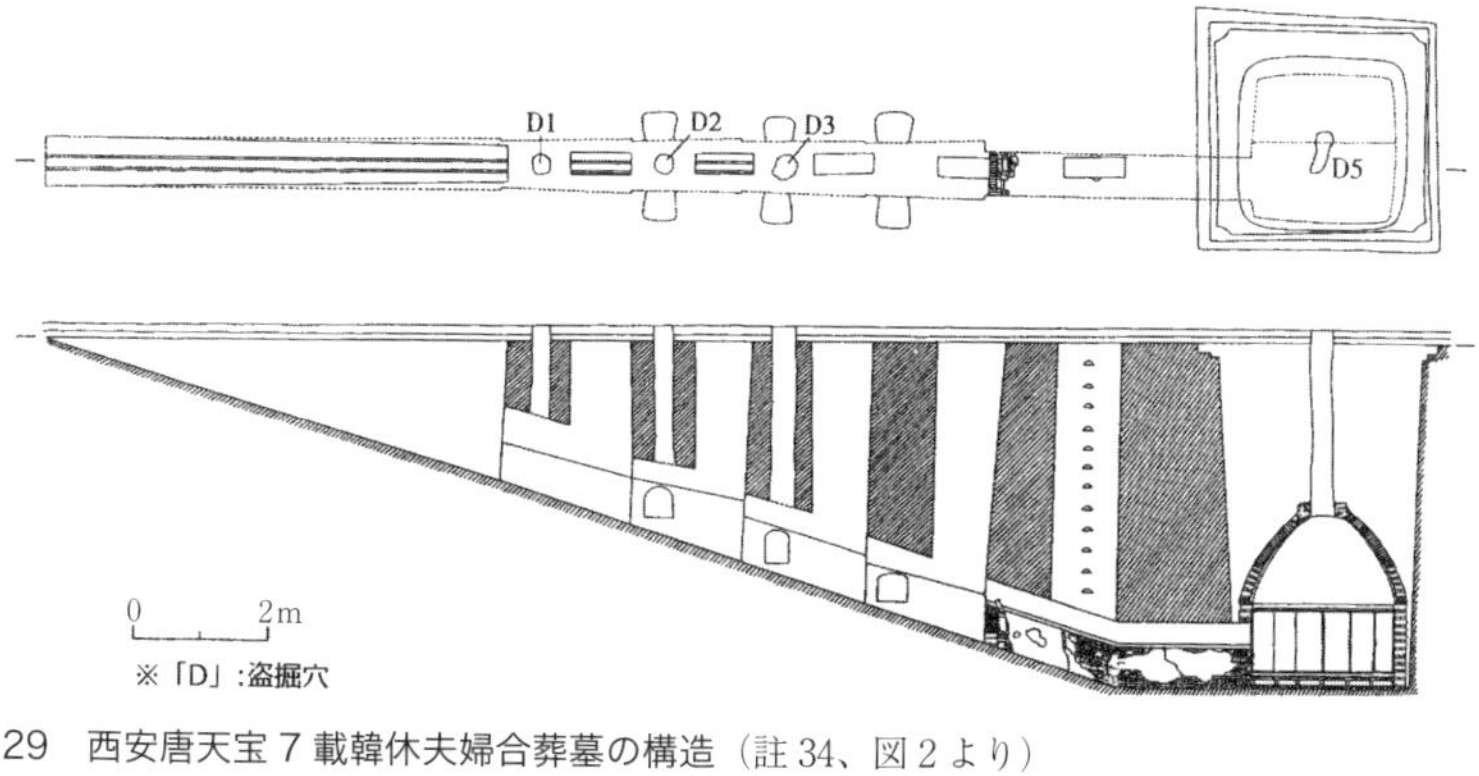

図29　西安唐天宝７載韓休夫婦合葬墓の構造（註34、図２より）

三年間置いて白骨化させた後、その遺骨を火葬する風習があった。建国後、唐の文化の影響を受けて上京臨潢府（内蒙古バイリン左旗林東鎮）、中京大定府（内蒙古寧城県天義鎮）、東京遼陽府（遼寧省遼陽市）、西京大同府（山西省大同市）、南京析津府（北京市）を中心に数多くの壁画墓を造営した[35]。

磚室・石室墓　墓室には方形、円形、多角形などの形態が併存している。単一形態の多室墓や異なる形態の墓室を併用する多室墓も存在する。

阿魯科爾沁旗宝山契丹貴族墓　内蒙古赤峰市阿魯科爾沁旗宝山主峰の南斜面に位置する。内蒙古考古研究所が一九九四年と一九九六年二回にわたって調査。墓園は東西約二〇〇、南北約一七〇メートルの規模であり、一〇基以上の墳墓が確認されている。一号墓は塋域の東北部にあり、南向きの隅丸方形の単室磚墓である。墓道の長さは一二・七六、羨道の長さは一・六二メートル、墓室の奥行五・八四、幅五・四二、高さ五・三〇メートル。磚築墓門は木造建築を模倣して斗栱構造が立体的に表現され、墓室内に石槨が設置されている（図30）。石槨内側の西壁に描いた「降真図」には、四人の女性仙人が雲に乗って空から敷物に坐る男性に向かい、一人目の女性に「西王母」、男性に「漢武帝」という題記が付いている。六朝小説『漢武帝内伝』に基づき、七夕に西王母が武帝のもとに降臨した伝説を描写する図像である。東

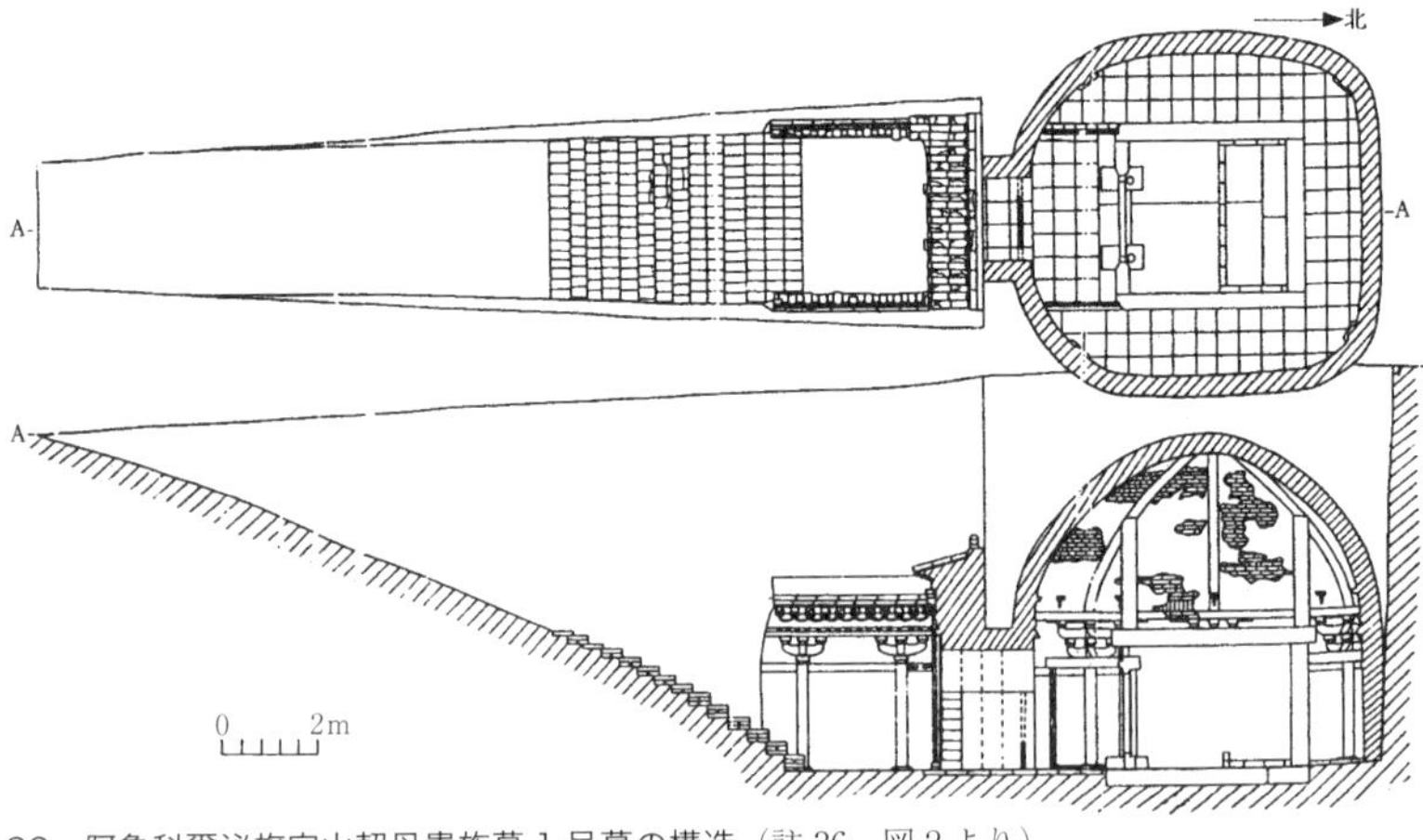

図30　阿魯科爾沁旗宝山契丹貴族墓１号墓の構造（註36、図2より）

壁に描いた「高逸図」の保存状態がよくないが、その左上に「天賛二年癸未歳、大少君次子勤徳年十四、五月廿日亡。当年八月十一日于此殯、故記」と、五行三四文字の墨書銘文がある。これによると、被葬者は勤徳と言い、九二三年に埋葬されたのである。一号墓は、これまで発見された年代の最も古い紀年契丹墓であることがわかる[36]。

二号墓は塋域の中部にあり、東向きの切石積みの方形墓室である。墓道の長さ一九・三〇、羨道の長さ一・二、墓室の奥行き四・五〇、幅四・九〇、高さ三・八〇メートル。墓室の天井に宝相花、内壁に侍従を描き、奥壁寄り石槨を置く。石槨内の南壁に「寄錦図」[37]、北壁に「頌経図」を配す。「頌経図」は竹林を背景に机案の前に坐り、白い鸚哥《いんこ》に読経を教えている貴婦人の姿を描写している。図像の右上隅に「雪衣丹觜隴山禽、毎受宮闈指教深。不向人前出凡語、声声皆（是）念経音」という墨書の漢詩がある。これにより、楊貴妃が「雪衣」と名付けた鸚哥に読経を教える説話を表現する壁画だとわかる（口絵03②）。二号墓の被葬者は女性であり、その年代は一号墓より若干新しいと推定されている[38]。

宝山遼墓の被葬者が契丹族であるにもかかわらず、鮮やかな色で中国的な説話図を表現しているのはとても印象的である。

⑩宋金元時期の壁画墓（九六〇－一三六八年）

九六〇年に宋王朝が建国した。貨幣経済の発展、科挙制度の発達に伴い、魏晋南北朝以来の士族門閥が没落し、貴族の時代から庶民の時代へと移行した。壁画墓はおもに北方の河南、山東、河北、山西、陝西と甘粛などの地域に分布している。北宋の神宗（在位一〇六八－一〇八五）時期から、円形、八角形平面の磚室墓が増え、墓室の内壁には木造建築を模して斗栱構造を立体的に造り出すデザインが流行っている。隋唐時代と異なり、被葬者のほとんどは官位のない裕福な地主や商人であり、貴族墓の雰囲気がなかった。このような状況は金・元時期にまで続く。

八角形単室磚墓　宋・金・元時期に流行する形式であり、墓室の直径が二・五メートル前後の小型墓が多い。

河南省登封市黒山溝宋代壁画墓　登封市城関鎮から南へ三キロの黒山溝村にある。鄭州市文物考古研究所が一九九九年に調査。南向きの階段式墓道の長さは七・〇〇、羨道の長さは〇・八〇メートル、墓室の平面は正八角形になり、直径二・四五、辺長〇・八〇、高さ三・三〇メートルである（図31）。壁画は上中下三段に分けて配置する。上段は八角錐形天井の壁面であり、菩薩、仙人、道士図八幅を置く。中段は斗栱の間の壁面であり、丁蘭、董永、郭巨などの孝子説話図八幅を描く。下段は斗栱下の壁面であり、飲酒、食事の支度、宴会、楽器の演奏、育児などの家庭生活風景の絵を七幅配している（図32）。副葬された買地券に「維大宋国西京河南府登封県天中郷居住、殁故亡人李守貴…今選定紹聖肆年十二月二十九日巳酉大葬」と、刻んで

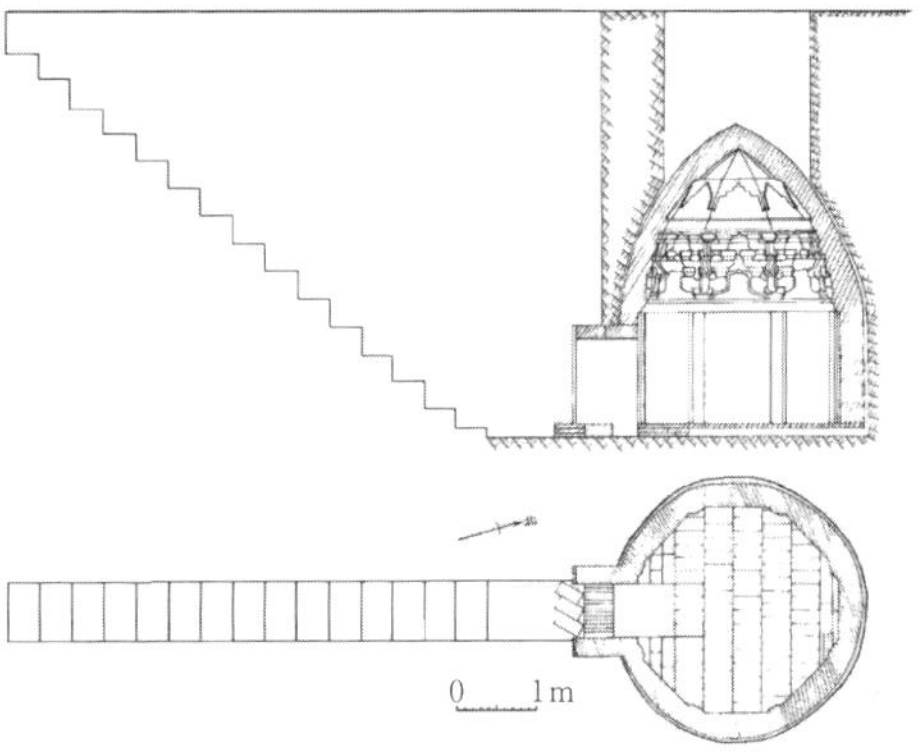

図31　登封市黒山溝宋代壁画墓の構造（註39、図2より）

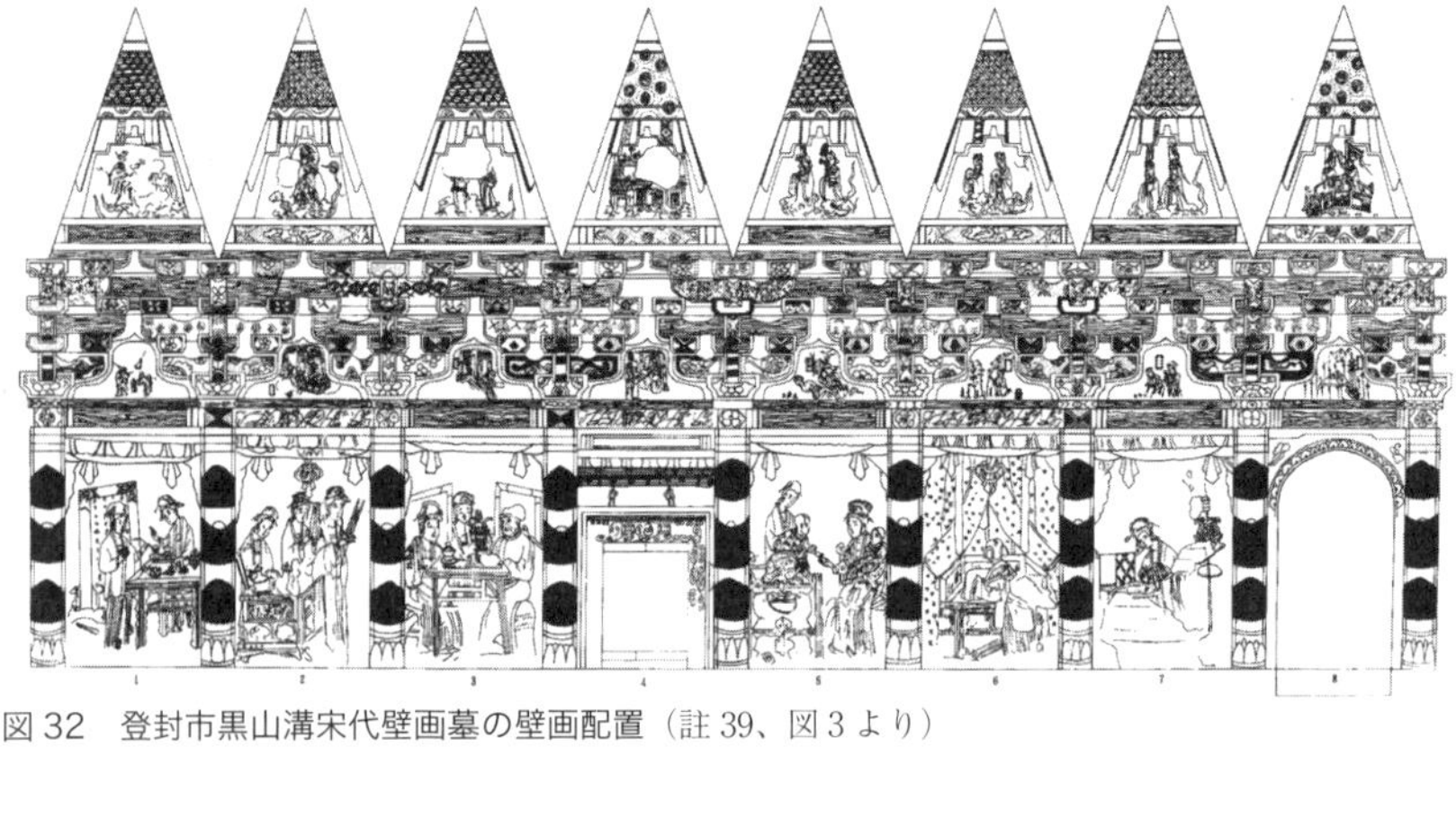

図32　登封市黒山溝宋代壁画墓の壁画配置（註39、図3より）

いる。墓の年代は北宋哲宗紹聖四年（一〇九七）であり、被葬者は李守貴といい、官号や爵位がないことがわかる。[39]

(2) 環境や地域によって異なる壁画保存の現状

中国文化財行政の基本は各省の「地方分権」であり、壁画墓保護を担うのは、おもに各省の文物局に管轄される文物考古研究所（院）と博物館（院）である。各地域の文化財保護の予算、技術水準、歴史文化伝統によって、保存の状況も異なる。筆者は代表的な壁画墓が集中する地域を四つに絞って、その現状について述べたい。

① 甘粛省

魏晋壁画墓の数が圧倒的に多く、おもに河西回廊の酒泉市・張掖市・嘉峪関市・敦煌市に分布している。その地域の年間降水量は一六〇ミリ以下、夏の最高気温は三九・八℃、冬の最低気温は約マイナス一二・二℃、温度差が激しく、温帯乾燥大陸性気候に属している。

一九七二年から一九七三年にかけて嘉峪関新城魏晋墓群で、甘粛省博物館らが六基の彩色画像磚墓（一号墓、三号墓、四号墓、五号墓、六号墓、七号墓）を調査した。五号墓は前後双室構造であり、ほかの五基は、いずれも前中後三室構造である。発掘終了後、一号墓、四号墓が解体され、画像磚を地元の文物管理所で保管してきた。五号墓は甘粛省博物館の構内に移転された後、半地下式の形に復元し、公開展示していた。六号墓、七号墓は、現地保管されている。保護の方法と環境が違うため、抱えている問題も異なる。

一号墓と四号墓　出土した一一二点の彩色画像磚は、発掘後に嘉峪関市関城文物管理所に保管され、保存の状況について記録が残っていない。一九八九年に嘉峪関市長城博物館の設立にともない、関城文物管理所から長城博物館の収蔵庫に移転された。その収蔵庫は普通の平屋であり、鉄製の棚に画像磚を重ねて置き、一部は新聞紙で包んでいる状態であった。二〇〇八年長城博物館新館の半地下式収蔵庫が完成すると、錦布貼りの箱に入れて新館の収蔵庫に設置されるスチールロッカーで保管してきた。張暁東氏と王春梅氏が二〇一五年の調査によって、これらの彩色画像磚の保護にあたる様々な問題を明らかにされた。

一一二点の彩色画像磚のうち、色あせ一一二点、漆喰剥落三六点、顔料層のひび割れ五点、カビ発生一三点、表面の汚れ一八点、塩析出一点以上、変色（漆喰の強化に用いた接着剤と関係している）一七点、磚体の損傷五〇点、という調査結果であった。[40]

五号墓　一九七三年に解体され、出土した約九〇〇〇点の墓磚（六七点の彩色画像磚を含む）を甘粛省博物館に運び、敷地内で復元され、一九七五年から見学者を受け入れ始めた。出入りしやすくするため、墓道を復元せず、墓室は半地下式にして、換気の窓を三つ設けたが、予算が足りないため、防水工事が実施されなかった。低い立地にあたり、墓室の基礎から五メートル離れる水洗トイレからの水も浸み込み、壁画が劣化しつつある。さらに二〇〇三年五月に雨で浸水する被害が出たため、博物館は緊急措置を取り、敷レンガの洗浄と除塩、墓室の除湿、壁画の補修などの作業を行った。[41]その後、五号墓に関する情報が少なかったが、二〇一九年四月二六日に甘粛省文物局は、同省博物館から提出した五号墓の緊急修復案を認可し、風化が進んだ磚体を補修する、壁画顔料の劣化を止めることを最重要な課題として取り上げていることから、五号墓は深刻な状況下にあると推測できる。[42]

六号・七号墓　造営した当時では、ほかの四基の画像磚墓が土壙の中で磚室を築いてから埋め戻す工法を採用したが、この二基は、墓道から横へ掘った土洞の中で磚室を築くという工法で完成したのである。土洞と磚室の屋根の間に約一・七メートルの空間を砂や砂利で充填し、さらに羨門の上に垂直の磚壁を建て、穴を封じる。

六号墓の羨道と墓室の面積は合計二一・一五平方メートル、三つの墓室天井の高さはそれぞれ三・一八、二・五二、一・八二メートルであり、一四四点の画像磚を飾る。七号墓羨道と墓室の面積は合計二七・四二平方メートル、三つの墓室天井の高さは三・三〇、三・〇〇、二・八一メートルであり、一五〇点の画像磚を飾る。発掘調査の直後に雨で七号墓の前室壁面三〇センチの高さまで浸水し、損傷の壁面に壁画がはっきり見えなくなった。

一九八〇年代から六号墓は観光スポットとして年間約一・三―一・八万人の観光客が訪れていた。七号墓は、研究資料として年間二〇回ほど研究者が調査してきた。墓室には温度と湿度を監視する設備が設置されているが、恒温恒湿の環境を整えていない。

新城魏晋墓地は海抜一五〇〇メートルの高原地域にあり、年間の平均降水量はわずか八五・三ミリ、蒸発量は二一一四・三ミリである。冬季土壌凍結の深さは平均一〇八ミリ、最寒の凍結記録は一三二ミリである。六号墓の羨道床面までの深さは一〇メートル、七号墓は一一・七〇メートルであり、凍結によるダメージが少ない。壁画の保存には大変よい自然環境である。

六号墓、七号墓には、墓磚のひび割れ、漆喰の剥がれと剥落、カビ、塩析出などの問題が存在しているが、発掘調査の直後と比べると、六号墓の画像磚の色褪せは七号墓よりはるかに激しい。その原因は、観光客が呼出した二酸化炭素および頻繁に出入りによる湿度と温度の変化と考えられる[43]。

新城魏晋墓群から十数キロ離れる酒泉市丁家閘五号墓は、一九七七年に調査された後に六号墓、七号墓と同じ方法で現地保存されており、観光客と研究者の見学も頻繁に受け入れていた。甘粛省博物館の陳庚齢、馬清林氏が二〇〇二年に発表した壁画保存状況に関する調査報告によると、塩害、カビ、虫害が発生しており、漆喰い層の剥落は日々深刻になっている。長期間観測の結果、毎年春季三、四月に塩害による壁画の劣化が著しく進行する。いまだ有効な防ぐ手段がない[44]。

②陝西省

漢唐の古都長安を中心とした地域であり、前漢・北朝・隋唐壁画墓が数多く発見されている。年間降水量四〇〇～七〇〇ミリ、西安を中心としたエリアは夏季最高気温四一・八℃を超え、冬季最低気温はマイナス一二・九℃であり、陝北地域では冬季最低気温はマイナス三〇℃になった記録もある。

陝西省では基本的に発掘現場で壁画を剥ぎ取り、博物館や考古研究機関の収蔵庫で保管する。とくに傾斜した墓道の両壁に描いた壁画は現時点技術的に現地保存が不可能であるため、剥ぎ取る以外に選択肢がない。陝西歴史博物館だけで六四〇点以上の壁画を保管し、その面積は一〇〇〇平方メートルを超えている。

剥ぎ取った壁画をもとの形に固定して運搬、保管するため、支持体は必要である。一九五〇年代に、おもに石膏で支持体を造っていた。石膏支持体のコストは安く、製作技法も簡単なので大量に使用された。陝西歴史博物館所蔵壁画には二五一点の国指定貴重文物[45]があり、そのうちの七四点は石膏支持体を使用している。しかし、石膏はもろくて重い、運搬する際に壊れやすいため、一九六〇年代から七〇年代にかけて、木製竜骨の支持体に変えた。一三一点の貴重文物の壁画はそれによって固定されている。木製の支持体は温度湿度の影響を受けやすく、虫害とカビが発生するリスクも高いため、一九八〇年代から支持体の材料はアルミ合金に変わり、それを使用する貴重文物の壁画は三四点である。二一世紀に入ってから航空機メーカーから提供したハニカム構造のアルミ材の使用も始めた[46]。

一九九一年陝西歴史博物館の新館が完成する前に壁画専用の収蔵庫はなかった。温度、湿度、光線をコントロールする設備を備えず、支持体の変形、壁画の損傷、ホコリ汚染などの問題はかなり深刻であった。一九九一年に新館で一二〇〇平方メートルの地下壁画庫が完成され、恒温恒湿（冬季一八℃、夏季二五℃、湿度五五度±五度）の環境整備および紫外線カット照明器具の使用を実現した。壁画が縦型の引き出しのようなキャビネットに垂直

図33　陝西歴史博物館地下壁画庫のキャビネット
（註46、図5-3-2より）

に収納されている[47]（図33）。

新館地下壁画庫の使用を始めてから、結露・カビ・微生物による壁画の劣化は確かに緩やかになった。一方、一九五〇年代につくった石膏製の支持体の三分の二には亀裂、漆喰層の剥がれが発生し、漆喰表面に除去されなかった泥の影響で顔料粉末化、色褪せなどの問題も顕在化した。さらに、一九六〇年代から七〇年代につくった木製竜骨の支持体の三分の一が変形したことにより、中度もしくは重度の病害が出ている。支持体の入れ替えは今後の課題となっている。

二〇一一年イタリア政府の資金と技術支援を受け、展示面積三四〇〇平方メートルの「唐代壁画珍品館」が完成した。イタリア製の紫外線カット展示ケースを採用し、ケース内部の適正な温湿度が維持できるようになり、章懐太子墓の「客使図」「馬毬図」「狩猟出行図」、懿徳太子墓の「闕楼図」「儀仗図」、永泰公主墓の「女官図」など、九七点の貴重な壁画がそこで展示されている[48]。

博物館の展示室で壁画を鑑賞するのは確かに現地で壁画墓を見学するほど感動しないが、壁画保存のリスクとコストを考えたらメリットもはっきりしている。とくに陝西省のような壁画墓の多い地域にとっては、重要な選択肢の一つである。

③山西省

西は南下した黄河を挟んで陝西省と隣接しているため、古代では河東とも言われていた。その北部の大同市は、北魏前期の首都平城の所在、省都の太原は東魏・北斉の別都晋陽であり、唐に入って北都とされていた。二〇一五年まで報告された壁画墓の数は七五基であり、陝西省に次ぐ二位になる。太原を中心とした地域は夏季最高気温三七・四℃、冬季最低気温はマイナス二二・七℃であり、年間の平均降水量は四五六ミリ、大同市周辺は冬季最低気温マイナス二七・二℃となり、年間降水量三八四ミリである。

一九七九年太原郊外で北斉東安王婁叡墓（五七〇年）を調査して以来、山西省の考古学調査機関は陝西省と同じように墳墓壁画を剥ぎ取る方法で保存してきた（口絵03③）。平城遺跡の周辺から出土した彩色画を飾る石槨は、解体してから博物館で保管される。現在山西省博物院に収蔵されている約六六〇平方メートルの壁画は、恒温恒湿の環境で、専用の壁画棚に水平に置く状態で保管されている。

山西省博物院は保管するだけではなく、積極的に壁画の展覧会も催している。二〇一七年一一月三〇日-二〇一八年三月四日に、上海博物館で太原市北斉娄叡墓・朔州市水泉梁北斉壁画墓・忻州市九原崗北朝壁画墓など一二基の墳墓から出土した八九点の壁画を展示していた。さらに二〇一九年一二月一二日-二〇二〇年六月二八日に山西博物院本館一階臨時展示室でほぼ同じ内容の壁画展を開催していた。両展覧会は、展示ケースを一切使わず、フェンスを設けるだけであった（図34）。現時点には展示による壁画の劣化、損傷に関する情報がない[49]。

近年、山西省では壁画墓現地保存の試みも始めた。二〇〇〇年から二〇〇二年にかけて山西省考古研究所が太原市王家峰村で調査した北斉武安王徐顕秀墓（五七一年）には三三〇平方メートルの壁画（墓道にておよそ一〇〇、羨道・墓室に二三〇平方メートル）が残っている。二〇一一年六月-二〇一二年一〇月三〇日に敦煌研究院文物保護技術サービスセンターによって漆喰層に発生した空洞、顔料層の剥離、ひび割れの修復、表面の汚染、昆虫、植物の根系、カビなどの除去を行った。壁画を取り巻く温湿度環境が適切に保たれているのかを監視するために、温湿度の測定を続けてきた。いま、現地で太原北斉壁画博物館と附属壁画保護センターの建設を計画している。

図34　山西省博物館壁画展示場の風景
（2019年12月12日新華社柴婷撮影）

④山東省

漢代に画像石墓が盛んにつくられた地域であり、後漢から北朝にかけて山東半島の中部泰山山脈の周辺地域では石室壁画墓を造営する伝統もあった。この地域の年間降水量は五九七〜七五二ミリ、夏季最高気温四〇℃を超え、冬季最低気温はマイナス一七℃以下である。

前掲東平県後屯村一号墓は、二〇〇八年一月に解体され、山東省博物館の収蔵庫に移転された。二〇一〇年山東博物館新館の開館に伴い、一階第二号展示室で「漢代画像芸術展」という常設展の一部として壁画が展示されてきた。出展してから一〇年経っても、発掘当初の写真と比べて壁画の劣化があまり感じられない。

山東省のもう一基の重要な石室壁画墓は、臨朐県にある五五一年（北斉天保二）崔芬墓である。一九八六年四月に調査され、二〇〇二年四月に発掘概報が発表された。その空白の一六年間の保存状況が知られていない。二〇一七年八月に現地保存のために墓室周辺の環境調査を行った。二〇一九年五月に、断裂した墓室の石門が修復され、墓室の防水工事も実施された。二〇二一年一月、崔芬墓保護のプロジェクトが正式にスタートし、敦煌研究院保護研究所の専門家たちは墓室を調査する写真は、騰訊新聞によってインターネットで公開された。それによると、墓室上に建てられた管理室に床下収納のような形の出入口と監視設備を設けた。保存設備は粗末と言わざるを得ないが、墓室の中に乾燥して壁画の保存状態は良好であり、写真では調査の後にカビや汚れなどが増えたことは確認できない。

中国で発見された重要な壁画墓は、日本とは自然環境の異なる北方地域に分布している。前述した四つの地域では、最も乾燥している河西回廊地域は壁画の保存に最適であるが、しかし、発掘調査を実施した一九七〇年代には、保存の予算が少なく、解体された嘉峪関新城一号、四号墓の画像磚は、三〇年以上積み重ねる状態で保存条件の悪い収蔵庫で保管され、劣化が激しく進んだのも当然の結果であろう。甘粛省博物館に移転して復元された五号墓は観光施設として活用され、防水策も徹底されず、壁画の劣化を加速させた。現地保存される六号墓は過剰の見学によって壁画に深刻なダメージが与えられた。七号墓は前室に浸水事故があったにもかかわらず、保存状態は五号と六号墓より良いという結果となっている。

陝西省と山西省は、壁画の数が多く、かつ盗掘事件が多発するため、現地保存の条件を備える壁画墓はごく少ない。したがって、壁画を剥ぎ取って収蔵庫で保管する方法は主流となっている。とくに陝西省の方は、専用の壁画収蔵庫と展示室を備えているので、壁画の寿命は現地保存より長くなると考えられる。山西省の場合、専用ケースを使わず展示することもあったが、展示の期間と入場者の人数が制限されているので、すぐに劣化・損傷事故の発生に至らなかった。さらに、現地保存の徐顕秀墓の動向はこれから注目されるべきである。

高松塚古墳と同じような切石組の石室墓は、おもに山東半島と遼東半島に分布し、前掲した山東省の東平県後屯村後漢壁画墓と臨朐県北斉崔芬墓の建築材は、いずれも地元から産出した石灰岩である。高松塚古墳に使われる二上山の凝灰岩と比べ、建築材としてその優劣を判断する材料がないが、東平県後漢墓の壁画が調査後に博物館で保管されたので、比較の対象にはならない。現地保存の崔芬墓が調査されてから経過した時間は三五年であり、高松塚古墳の四九年より短い。今後の保存状態について推測するのは難しいが、明日香村の平均年間降水量は一六三六ミリに対して臨朐県の降水量はわずか五九七ミリであり、後者の気候は壁画墓の保存に断然適しているとは言える。

(3) 中国の壁画の理念と保存方針

近年中国では国土の開発に伴い、毎年必ず数基から十数基の壁画墓が調査される。これまで二一の省で壁画墓が発見され、北緯三四－四一度の中国北部に集中している。現行中国文物保護法第二章によって壁画墓は「不可移動文物」と分類されている。同保護法は、「やむを得ない理由で移転又は解体する場合、当該文物のランクにより相応の文物行政部門の許可が必要である」と規定している。歴史的、法律的視点から、現地保存は基本的な理念と保存方針とされているが、理想から乖離した現実を見つめなくてはならない。現時点、壁画墓の保護は次の四つの方式を取っている。

①現地保存　中国流の現地保存は二つの方式がある。その一、簡易な保存設備と墓室内の環境を観測する機器を設り、管理者は墓室中の状況が確認できる状態にする。甘粛省嘉峪関市新城六号墓・七号墓、丁家閘五号墓、山東省臨朐県北斉崔芬墓はその代表的な例である。高松塚古墳のような石室内で作業を安全に行うための準備空間、また石室内環境が外気の影響を受けないための緩衝空間を設ける複雑な保存施設と比べて、極めて簡単なものである。その二、埋め戻して凍結保存。前述した内蒙古宝山一、二号契丹貴族墓の場合、埋め戻す方法を取って凍結されている。管理事務所を設けず、観測機材も設置しなかったため、調査されてから内部状況の変化が把握できず、盗掘のリスクも懸念される。これまで、現地保存の壁画墓は約一六〇基と言われているが、その大半は埋め戻しただけで凍結保存されている。

②壁画を剥ぎ取って博物館で保護　中国で最もよく採用される方法であり、これまで一七〇基以上の壁画墓の壁画が剥ぎ取られ、博物館の収蔵室や展示室で保管されている。陝西歴史博物館は、唐章懐太子墓、懿徳太子墓、永泰公主墓、韓休夫婦合葬墓などの有名な壁画墓を含め、四十数基の壁画墓から六四〇点以上の壁画を剥がして収蔵している。保存科学がある程度完全なものとなるまでは、壁画を剥ぎとる保存法が劣化の抑制によいと考えている。

③埋葬施設を解体し、博物館の展示場に移転して復元　文物保護法に「不可移動文物」と定められたにもかかわらず、調査後現地に残すと破壊される危険性のある壁画墓が保存条件の良い場所に移転された例は六〇基以上にのぼる。甘粛省博物館に移転された嘉峪関市新城五号墓のような画像磚墓は、オリジナルの彩色画像磚を復元された埋葬施設の壁に嵌め込むことができるが、壁面から壁画を剥ぎ取った壁画墓はレプリカの壁画で装飾するのは一般的である。河南省洛陽古代芸術博物館（元古墓博

図35 韓城市宋代壁画墓の移転作業
（2009年4月11日新華社呉暗彪撮影）

物館）は、省内各地より前漢時期から宋金時期までの一七基の壁画墓を構内に移転して展示場で復元したが、敷地内で別に「河南古代壁画館」を建設し、剥ぎとった四〇〇平方メートルの壁画を収蔵・展示している。

④墓室を補強して丸ごと移転　埋葬施設周辺の土を取り、石膏、樹脂などの補強材で墓室の外部を加固して博物館の展示場などの場所に移転する。近年、この方法で移転された壁画墓が増え、いずれも、宋遼金元時期の長方形、円形、八角形の小型単室墓である。二〇〇九年四月、陝西省考古研究院は、韓城市新城区で調査した宋代壁画墓を現場で樹脂、石膏、鉄筋で補強して陝西考古研究院涇渭基地に移転した。韓城宋墓は竪穴式墓道を持つ長方形単室磚墓であり、墓室の幅一・八〇、奥行き二・四五、高さ二・二五メートルである。補強工事で約二トンの石膏と一・五トンの鋼材を使用し、運搬された壁画墓の重量は一一トンに達したという[50]（図35）。

中国において壁画墓の保存の現状は決して理想的ではないが、壁画墓の資源に恵まれ、保護の試行錯誤が許され、これからも様々な試みが行われる見通しである。文物保存法に定められる現地保存最優先の理念を実現するため、二〇二〇年二月に「壁画墓現地保存に関するキーテクノロジーの研究」という国家プロジェクトが発足した。敦煌研究院を中心に、東南大学、中国科学院高能物理学研究所、蘭州大学、西北大学、中国科学院南京土壌研究所、中国科学院上海有機化学研究所などの八大学と研究機関が「墓葬壁画の用材・制作技法および典型的な病害発生のメカニズムに関する研究」「壁画墓保存環境の変化を予測・制御する技術の研究と応用」「壁画墓における微生物の発生源及びハザードのメカニズムに関する研究／光照射制御技術及び装置の開発」「壁画用の湿気硬化剤および防カビ剤の開発と応用」「壁画墓現地保存の技術デモンストレーション」という五つの研究課題を分担することになっている。二〇二一年に墓室内の環境コントロール、病害の原因を究明するため、模擬実験の施設として敦煌研究院で壁画墓の実大模型を建設した[51]。

二〇世紀は、中国の壁画墓保存科学研究の萌芽期であり、高松塚古墳は現地保存の代表事例として広く紹介され、中国の壁画墓保存理念に大きな影響を与えた。これから中国における壁画墓の保存に関する研究は、発展期に入り、石窟寺院壁画と壁画墓の保存研究グループは連携して新しい研究および実験の体制を構築している。今後壁画墓の新発見と保存プロジェクトの実施に伴い、新しい研究成果は次々と発表されると思う。日本の学界と文化財保護機関にとって、中国の経験と教訓は、今後の壁画墓保存政策の策定に大変重要な意味を持つと考えている。

註

（1）中国で調査された壁画墓の数について、二〇一五年までのデータは最新である。楊文宗・郭宏「我国墓葬壁画的保護方法」『文物保護与考古科学』二九ー四、二〇一七、一〇九ー一一四頁

（2）『礼記・郊特牲篇』に「魂気帰于天。形魄帰于地。」とある。

（3）咸陽市文管会ほか「秦都咸陽第三号宮殿建築遺址発掘簡報」『考古與文物』二ー二、一九八〇、三四ー四一頁

（4）一九四九年に湖南省長沙市陳家大山戦国楚墓から出土した「人物龍鳳帛画」および一九七三年長沙子弾庫一号墓から出土した「人物御龍帛画」は、いずれも紀元前四世紀〜前三世紀の遺物であり、被葬者の魂が昇仙することを祈る招魂儀式の調度品と考えられる。湖南省博物館「新発現的長沙戦国楚墓帛画」『文物』二〇六ー七、一九七三、三ー四頁

（5）湖南省博物館・湖南省文物考古研究所『長沙馬王堆二、三号漢墓』文物出版社、二〇〇四、二三七ー二四〇頁

（6）湖南省博物館・中国科学院考古研究所『長沙馬王堆一号漢墓』文物出版社、一九七三、三九ー四五頁

（7）前掲註5、一〇九ー一一五頁

（8）河南省商丘市文物管理委員会ほか『芒碭山西漢梁王墓地』文物出版社、二〇〇一、二三七頁

（9）広州市文物管理委員会『西漢南越王墓』文物出版社、一九九一、二八頁

（10）西安市文物保護考古所「西安理工大学西漢壁画墓発掘簡報」『文物』六〇〇ー五、二〇〇六、七ー四四頁

（11）河南省文化局文物工作隊「洛陽西漢壁画墓発掘報告」『考古学報』三四ー二、一九六四、一〇七ー一二五頁

（12）洛陽博物館「洛陽西漢卜千秋壁画墓発掘簡報」『文物』二五三ー六、一九七七、一ー一二頁

（13）陝西省考古研究院ほか「陝西靖辺県楊橋畔渠樹壕東漢壁画墓発掘簡報」『考古与文物』二一九ー一、二〇一七、三ー二六頁

（14）内蒙古自治区博物館文物工作隊編『和林格爾漢墓壁画』文物出版社、一九七八、五ー三一頁。この調査報告書には羨道および各墓室の寸法に関す

る記録がなかった。

(15) 河南省鄭州市周辺の密県、滎陽県を中心として磚石混合構成室墓も分布し、墓室の壁面に壁画と画像石を両方飾っている例も存在している。滎陽県萇村で発見された後漢壁画墓の墓室は、磚と切石混合構造の多室墓であり、羨道・前室・東側室と三つの後室からなり、長さ約一七メートル。前室と羨道の三〇〇平方メートルに及ぶ壁面に壁画を配したが、三分の一しか残っていない。前室のアーチ状の天井と上段の壁面に鳳凰や麒麟および説話図を、下段に膨大な被葬者人生各時期の車馬出行図を描く。出行図の墓主馬車の上方にそれぞれ「郎中時車」「供北陵令時車」「長水校尉時車」「巴郡太守時車」「済陰太守時車」「斉相時車」などの題記を書き、被葬者の昇進と地位を誇示するものである。被葬者の身分は二〇〇〇石の高官と推定できる。鄭州市文物考古研究所「河南滎陽萇村漢代壁画墓調査」『文物』四七八―三、一九九六、一八―二七頁を参照。

(16) 山東省文物考古研究所東平県文物管理所編『東平後屯漢代壁画墓』文物出版社、二〇一〇、一九―三三頁

(17) 四川省文物考古研究所ほか「四川中江塔梁子崖墓発掘簡報」『文物』五八〇―九、二〇〇四、四―三三頁

(18) 人間、動物、神などを画題とする彩色画像磚墓と壁画墓は四九基であり、抽象化された鳥や菱形などの幾何学文様しか描いていない装飾墓は一〇基である。郭永利『河西魏晋十六国壁画墓研究』蘭州大学学位論文、二〇〇八学年度博士（歴史学）、六頁を参照。

(19) 甘粛省文物隊ほか『嘉峪関壁画墓発掘報告』文物出版社、一九八五、一〇五―一〇九頁。宿白主編『中国美術全集・絵画編一二・墓室壁画』文物出版社、一九八九、図版説明一六頁

(20) 甘粛省文物考古研究所『酒泉十六国墓壁画』文物出版社、一九八九、四―七頁

(21) 大同市考古研究所「山西大同文瀛路北魏壁画墓発掘簡報」『文物』六六七―一二、二〇一一、二六―六〇頁

(22) 「王」は「亡」の当て字とされている

(23) 張慶捷「北魏石堂棺床与附属壁画文字―以新発見解興石堂為例探討葬俗文化的変遷」『両個世界的徘徊：中古时期丧葬観念風俗与礼儀制度学術研討会論文集』科学出版社、二〇一六、二三三―二四九頁

(24) 寧夏回民自治区博物館ほか「寧夏固原北周李賢夫婦墓発掘簡報」『文物』三五四―一一、一九八五、一―二〇頁

(25) 白曙璋「穿越時空守望遺忘的歴史」山西博物院・山西省考古研究所編『発見山西―考古的故事』山西人民出版社、二〇一六、一五一―一六一頁

(26) 山西博物院『山西九原崗北朝墓葬壁画搬遷保護』科学出版社、二〇一八、一―一六頁
山西省考古研究所・忻州市文物管理処「山西忻州市九原崗北朝壁画墓」『考古』五七四―七、二〇一五、五一―七四頁

(27) 臨朐県博物館「臨朐北斉崔芬墓発掘概況」『北斉崔芬壁画墓』文物出版社、二〇〇二、二―一二頁

(28) 孫秉明・宮徳傑「崔芬墓壁画」臨朐県博物館『北斉崔芬壁画墓』文物出版社、二〇〇二、一三―二二頁

(29) 趙超「試論隋代的壁画墓与画像磚墓」『考古』五五六―一、二〇一四、八四―九三頁

(30) 呉思佳「唐代墓室壁画中四神的形制走向与道教意義」『中国美術研究』二一、二〇一七、一一八－一二四頁
(31) 高思穎「洛陽五代壁画墓初論」『洛陽考古』一六－一、二〇一七、六六－七〇頁
(32) 『新唐書・百官志三』に「凡戟、廟、社、宮、殿之門二十有四、東宮之門一十八、一品之門十六…。」とある。列戟制度は北朝まで遡れるため、隋も唐と同じように太子の東宮および墳墓の棨戟数は一八本であったと推定できる。
(33) 西省考古研究院「陝西潼関税村隋代壁画墓発掘簡報」『文物』六二四－五、二〇〇八、四－三一頁
(34) 陝西省考古研究院「西安郭庄唐代韓休墓発掘簡報」『文物』七五二－一、二〇一九、四－四二頁
(35) 東潮「遼代壁画資料」『徳島大学総合科学部人間社会文化研究』一四、二〇〇七、一三三－二三一頁
(36) 内蒙古考古研究所「内蒙古赤峰宝山遼壁画墓発掘簡報」『文物』五〇〇－一、一九九八、七三－九五頁
(37) 「寄錦図」には六人の華麗な服を着用する女性を描き、「□□征遼歳月深　蘇娘憔［悴］□難任。丁寧織寄回［文］［錦］　表妾平生繾綣心」という墨書銘文がある。五胡十六国の前秦の女性詩人である蘇若蘭が流沙に赴任する夫への思慕の念に耐えきれず、「璇璣図詩」を錦に織りこんで贈った説話を表現する壁画である。呉玉貴「内蒙古赤峰宝山遼壁画墓〝寄錦図〟考」『文物』五三八－三、二〇〇一、九二－九六頁
(38) 呉玉貴「内蒙古赤峰宝山遼壁画墓〝頌経図〟略考」・巫鴻・李清泉編『宝山遼墓－材料与釈読』上海書画出版社、二〇一三、一四三－一五二頁
(39) 鄭州市文物考古研究所・登封市文物局「河南登封黒山溝宋代壁画墓」『文物』五四五－一〇、二〇〇一、六〇－六六頁
(40) 張暁東・王春梅『嘉峪関新城魏晋墓磚壁画保護研究』甘粛文化出版社、二〇一六、三六－五〇頁
(41) 蔡江波ほか「嘉峪関魏晋五号壁画墓地磚清洗与複製」『絲綢之路』S1、二〇〇四、三四－三五頁
(42) 甘粛省文物局「關於甘粛省博物館魏晋五号壁画墓搶救性保護方案的批復」二〇一九年四月二六日、甘文局博発〔二〇一九〕二七号
(43) 前掲註40、五五－六五頁
(44) 陳庚齢・馬清林「酒泉丁家閘五号壁画墓現状調査」『文物保護与考古科学』十四－一、二〇〇二、二三－二八頁
(45) 中国国家文物鑑定委員会に認定される一級－三級文物を指す。
(46) 陝西歴史博物館編『陝西歴史博物館蔵唐墓壁画保護修復研究報告』陝西出版集団三秦出版社、二〇一一、六五－七〇頁
(47) 前掲註46、二九頁
(48) 前掲註46、「序言」一－二頁
(49) 馬暁媛「北朝墓葬壁画首次集中亮相―展一五〇〇年前〝壁上乾坤〟」新華社、二〇一九年一二月一二日
(50) 徐永剛「陝西韓城宋代壁画墓整体搬遷」新華社、二〇〇九年四月一二日
(51) 敦煌研究院「〝墓葬壁画原位保護関鍵技術研究〟項目工作会議在敦煌研究院召開」敦煌研究院ウェブサイト、二〇二一年四月一七日

2 高句麗の古墳壁画の保護の現状

東　潮

(1) 高句麗の古墳壁画の特徴

高句麗は紀元前一世紀ごろ、卒本《そつぽん》（遼寧省桓仁）の地で建国し、六六八年に滅亡した。三世紀ごろ国内城《こくないじょう》（吉林省集安）、四二七年に平壌城（清岩里《せいがんり》土城）、五八六年に長安城（平壌城）に遷都した。

高句麗初期の墓制は積石塚《つみいしづか》で、円形石槨積石塚から将軍塚（集安）のような方壇階梯《ほうだんかいてい》石室積石塚に発達し、五世紀初葉ごろに終焉する。四世紀中葉ごろ石室封土墳が出現し、積石塚にかわる。

壁画墳は、国内城では四世紀中葉ごろに出現する。集安禹山三三一九号墳は方壇階梯積石塚で、その墓室の一画にはじめて壁画があらわれる。墓室構造は東晋《とうしん》代の塼室系統で、壁画も東晋あるいは三燕から伝播した。同じころ、黄海南道の帯方郡の故地に安岳三号墳（冬寿墓）が築造された。この安岳三号墳をもとに高句麗壁画は展開した。四世紀代には太王陵や将軍塚などの巨大積石塚が造営されたが、王陵に壁画が採用されたのは六世紀代である。

高句麗壁画墳は渾《こん》河流域の遼寧省撫順施家一号墳、渾《こん》江流域の桓仁米倉溝《べいそうこう》一号墳、鴨緑《おうりょく》江流域の集安と大同《だいどう》江流域の平壌を中心に百余基が分布する。

高句麗の壁画墳の調査研究は一九〇九年の朝鮮古蹟調査事業にはじまり、一九一五年に刊行された朝鮮総督府『朝鮮古蹟図譜』第一～三冊をはじめ、『大正三年古蹟調査報告』、『大正五年度古蹟調査報告』、『昭和十一年度古蹟調査報告』、『昭和十二年度古蹟調査報告』が刊行された。集安の壁画墳については池内宏・梅原末治による『通溝上下』（一九三八・一九四〇）がある。

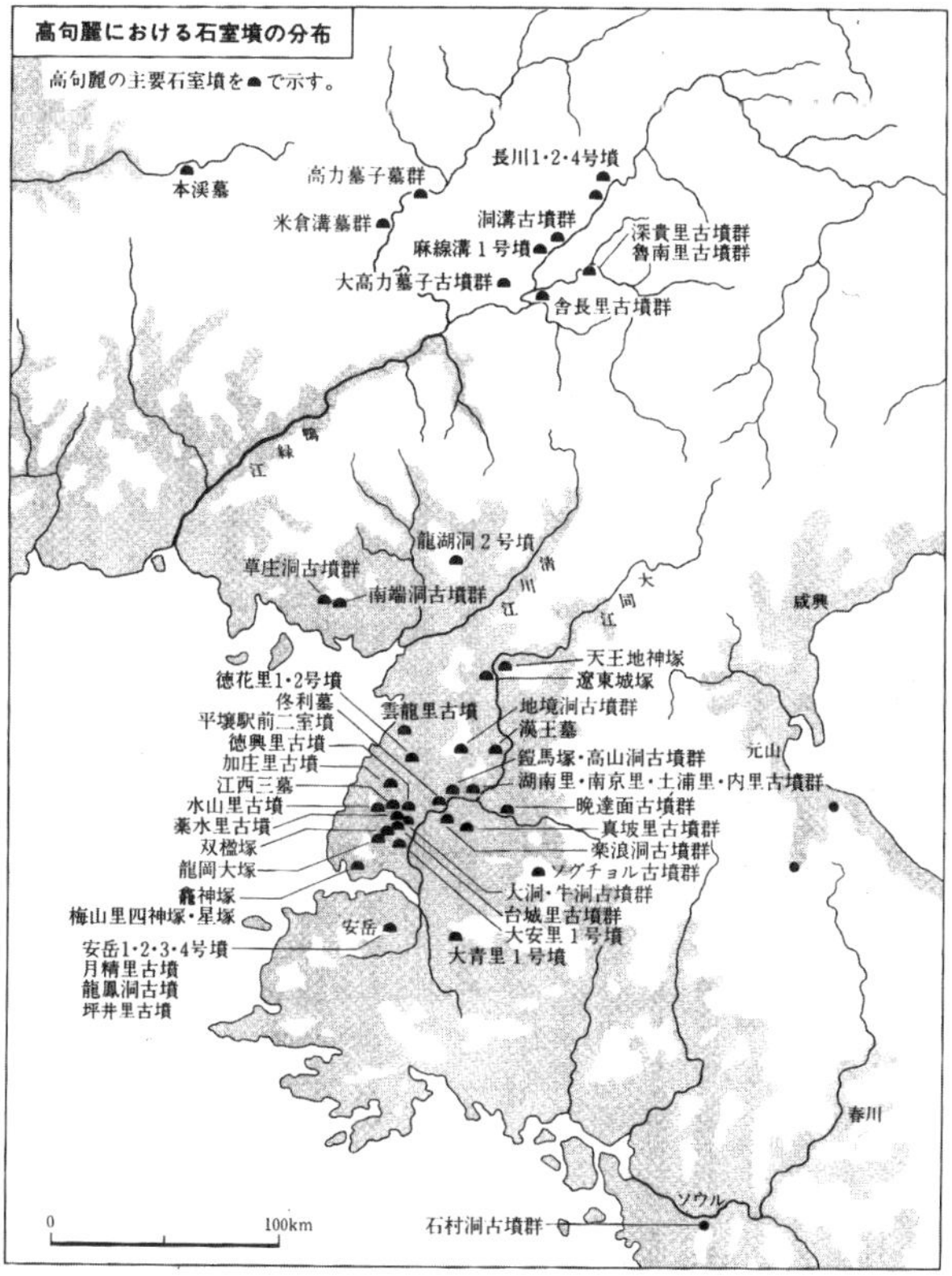

図１　高句麗壁画墳の分布

古蹟調査をふまえた関野貞の『朝鮮建築と芸術』（一九四一）が出版された[1]。

朝鮮民主主義人民共和国では一九四九年、考古及民俗学研究所によって安岳三号墳（冬寿墓）の発掘がなされた。その後、各地で調査されている。中国では一九六〇年代に集安麻線溝一号墳や五盔墳《ごかいふん》四・五号墳、長川一号墳などが発掘されている。

高句麗壁画の研究は一九六一年に発表された朱栄憲「高句麗壁画古墳の編年に関する研究」（永島暉臣慎訳一九七二『高句麗の壁画古墳』）は壁画内容（題材）、墓室構造をあわせて分析し、人物風俗

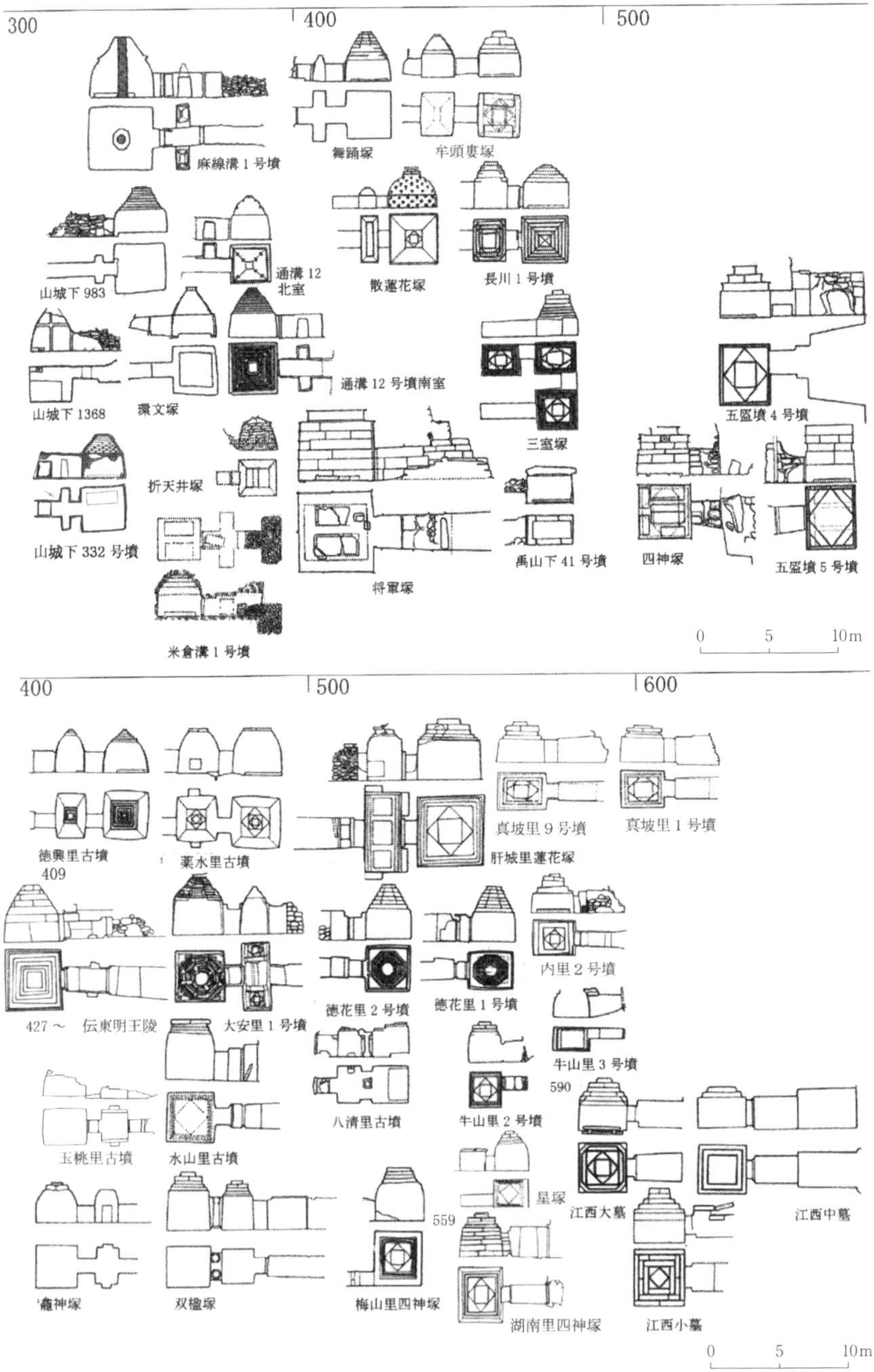
300
400
500
麻線溝1号墳
舞踊塚
牟頭婁塚
山城下983
通溝12
北室
散蓮花塚
長川1号墳
山城下1368
環文塚
通溝12号墳南室
三室塚
五盔墳4号墳
折天井塚
山城下332号墳
将軍塚
禹山下41号墳
四神塚
五盔墳5号墳
米倉溝1号墳
0 5 10m
400
500
600
徳興里古墳
409
薬水里古墳
肝城里蓮花塚
真坡里9号墳
真坡里1号墳
内里2号墳
427～ 伝東明王陵
大安里1号墳
徳花里2号墳
徳花里1号墳
牛山里3号墳
590
玉桃里古墳
水山里古墳
八清里古墳
牛山里2号墳
星塚
江西大墓
江西中墓
559
龕神塚
双楹塚
梅山里四神塚
湖南里四神塚
江西小墓
0 5 10m

図2 高句麗壁画墳

図から四神図への変遷過程を明らかにした。

Ⅰ　人物風俗図（装飾文）（中期単室墓、龕・側室墓）

Ⅱ　人物風俗・四神図（装飾文）（中期単室墓、二室墓）

人物風俗・四神図（墓主の室内生活図が後壁にあり、飛天や怪獣のあるもの）（中期単室墓・二室墓）

Ⅲ　四神図墓（後期単室墓）

筆者は朱栄憲説をふまえ、人物風俗壁画の墓主図像（坐像）の出現に着目して、墓主・墓主行列図像から四神図像への変遷としてとらえた。国内城時代では墓主図像の出現と相前後して蓮華紋壁画が流行している。

・蓮華・王字紋図像　四世紀中葉から五世紀前半（山城下三三二・九八三号墳、散蓮花塚、米倉溝一号墳、龕神塚《がんしんづか》・玉桃里古墳など）

・墓主（夫婦）・墓主行列図像　四世紀中葉〜五世紀末葉（安岳《あんがく》三号墳、徳興里《とっこうり》古墳、三室塚、水山里古墳、双楹塚《そうえいづか》など）

・四神図像　四世紀後半〜七世紀初葉（遼東城塚、湖南里四神塚、江西大墓、江西中墓など）

墓主・墓主行列図像は昇仙思想、四神図像は風水思想・天下観念を表象する。

●蓮華紋壁画の出現

四世紀中葉から五世紀初葉、蓮華紋、王字紋壁画が流行する。この時期の蓮華紋は天を象徴するものである。高句麗では三七二年（小獣林王二）に仏像・経典がもたらされ、三七五年（小獣林王五）に仏寺が創建された。五世紀中葉の長川一号墳では仏像や蓮華《れんげ》化生《けしょう》図が描かれ、仏教に由来する蓮華紋である。

桓仁米倉溝一号墳では、墓室全面に蓮華紋が描かれる。高句麗の祖廟として祭られた。四二七年の平壌遷都後に築かれた平安南道中和郡真坡里古墳群の伝東明王陵の壁画も蓮華紋装飾である。

伝東明王陵　　桓仁米倉溝１号墳

図３　桓仁米倉溝古墳と平壌伝東明王陵

高句麗の二二八年（東川王二二）「王如卒本。祀始祖廟」（『三国史記』高句麗本紀）、とあり、平壌遷都後は五二一年（安蔵王三）に「王幸卒本。祀始祖廟」と表現がかわるが、歴代の王は始祖廟を祀っていた。その卒本（桓仁）の地の始祖廟は、米倉溝壁画墳と推定されるのである。

蓮華紋と「王」字紋が合わさった装飾紋が生まれ、五世紀初の龕神塚壁画に継承される。

●墓主図像・墓主行列（葬列）図像から四神図像へ

墓主（夫婦）図像は、安岳三号墳、龕神塚、徳興里古墳など四世紀中葉〜六世紀初葉の壁画に描かれる。

墓主図像の表現空間は、基本的に墓室右（西）壁から後（北）壁に変化する。右（西）側室右（西）壁（安

墳丘

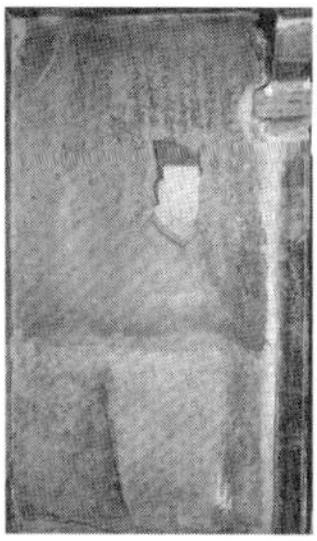
永和13年(357)銘墨書

前室西側室

墓主図像

東回廊東壁

図4　安岳3号墳（冬寿墓）

岳三号墳、龕神塚）、前室後壁と後室後壁（徳興里古墳、薬水里古墳など）、後室後壁（大安里一号墳、双楹塚、梅山里四神塚、通溝一二号墳など）に描かれる。最終段階に墓主像が消失し、四神図像を中心に表現されるようになる（真坡里九号墳、湖南里四神塚、江西大墓、江西中墓など）。

　安岳三号墳（黄海南道安岳郡）は、前室・後室・側室・回廊からなる多室墓である。墨書から三五七年（永和一三）に六五歳で没した「使持節都督諸軍事平東将軍護撫夷校尉樂浪□《相》昌黎玄菟帯方太守都郷侯幽州遼東平郭都郷」の冬寿の墓である。高句麗の故国原王の楽浪公に対する楽浪相であった。冬寿は、三三六年（咸康二）に前燕の遼東から亡命してきた。前室右側室に墓主夫婦坐像、回廊に墓主の出行車騎行列図、後室に墓主行列図像と昇仙するさまが描かれている。墓室構造や墓主図像は、故地の遼陽《りょうよう》の上王家村墓・南雪梅一号墓などの西晋《せいしん》墓制の系統上にある。

北壁

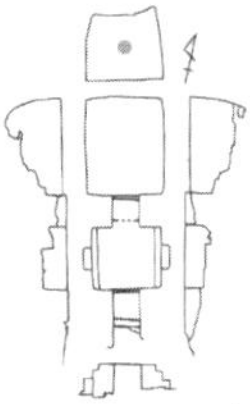

北壁　　玄武　墓主図像　王字紋

西壁

墓主行列図像　　東壁

図５　南浦玉桃里古墳

前室西天井

前室北天井

図6　徳興里古墳

龕神塚（南浦市臥牛島区域）は、前室（両龕）・後室からなる双室墓である。墓室構造からみて龕神塚が先行する。墓主図像は前室両龕の右壁と左壁にある。西龕の墓主は蓮華紋装飾の牀（台）に坐る。龕《がん》の奥壁は王字紋で装飾される。錦の壁掛けであろう。屏風牀に安坐する人物は右の奥の空間に坐する。安岳三号墳と同様である。東壁の龕内の人物像は武冠をかぶり、丸襟の袍をまとい、徒手する。まずは安岳三号墳の婦人像と比較すると、冠帽・髻・髪飾の形にちがいがあるが、服飾や徒手の姿態は類似する。墓主でなく、婦人像であろう。安岳三号墳で右側室前壁に描かれた婦人像が、龕神塚では左壁に表現されるようになった。

　龕神塚前室天井部の上段北西角に西王母《せいおうぼ》像が描かれている。山岳紋の上方に仙界への道が連続渦紋で表現された台中央に、領巾をひろげて安坐する人物像がいる。袍をまとい、両手をくむ。人物像の背に領巾がひるがえる。西王母特有の図像である。その右に二人、左に一人の侍女がならぶ。山岳上に鳥に乗る天女が、雲気紋でおおわれる。この領巾は昇仙した人物であることをあらわす。山岳の上方に鳥に乗る天女がいる。空間に雲気紋がただよう(2)。

徳興里古墳（南浦市江西区域）の墓室は、墓道・前室・甬道・後室からなる。墓誌によると、永樂十八年十二月廿五日（陽暦四〇九年一月二六日）に薨じた鎮の墓である。

墓主は前・後室の四つの場面にあらわれる。

前室―後壁（家居内屏風牀）、前壁（牀床坐像）、左壁（出行）

後室―後壁（家居内牀床）、左壁（牀床坐像）

徳興里古墳の墓主像は、前室・後室の後（北）壁に表現される。安岳三号墳（冬寿墓）の墓主図像は右側室右壁、墓主婦人は前壁に描かれる。龕神塚は、墓主図像の表現空間の変移の中間に位置づけられる。

帷帳の右に牽馬と男侍六人、左方に牛車牽引図と女侍九人がならぶ。飾馬は墓主、牛車は墓主婦人の乗り物である。後壁では墓主夫婦像の空間は設けられているが、婦人は描かれていない。婦人の追葬がなかったためであろう。婦人の乗り物が描かれていることは墓主夫婦としても昇仙が尊重されたためであろう。

墓道から前室につながる甬道《ようどう》の両壁に鬼神（門衛）像が立つ。右壁の鬼神（畏獣）像は両手に武器（槍）を持つ。その右上に「太歳在已酉二月二日亲成関□□戸太吉史」の墨書がある。己酉（四〇九年）二月二日（陽暦三月四日）に葬送儀礼が終わり、閉塞にあたって記された。鬼神像の左手に舌出し獣、左上に人物と蓮華紋がある。左壁の鬼神像はわずかに痕跡をとどめるだけである。墓室入口に辟邪《へきじゃ》として畏獣を廃する。袁台子壁画墓の鬼神力士像と系統関係がある。

前室壁画は三角火炎紋帯を境界として、天と地、天界と地界に区分される。山岳紋もそうした性格をもつばあいがある。四壁の上部は最上部に二十八宿の星座が配置される。北壁に北方七宿、北斗七星と二星を線で結ぶ星座（虚宿・室宿、壁宿）と大星、南壁に南斗六星と大小の星、東壁に日像《にちぞう》・三足烏《さんそくう》、五星の房宿、大小の星、西壁に月像《げつぞう》・蟾蜍《せんじょ》、七星の畢宿《ひっしゅく》、五星の星座、大小の星がある。星宿図の下には南壁から東壁、北壁にかけて山岳紋・狩猟紋がある。山岳紋の上方の天空をかけまわる狩猟の状景が描かれる。傍題のある図像の一群があり、それらは東壁から北壁、西壁、南壁と逆時計回りで展開する。東壁の飛魚、陽燧《ようすい》、北壁に地軸一身両頭、天馬、博位、賀鳥、天雀、喙遠《かいえん》、辟毒、零陽、西壁から南壁にかけて千秋、萬歳、玉女持幡、仙人持幡、玉女持案、吉里、富貴、仙人持蓮、織女、黒犬、牽牛、天の川、猩猩《しょうじょう》、青陽図像が展開されている。

徳興里古墳の鎮は、冀州《きしゅう》（今の河北省）安平郡信都県出身の亡命中国人で建威将軍・遼東太守を歴任し、亡命後は高句麗の国小大兄であった。鎮は釈迦文仏弟子で、仏教に帰依した。

徳興里壁画の山岳紋と三角火炎紋が天井部の天と地の境界に表現される。朝陽袁台子墓や北廟村墓に線画きの山・樹木からなる山岳紋がある。それらの図像は徳興里古墳・薬水里古墳・舞踊塚、さらに内里一号墳のような山岳紋につづく。

三角火炎紋は舞踊塚・龕神塚に出現し、徳興里古墳→角抵塚→双楹塚と変化、形式化する。山岳紋は山岳紋として存在するので、三角火炎紋は蓮華紋に由来するのであろう。桓仁米倉溝壁画墓の側視蓮華紋は、皇南大塚南墳・北墳の漆器の蓮華紋のように変化する。この漆器じたいは国内城時代の高句麗から将来されたものである。三角火炎紋の変遷とあいつうずる。ちなみに皇南大塚南墳は訥祇王陵（四五八年）と推定される。四一二年の広《こう》開土王《かいどおう》の薨去、長寿王の即位、四一四年の広開土王碑の建立にかかわる王陵喪葬のさいして、新羅の王に贈られたのが蓮華紋漆器で、伝世して副葬されたのであろう。

徳興里壁画図像は、後燕の袁台子墓（遼寧省朝陽）、後涼の丁家閘五号墳（甘粛省酒泉）、北燕の馮素弗墓（遼寧省

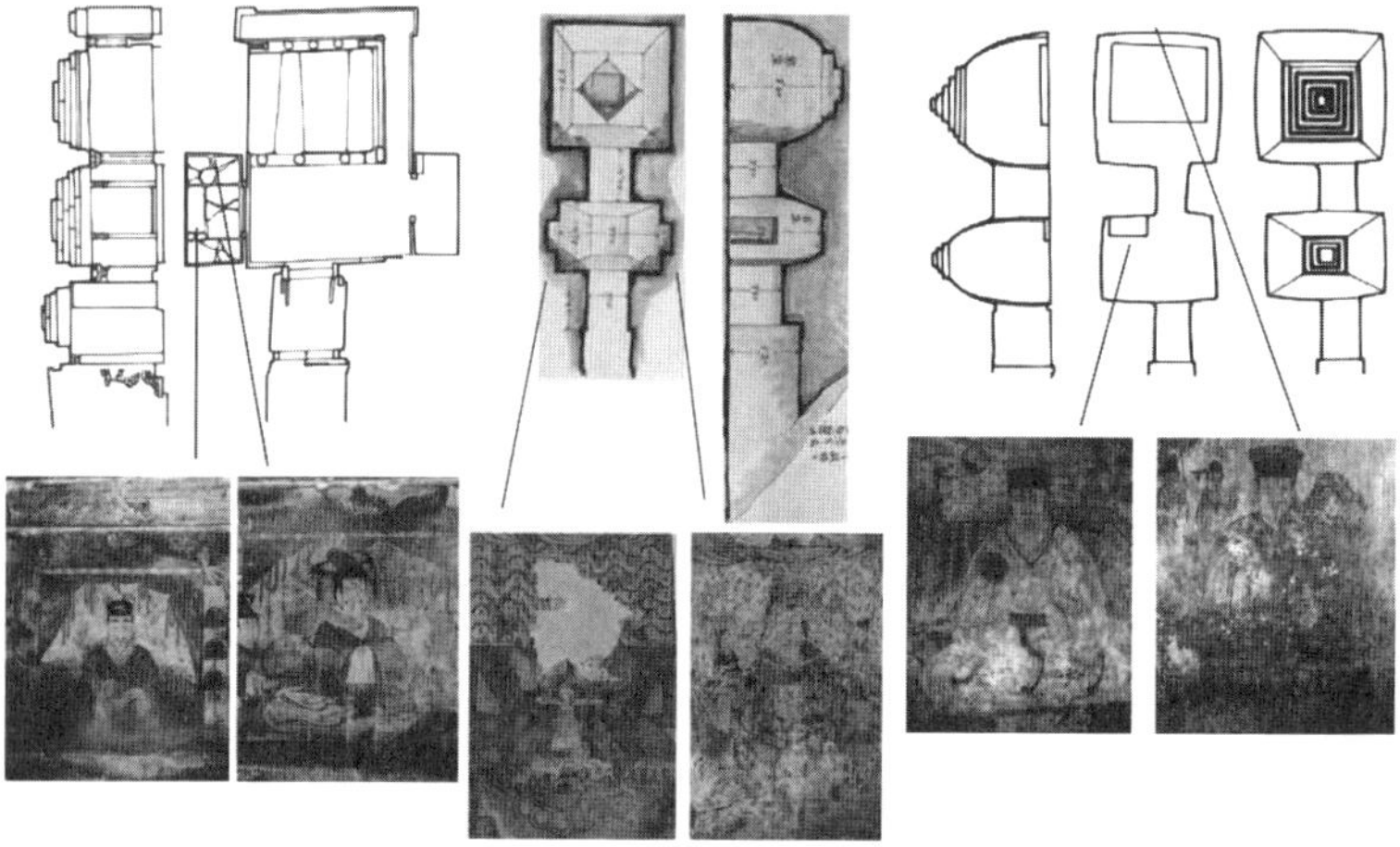
安岳3号墳（357年）　龕神塚　徳興里古墳（409年）

図7　墓主図像の表現空間の変化（右（西）から後（北））

北票）と共通性をもつ。遼東城塚（平安南道）の四神図像も袁台子壁画の図像に類似し、同時期のものである。龕神塚の墓主図像と西王母像も、同時期の丁家閘五号墳壁画の昇仙壁画と共通する。

●墓主図像の表現空間の変容

墓主図像の表現空間は、右（西）壁から後（北）壁の場にうつる。三五七年の安岳三号墳から四〇九年の徳興里古墳の間に変化した。

安岳三号墳と徳興里古墳の直後につくられた薬水里壁画では四神が出現し、墓主像は玄武《げんぶ》とともに後壁に表現されている。こうした墓主図像の表現空間の変化は高句麗のみならず、魏晋南北朝時代の壁画にもみられる。四世紀中葉ごろ、後燕の朝陽袁台子壁画墓の墓主図像は右壁に描かれる。冬寿は遼東（遼陽）の地から高句麗に亡命したが、安岳三号墳はその故地の遼陽上王家村墓の壁画墓と類似する。

壁画の墓主図像の表現空間の変化は、東西原理から南北原理、東西から南北思想へ変化を象徴する。南北思想によってはじめて四神・十二支思想、天下観念、統治思想が確立する。天文思想と結合するのである。

墓主坐像の屏風牀の紋様も雲気紋から王字紋へ変化する。雲気紋は霊気を帯びた特殊な紋様である。[3] その雲気紋が安岳三号墳の墓主（冬寿）が坐る屏風牀に装飾紋様として表現されていた。のちの龕神塚では、右龕の墓主坐像の壁面は王字連続半弧紋で飾られる。左龕の墓主坐像の屏風牀にわずかに線紋がみえ、背面は一種の雲気紋でみたされる。徳興里古墳前室墓主の屏風牀紋様は後面が王字連続半弧紋であり、側板の内外面に雲気紋が描かれている。後室墓主は屏風牀でなく、独坐である。この屏風牀の有無は意味をもつ。後室の独坐の墓主は昇仙した、仙界の姿とみられる。

墓主の屏風牀紋様は安岳三号墳の雲気紋、龕神塚右龕の王字紋、同左龕の雲気紋、徳興里古墳の王字紋・雲気紋と変化する。王字紋は墓主の昇仙空間とむすびつく。

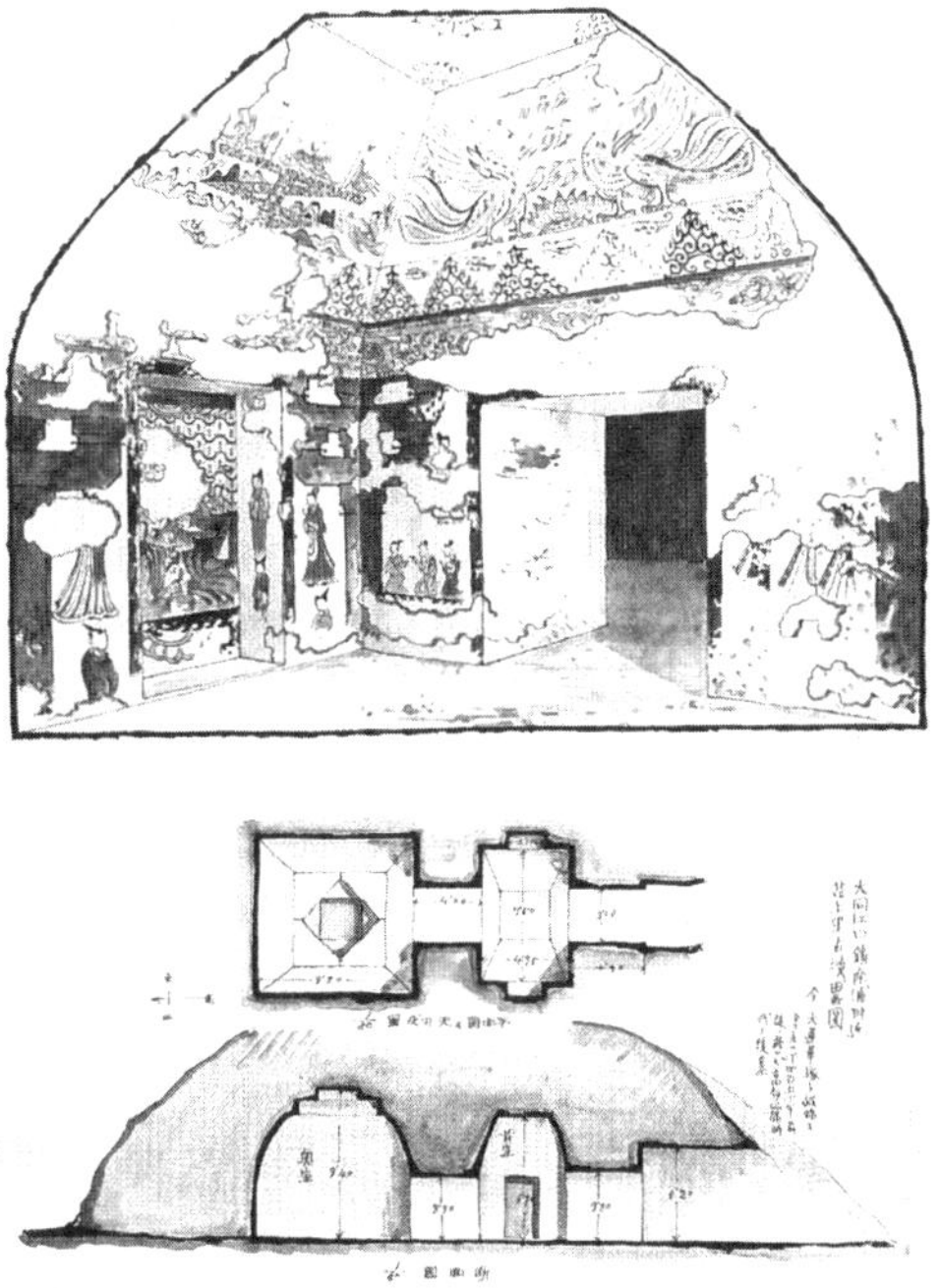
図８　龕神塚

桓仁米倉溝一号墳と集安長川二号墳は、両耳室付双室墳で耳室に王字紋、後室に蓮華紋が描かれる。集安山城下三三二号墳では、後室四壁は王字紋、天井部は蓮華紋で装飾される。

雲気紋は他界、天上、天界を表象する。その意味で安岳三号墳のばあい、昇仙した墓主の冬寿の姿をあらわす。雲気紋は王字紋とともに、墓主図像の表現空間を象徴する。

王字紋壁画は、桓仁米倉溝一号墳や集安長川一号墳など四世紀末葉から五世紀初葉に盛行する。

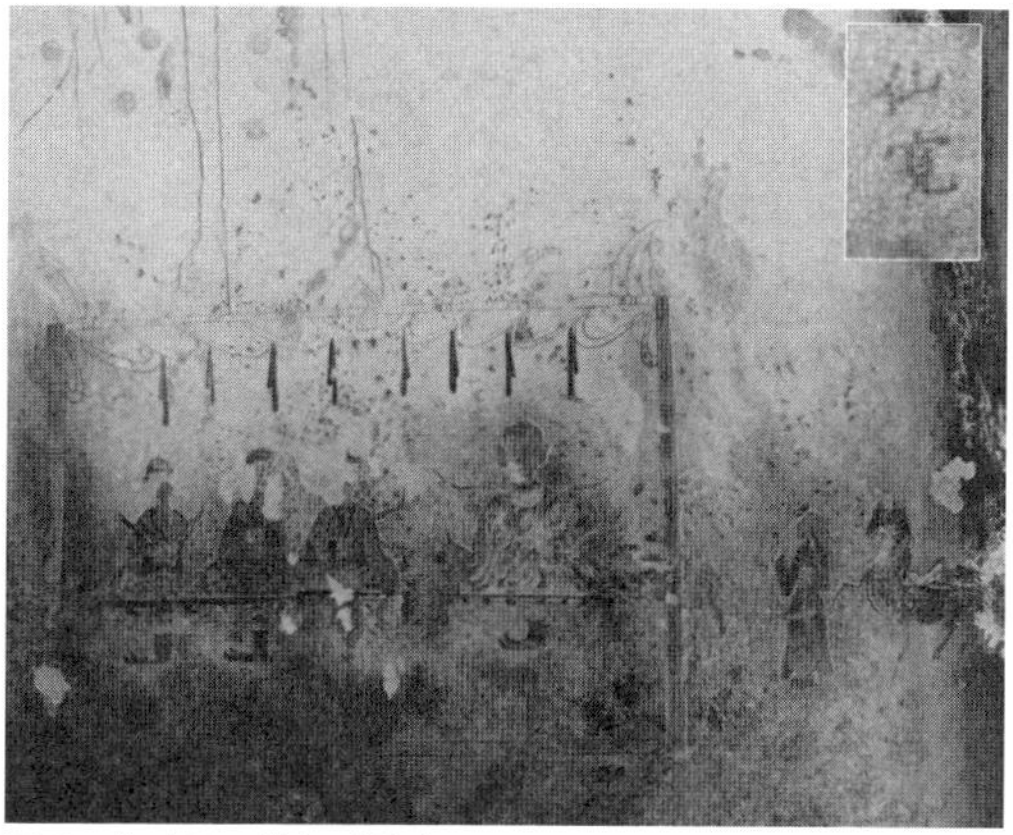
図９ 梅山里四神塚「仙竟」

◉墓主図像と西王母・東王父図像

龕神塚では、墓主図像と西王母像が右（西）の同一空間において共存する。この西王母像は、楽浪王盱の六九年（永平一二）銘漆盤に表現され、漢代の楽浪郡に西王母信仰、昇仙思想が伝わっていた。

その後西王母的図像は、双楹塚の墓主婦人像にみられる。三室塚や通溝四神塚の鬼神像（力士像）の領巾《ひれ》や巻きつく蛇も天界に在るものの表現形態である。

梅山里四神塚（南浦市臥牛島区域）は六世紀初の単室墓。後壁に墓主夫婦坐像、その右側に玄武図像、その左に牽馬図がある。墓主図像としては最後の段階のものである。

右壁の上方に蟾蜍が描かれた月象、その下に南を向く白虎《びゃっこ》がいる。その中間に騎射、二頭の鹿を追う狩猟の場景が描かれる。左羨道の前壁に対向する朱雀《すざく》がいる。左壁に三足烏が描かれた日象、その下に南向きの青龍《せいりゅう》がいる。その尾の先端附近に騎馬人物像が北を向いて進む。後壁の左側に昇仙した墓主夫婦坐像、その右に玄武像がならぶ。牀の左に牽馬図がある。墓主が乗ってきた馬である。上方に北斗七星がみえる。墓主の頭部の右上に「仙竟」という墨書があり、墓主は仙界に存在することをあらわす。

昇仙した墓主は四神が存在する天界で狩猟をおこなう。天界における騎射、獲物を射止める行為によって昇仙するという観念である。狩猟は巡狩につながり、土地の領有である。仙界における狩猟もそうした観念を表象している。

安岳三号墳のような右壁に表現された墓主夫婦図像は、仙界の西王母・東王公図像が表象されたものである。龕神塚で墓主夫婦像は東西の龕室に描かれ、徳興里古墳では前室北（後）壁に墓主、後室北（後）壁に墓主夫婦像が表現される。梅山里四神塚では墓主夫婦像が後室後壁にある。その図像は西王母・東王公的であるが、墓主夫婦像である。

墓主図像が北の空間に移った段階、徳興里古墳の段階で西王母的要素は消失する。同じころ、丁家閘五号墓の墓主図像と西王母も前室後壁（西壁）の空間に描かれた。墓主図像が後（北）壁にあり、右（西）壁に存在する袁台子墓より新しいことをしめす。墓主図像は「右」から「後」の空間に移るからである。

◉墓主葬列図像から四神図像

墓主をふくむ行列人物群像はさまざまな位相をもつ。墓主は夫婦坐像を中心にいくども人物群像の場面にあらわれる。物語空間のなかで、墓主が表現される。墓主行列は葬列であり、墓主図像とともに壁画の主題である。墓主夫婦像は昇仙思想の象徴である。西王母と東王公に昇華した姿なのである。墓主行列図は昇仙のさまを表現している。狩猟は天と地、現世と来世の境界をしめす。

◉墓主図像と墓主行列（葬列）図像の時期と表現空間

鹵簿出行図は、四世紀中葉の安岳三号墳から徳興里古墳、薬水里古墳、五世紀中葉の大安里一号墳壁画がみられる。

墓主行列（葬列）図は安岳三号墳（後室左壁）以来みられるが、墓主図像の空間の後壁にたいし、左壁に描かれる（三室塚・水山里古墳・双楹塚）。昇仙は左壁から後壁、墓主葬列から墓主坐像へと進展するからであろう。

双楹塚（南浦市龍崗郡）は、前・後室の双室墓。前室甬道に鬼の容貌をもつ門衛がたつ。後室の門に斗栱《ときょう》をそなえた二本の八角形柱が立てられる。前室側壁に青龍と白虎が配され、後室前壁の梁上に朱雀、後室後壁に頂部に

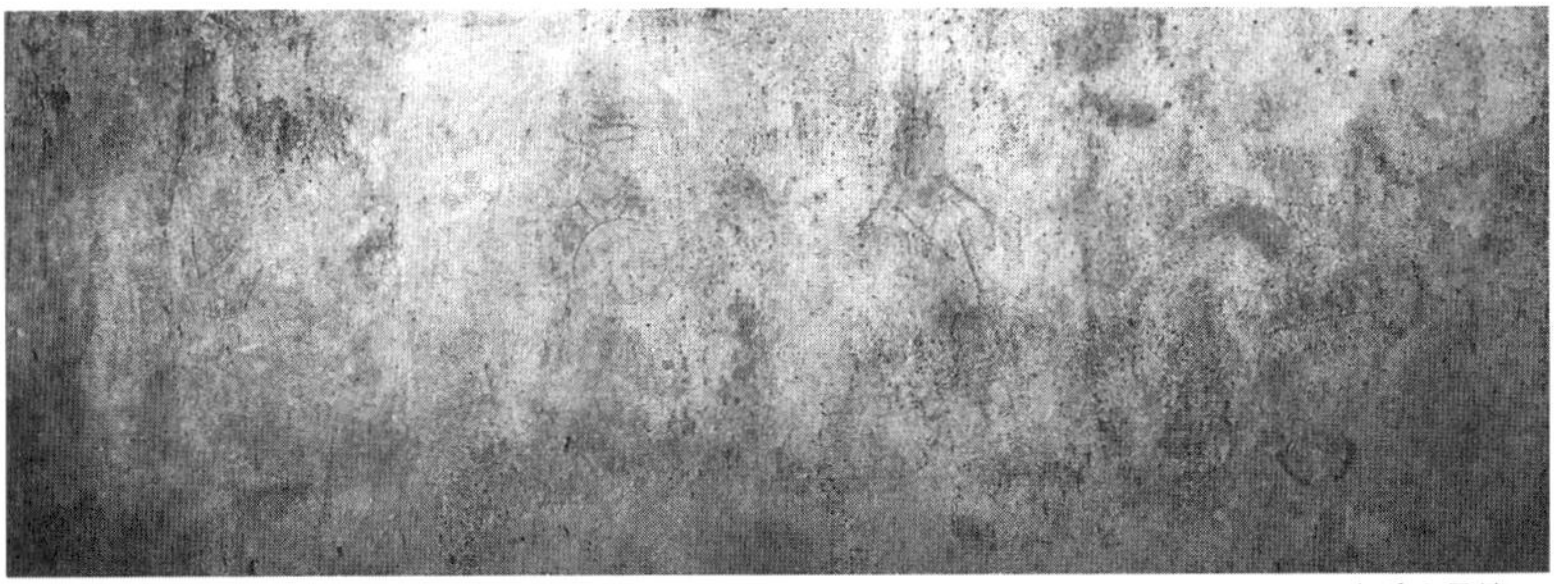

安岳3号墳

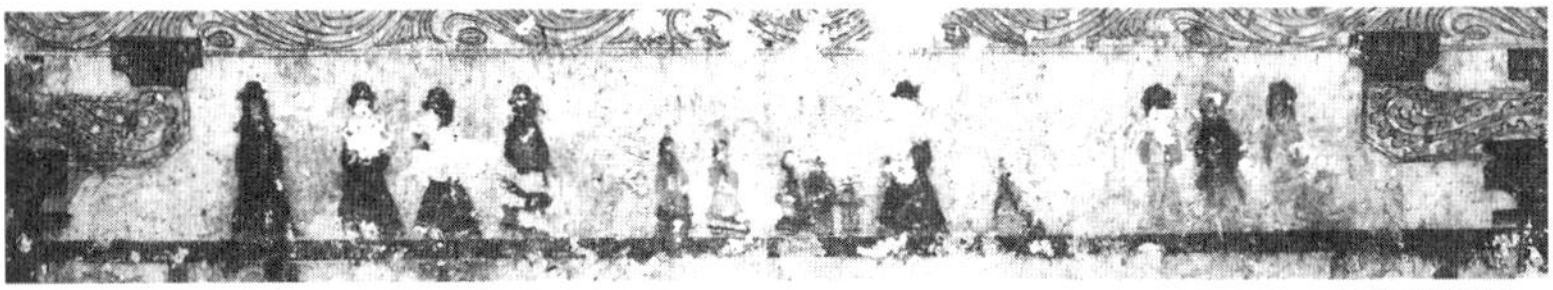

安岳2号墳

水山里古墳

三室塚

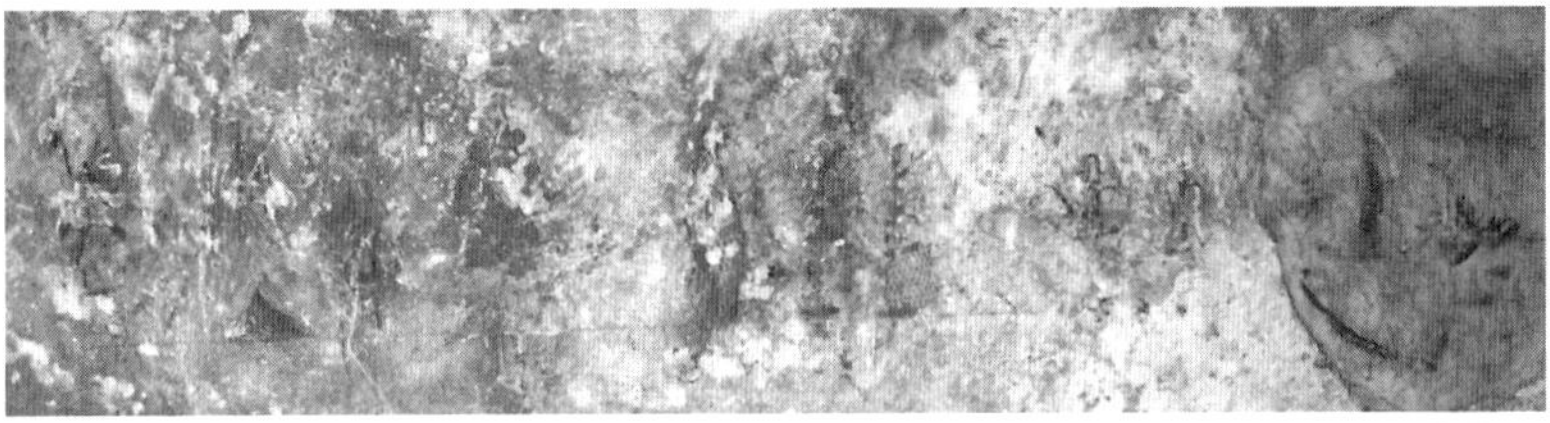

双楹塚

図10　墓主行列図（註1朝鮮画報社 1985より）

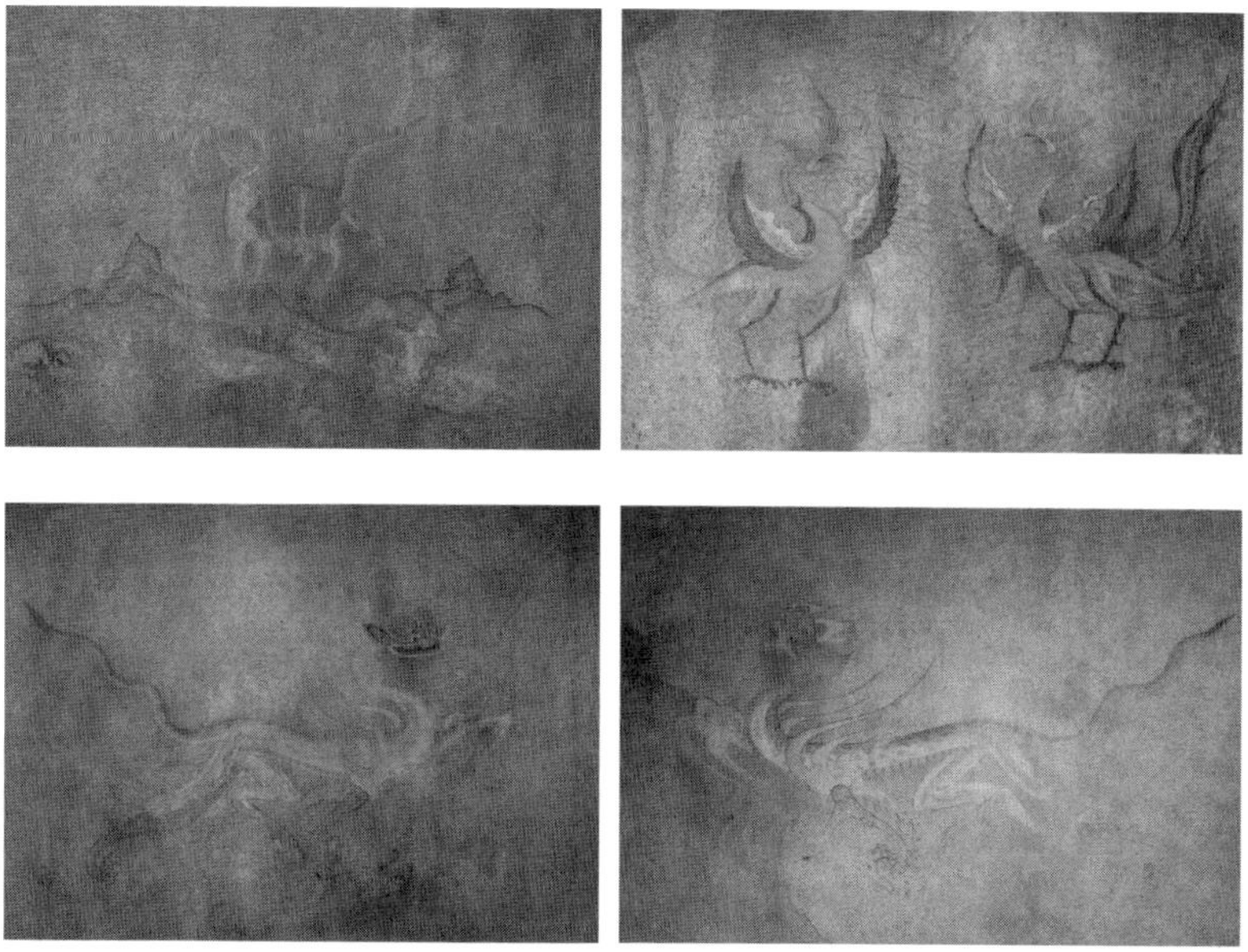

図11　江西中墓四神図像（註1朝鮮遺跡遺物図鑑編集委員会『朝鮮遺跡遺物図鑑』6より）

鳳凰がとまり、柱の頂部に畏獣（鬼神像）が描かれた帳房がある。その内部に瓦葺き家居図があり、墓主夫婦が安坐する。その帳房の右側に玄武像が描かれる。

墓主坐像の牀に、波状弧線王字紋の痕跡がある。婦人像はあたかも西王母像のように左右二条の領巾がはえる。墓主には表現されていない。後室右壁にも帳房があるが、内部の様子は剥落のため不明である。後壁の瓦葺きの家屋でなく、昇仙した墓主が安坐する場所のようである。徳興里古墳で前室から後室へ変移した墓主図像が、双楹塚では後室の右壁と後壁に表現されたと解釈できる。

墓主行列図は後壁左壁にある。九人の葬列で、先頭から灯明を頭にかざす女子像（袍・裳裙）、僧衣をまとい、杖を持つ男子像（裳）で墓主、女侍（袍・裳）、墓主婦人像（右衽、袍・裳裙）、三人の女子像（袍・袴）、二人の男子像（袍・袴）である。墓主と婦人像が強調して表現される。後壁の墓主坐像のほかに、前室と墓道の間の甬道に入口側に向かう騎馬人物像は墓主である。他界の状景が表現されている。後壁の梁上の斗栱の間に蓮華華瓶が描かれる。三角平行持送り式天井頂部中央に蓮華紋が大きく描かれる。下段の平行持送部に日象三足烏、月象蟾蜍が東西に配置され、三角火炎紋や雲気紋で装飾される。

双楹塚壁画は、墓主図像・墓主行列図像から四神図像に変化する過度期にあたる。

●四神図像の表現区間の変化

高句麗壁画における四神壁画は、遼東城塚のように四世紀後半に出現する。その図像は、四世紀中葉の後燕朝陽袁台子壁画墓の四神図像に類似する。

四神図像は前室（側室・耳室）、後室、側壁（四壁）、天井壁面の空間に表現される。四神の表現空間は時期によってかわる。四神図像に対する観念が変化しているのである。

四世紀後半の遼東城塚のように前（側）室）に描かれる。五世紀初葉に、薬水里古墳のように後室側壁四壁の梁上部に四神が小さく描かれる。北壁では墓主図像と玄武、北斗七星が表現される。五世紀半ばの舞踊塚では後室天井部に青龍・白虎が出現する。玄武は表現されていない。五世紀後半の長川《ちょうせん》一号墳、三室塚では後室天井部に表現される。五世紀後半〜六世紀前半に八清里古墳・星塚・五盔墳四号墳・五盔墳五号墳など後室側壁に表現空間がかわる。後壁で墓主図像と玄武が組みあわさる（大安里一号墳、双楹塚、梅山里四神塚、鎧馬塚）。六世紀後半〜七世紀前半には後室側壁に四神図像が中心に描かれる（湖南里四神塚、江西大墓、江西中墓、高山里一号墳、高山里九号墳、内里一号墳）。

●王権と四神思想

国内城時代の高句麗王陵は、西大塚（美川《みせん》王）・禹山九九二号墓（故国原《ここくげん》王）・太王陵（小獣林王）・千秋塚（故国壌王）・将軍塚（広開土王）と変遷する。四二七年、長寿王は平壌に遷都する。長寿王陵は将軍塚の寿陵説があるが、墳丘・墓室構造や瓦などから漢王墓に比定される。切石積の巨大な石室は将軍塚石室を発展したものである。漢王墓の墳丘や墓室構造は土浦里大塚から湖南里四神塚、江西大墓へと継承、発展する。いわば王陵の系列である。

平壌から東南二〇キロの戊辰川流域に立地する。真坡里古墳群は伝東明王陵を中心に一四基、そのうち伝東明王陵、一・九号墳が壁画墳である。近接する雪梅里に五基が分布する。伝東明王陵の南に定陵寺が造営されている。

伝東明王陵は平壌遷都にともない、卒本（桓仁）の始祖廟を平壌城にあらたに造営したのではないかと考えている。桓仁の米倉溝一号墳と伝東明王陵は墓室構造や蓮華紋壁画など類似するのである。

北魏の孝文帝は四八一年、文明皇后馮氏《ふうし》の永固陵、孝文帝の寿陵の万年堂、陵寺として思遠仏寺を造営した。四九一年（長寿王七九年）、王の薨去にさいし、孝文帝は平城の東郊で挙哀の儀礼をおこない、車騎大将軍太傅遼東郡開国公高句麗王を贈った（『三国史記』高句麗本紀六）。

北魏の陵園、陵寺制が高句麗に伝わった。あらたに北魏仏教も高句麗に流入した。

真坡里一号墳（平壌市力浦区域）は、羨道の東西壁に山岳（岩山）樹木紋と蓮池、蓮華化生図が描かれる。岩山を登る子を背負う動物（熊？）がいる。墓室の四壁一面に四神図像が配置される。天井部に星宿図がみえる。

真坡里九号墳では、北壁玄武を中央にして両側に樹木、上方に蓮華紋、蓮華唐草紋、雲気紋がただよう。東西の青龍・白虎の上方に飛天がいて、雲気紋・流雲紋でおおわれる。天井頂部に日象（三足烏）・月象（蟾蜍薬擣《せんじょやくとう》）と蓮華紋が描かれる。六世紀代、四神図像とともにに日月星宿の天界、山岳樹木紋、蓮華紋、蓮華唐草紋、蓮華化生、飛天などの神仙、仏教的図像が描かれるようになる。

湖南里四神塚（平壌市三石区域）は、平壌城の東北、国大山（標高一〇六メートル）南麓に位置する。その西方に南京里古墳群、土浦里古墳群が分布する。

図12　湖南里四神塚

湖南里四神塚は方壇形の墳丘基底部に列石がめぐらされ、方台形に盛土する。四周に敷石帯がある。石室は巨石（白大理石）で築く。側壁石の間隙に漆喰をつめ、壁石の上に直接壁画を描く。堆水などの影響で壁画は四神図像のみが遺存する。

古墳は大同江の北岸、「陽崗」の地にあり、「陽崗上好王」という諡《おくりな》の陽原王（五四五〜五五九）陵に比定される。墳墓は、風水思想の地理的条件に叶う地に築造されている。四神思想が、天（帝）を至上の最高の神とする王権の統治思想となる。

江西大墓（平壌市江西区域）は、平壌の西方の平野に位置する。大墓の西北方に中墓、東北に小墓の三墓が逆三角形状に位置する。大墓は「平崗上好王」の諡の平原王（五五九〜五九〇）陵と推定される。諡号《しごう》が立地条件をよくあらわしている。

三角平行持送り式天井構造で四壁に四神図像を描く。朱雀図像の下面に山岳紋がある。天井部紋様は特徴的である。

平行持送り第一段側面は忍冬唐草紋がめぐらされる。第二段の東壁側面は、中央に山岳樹木図像（主山の左右に各一山、前方に一山、後方に岩山）を中心として鳳凰紋、雲気紋、雲に乗る天人を配する。南壁に四体の仙人像がある。西壁に岩山・樹木からなる山岳紋、その右に二体の鳥に乗る仙人像がある。北壁に四体の飛天と雲気紋がある。三山に岩壁のようにそびえる幾何学図像も崑崙山を表象しているのであろう。

第三段の三角持送りに蓮華化生に中心に対向する天馬と麒麟《きりん》、人頭鳥身像（千秋・萬歳図像）、鳳凰図像がある。

真坡里１号墳　青龍

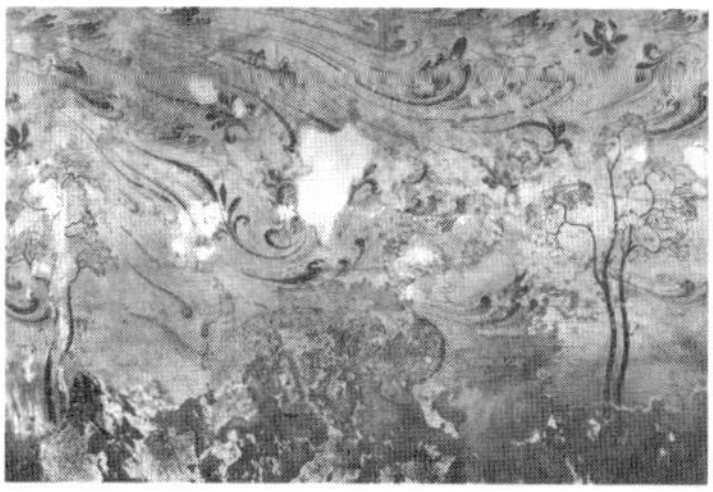

真坡里１号墳　玄武

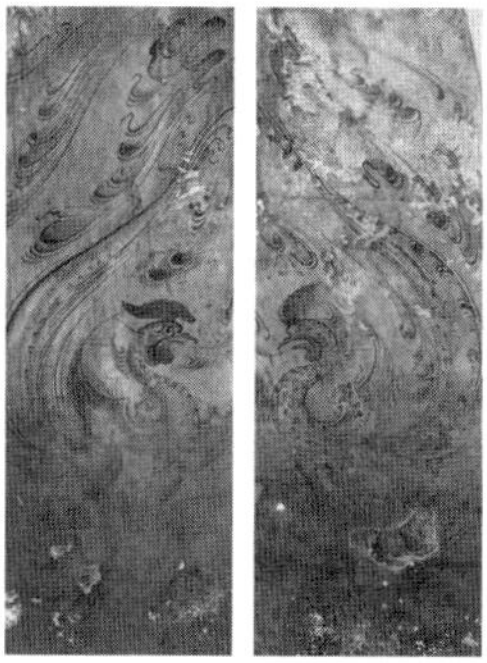

真坡里１号墳　朱雀

江西大墓　天井黄龍

江西大墓　青龍

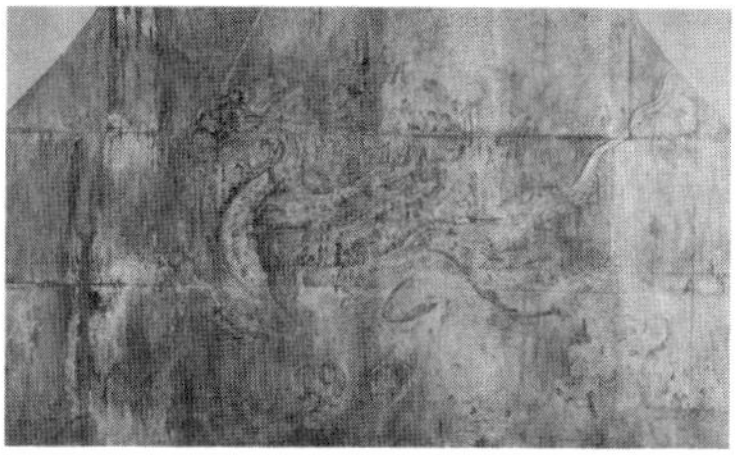

江西大墓　白虎

江西大墓　玄武

江西大墓　朱雀

図13　**江西大墓壁画模写図**（註4国立公州博物館2004より）

第四段にあたる最上段の四壁に長耳の獣頭鳥身など八体の神獣が描かれる。天井頂部には黄龍が存在する。まさに陰陽五行にもとづく図像が配置される。

江西中墓は平行持送り式天井で、構造のうえで大墓・小墓とことなる。青龍・白虎図像の姿態は大墓の表現法を継承しているが、玄武図像は変容している。天界の山岳の上に四足で立つ。亀蛇の構図が大きく変容する。天井頂部に蓮華紋を中心にその左右に日象三足烏、月象蟾蜍を描く。持送り天井の側面、下面に唐草紋、蓮華化生図像が描かれる。江西中墓は大墓に次いで築造された七世紀初葉の四神壁画で、高句麗末期の四神図像壁画である。隋唐戦争の最中の壁画である。

江西大墓・中墓の壁画は、四神図像を中心に昇仙・神仙・方位神、宇宙観、統治観念などの思想が表象されている。

(2) 壁画のおかれた環境と保存対策

◉吉林省集安の壁画古墳

一九八四年に吉林省集安地域が外国人の入境が解放されるようになる。

読売テレビ放送（杉谷保憲編成局次長・国際部長・当時）は、一九八六年（昭和六一）一〇月に広開土王碑と舞踊塚・角抵塚・五盔墳の壁画を撮影し、一一月に放映した。その記録として、一九八八年に『好太王碑と集安の壁画古墳』（木耳社）が出版された(4)。

一九九三年（平成五）に韓国の朝鮮日報社が『集安高句麗古墳壁画』、一九九四年に韓国放送公社『高句麗古墳壁画―高句麗特別大展』では数多くの画像が撮影された。

朝鮮の壁画は一九八五年に『高句麗古墳壁画』（朝鮮画報社）、一九八九～九〇年に『朝鮮遺跡遺物図鑑』三～六巻、高句麗篇一～四が出版され、壁画墳の全容が知られた。その二〇年後の二〇〇五年、共同通信社による写真撮影がなされ、『高句麗壁画』の写真集が刊行された。

「世界遺産高句麗壁画古墳展」が東京（二〇〇五年八月）、奈良（二〇〇六年九月）、京都そして「人類の文化遺産高句麗古墳壁画」ソウル（二〇〇六年八月）でも開催された。集安の壁画墳については、一九八五年八月「中国訪問団」（西谷正団長）に参加し、集安の舞踊塚・角抵塚、五盔墳四号墳を見学することができた。いずれも壁画の彩色は鮮やかに保存されていた。密閉状態で保護されていたからであろう。

二〇〇五年、世界遺産に登録されたが、五盔墳五号墓のみ公開されている。ただカビがはえ、退色はすすんでいる。現在は保存施設が設けられ、モニターで墓室内の壁画を鑑賞するようになっている。現在はすべて未公開である。壁画の保全には密閉が最善のようである。陝西省では唐壁画の剥ぎ取りもなされているが集安のばあいは現地保存が前提となっている。

図14　集安五盔墳4・5号墓四神塚展示室
墓室内にビデオカメラ設置（右上）

●平壌附近の壁画墳の保護対策

・墓室内にガラスケース張り施設を設け、壁画を保護する（安岳三号墳・江西大墓）。

・墓室までに通路を設け、外気と遮断する対策（安岳三号墳、徳興里古墳、江西大墓）

・入口に閉塞施設、開閉式の扉を設置する（薬水里古墳、双楹塚、真坡里一・四号墳、高山洞一号墳）。

・封土による保存（龍崗大墓、湖南里四神塚）

東京帝国大学・朝鮮総督府古蹟調査委員の関野貞は一九一三年（大

江西区域水山里古墳

南浦市江西区域薬水里古墳

江西区域徳興里古墳

平壌市大城区域高山里９号墳

南浦市龍岡郡双楹塚

龍岡郡双楹塚（朝鮮古蹟図譜 1910 年）

南浦市江西大墓

南浦市江西中墓

図 15　高句麗壁画古墳の保護施設

正二）に「古墳保存ニ関スル覚書」をまとめ、一九二二年に「江西遇賢里三墓保存の方針」をフィールドカードに記している。その保存の方針とはつぎのとおりである。

①大墓中墓共に入口扉及扉返を改造を要す
②入口はセメント塗り替えを要す
③中墓の鉄扉を外開きとする事
④鉄條網の支柱の或者を取替え鉄條網を直す事成るべくは支柱全部取替える事
⑤壁画保存の状況　内壁は全部乾燥しており退色破損等の説あるも、かかる形迹は殆ど無しといふも可なり、唯中墓の持ち送りの忍冬文様を摩擦して汚損せる形迹は或は後の所為か、中墓の西方第二の持ち送りの漆喰を以って石面を補ひ、文様を施せし者一部剥落した形迹あり、是亦後の結果ならん
⑥壁画の保存につきては見物人の触接を防ぐの外、当分別に憂ふるべき状況を見ず
⑦大墓の棺坐石及び床面に点々黴の生ぜるを見る如何なる理由があるか不明、これは早く掃除し去るを要すべし
⑧最近は水利組合却って此墓附近一帯を水田となすの計画あり、至急此三墓の周囲の耕地を買収するを要すべし
⑨中墓の外扉と内扉との間に数匹の蛇蟠りておりこれは駆除の法を講ずるを良とせし

現在、江西三墓の保護対策は関野貞の提案のように講じられている。ただ江西大墓の壁画は乾燥のためか、退色は進んでいるようである。

関野貞はまた、入口の鍵は道郡庁若しくは便宜地方の巡査駐在所憲兵分遣所に保管すること、観覧希望者は官庁の許可、観覧者は官庁の付き添い監督を要す。両期極暑酷寒の季節は厳に閉鎖を要す（両期極暑の時は壁画に

湿気を招くの患あり、酷寒の時は壁画刀匠の懼れあり。と具体的に保護のための方策を提言している、関野貞は高句麗壁画の調査・研究、壁画の保護に寄与してしている。

(3) 高句麗古墳壁画の将来

◉小場恒吉の高句麗壁画模写

一九一六年に東京美術学校を退職して、朝鮮総督府博物館嘱託になる。小場恒吉が制作した模写はつぎの諸機関で保管されている。

東京大学博物館（四基五三件）・芸術大学（三基一六件）所蔵（双楹塚・梅山里狩猟塚・江西大墓・江西中墓）七基六九件、韓国国立中央博物館所蔵一一基九五件（龕神塚・龍崗大墓・星塚・通溝一二号墳・天王地神塚・鎧馬像・真坡里一号墳・江西大墓）。

二〇〇四年（平成一六）に国立公州博物館『高句麗古墳壁画模写図』展が開催され、龕神塚・龍崗大墓・星塚・通溝一二号墳・天王地神塚・双楹塚・鎧馬塚・狩猟塚・真坡里一号墳・江西大墓・江西中墓の一一基の模写図が展示された。また、二〇〇五年にベルリンの東アジア美術館で高句麗壁画模写展が開催された。漢城百済博物館所蔵の一九九〇年代に万寿台創作社制作の模写図の整理と保存処理がなされた。模写は写真とともに壁画の保存にきわめて重要である、高句麗壁画の世界遺産登録にともなう、観光化による環境破壊、整備という名の破壊はさけなければならない。

註

(1) 関野 貞『朝鮮の建築と芸術』岩波書店、一九四一、朱栄憲『高句麗壁画古墳の編年に関する研究』一九六一、平壌、(『高句麗の壁画古墳』永島暉臣愼訳、学生社、一九七二)、金元龍『韓国壁画古墳』一志社、一九八〇、ソウル、金基雄『朝鮮半島の壁画古墳』六興出版、一九八〇、朝鮮画報社出版部『高句麗古墳壁画』朝鮮画報社、一九八五、朝鮮遺跡遺物図鑑編纂委員会『朝鮮遺跡遺物図鑑』三〜六(高句麗篇一〜四)、一九九〇、平壌、全虎兌『高句麗古墳壁画研究』ソウル大学校出版部、二〇〇四、ソウル、東北亜歴史財団編『玉桃里高句麗壁画古墳』東北亜歴史財団、二〇一一、ソウル、朴雅林『高句麗古墳壁画とユーラシア文化』ハギョン文化社、二〇一九、ソウル、李殿福『東北亜研究―東北考古研究二』中州古籍出版社、鄭州、魏存成『高句麗遺跡』文物出版社、二〇〇二北京、早乙女雅博「高句麗壁画古墳の調査と保存」『関野貞アジア調査東京大学コレクションX』東京大学総合博物館、二〇〇五、早乙女雅博『新羅考古学研究』同成社、二〇一〇、鄭春穎『高句麗服飾研究』中国社会科学出版社、二〇一五、北京、門田誠一『高句麗壁画古墳と東アジア』思文閣出版、二〇一一、東 潮『高句麗と東アジア』学生社、二〇一一、東 潮「徳興里古墳壁画図像の系譜関係」『橿原考古学研究所論集』一七、八木書店、二〇一八

(2) 南 秀雄「図像構成からみた高句麗前期の壁画古墳の特性と被葬者の出自の研究」『平成一七年度〜平成一九年度科学研究費補助金基盤研究(C)研究成果報告書』二〇〇七、南 秀雄「高句麗壁画の地軸像」『古文化綜鑑』三〇、一九九三、南 秀雄「高句麗古墳壁画の図像構成―天井壁画を中心に―」『朝鮮文化研究』二、一九九五

(3) 姜友邦「武寧王陵出土金冠の造形的構成原理と象徴構造」『百済の冠』国立公州博物館、二〇一一、ソウル、一六－四五頁

(4) 読売テレビ『好太王碑と集安の壁画古墳』木耳社、一九八八、朝鮮日報社『集安高句麗古墳壁画』ソウル、一九九三、韓国放送公社『高句麗古墳壁画―高句麗特別大展』一九九四、ソウル、早乙女雅博「高句麗壁画古墳の調査と小場恒吉の模写制作」共同通信社、二〇〇五、国立公州博物館『高句麗古墳壁画模写図』二〇〇四、公州、共同通信社『高句麗壁画古墳』共同通信社、二〇〇五、国立文化財研究所・漢城百済博物館『北韓の高句麗古墳壁画模写図』国立文化財研究所、二〇一八、Museum Fur Ostasiatische Kunst,Staatliche Museen zu Berlin "Kunst aus dem Alten Korea-Goguryeo" 2005, Berlin

3　虎塚古墳の壁画保存

鴨志田篤二

(1) 壁画発見から今日までの道程

◉はじめに

虎塚《とらつか》古墳は、茨城県ひたちなか市（旧勝田市）[1]中根の那珂台地の南端、那珂川支流の本郷川右岸の標高二一・五メートルの台地縁辺の傾斜面上に位置する、全長五六・五メートルの前方後円墳である。古墳群は、台地先端部に前方後円墳一基、方墳二基、墳形不明二基の五基で構成され、虎塚古墳はその盟主的位置を占める。

市域は、原始・古代の遺跡が存在するが、とくに本郷川右岸台地には、東中根大和田遺跡、馬渡《まわたり》埴輪《はにわ》製作遺跡、笠谷《かさや》古墳群・虎塚古墳群、十五郎穴《じゅうごろうあな》横穴墓群などや、原の寺瓦窯跡群・奥山瓦窯跡群等の弥生時代から奈良・平安時代にかけての重要な遺跡が連綿として台地を占めている。

この地域で、最初に注目されたのは、十五郎穴横穴墓群である。水戸藩の学者・民政家である小宮山《こみやま》風軒《ふうけん》

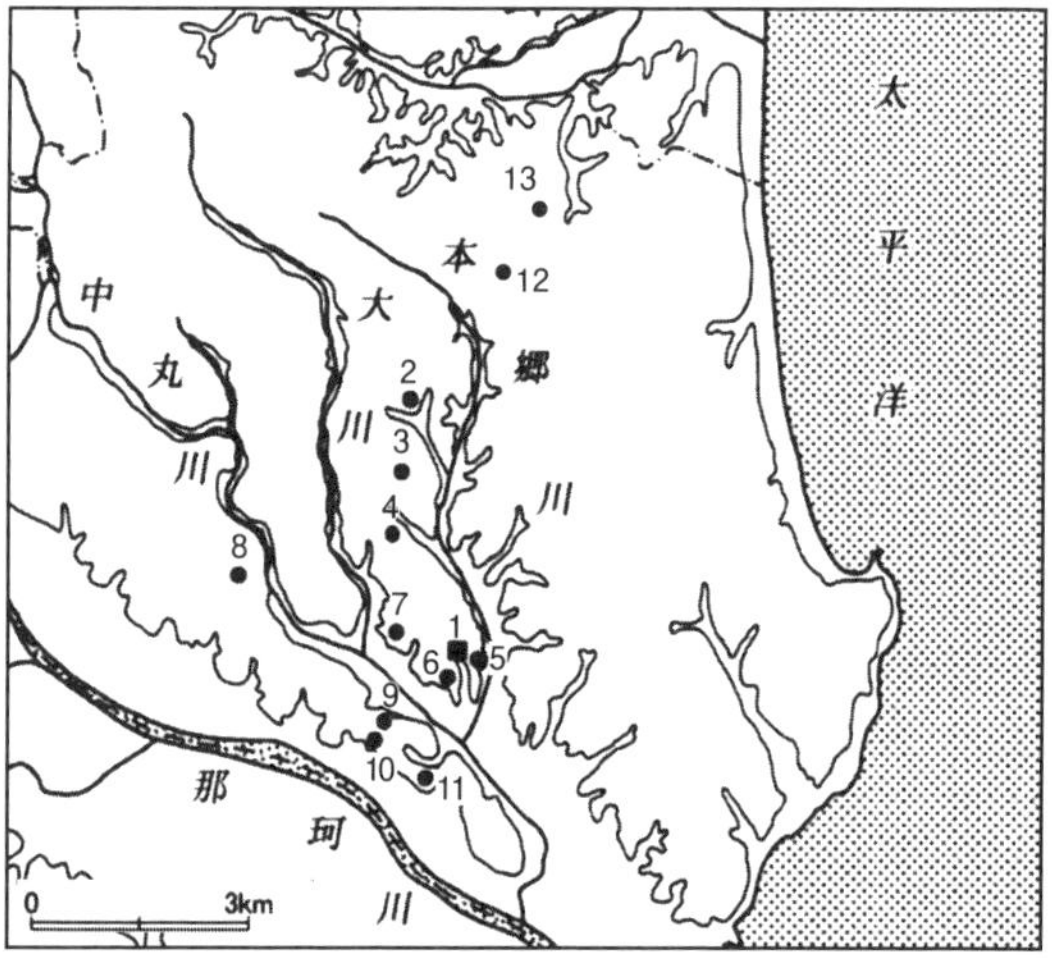

図１　虎塚古墳周辺主要遺跡
1：虎塚古墳　2：馬渡埴輪製作遺跡　3：後野遺跡　4：君ヶ台貝塚　5：十五郎穴横穴墓群　6：笠谷古墳群　7：東中根大和田遺跡　8：遠原貝塚　9：三反田蜆塚貝塚　10：三反田遺跡　11：下高井遺跡　12：原の寺瓦窯跡群　13：奥山瓦窯跡群

は、「那珂郡中根村に窟アリ、…上古穴居ノトキノアトナリト云エド、人ノ住セシサマニハアラズ、必ズ古代の葬所ナルベシ、…」〔事蹟雑纂〕とし、[2]我が国における横穴を、墓と最初に認定している。その一部は一九四〇年（昭和一五）に茨城県史跡に指定される。地元で保存会が結成され、絵葉書の作成など、保護・保存活動を展開している。

虎塚古墳は、地元では常に十五郎穴横穴墓群と対になって親しまれ、保護・保存されてきた遺跡である。虎塚古墳や十五郎穴横穴墓群の県指定地域、東中根大和田遺跡発掘調査区などの土地所有者の西野茂信は生涯を通し文化財の保護活動を行い、一九七一年には文化財保護により全国表彰を受けている。とくに、県指定地の隣接地内から西野が建てた住宅の傍らから、多数の須恵器群とともに出土した銅装黒作大刀は十五郎穴横穴墓群の被葬者の位置付けを示す資料[3]として注目される。

虎塚古墳の調査は、一九六八年に発足した勝田市史編さん事業の一環として進められた。編纂事業は、原始・古代は考古班の大塚初重（当時・明治大学教授）・小林三郎（当時・明治大学文学部講師）・川崎純徳（当時・県立水戸農業高校教諭）各専門委員、鴨志田篤二調査員が、古代・中世班は志田諄一（当時・茨城キリスト教大学教授）専門委員が担当した。

考古班の人員は、一九七三年に地元中学生の埴輪馬発見を契機に、勝田市・明治大学考古学研究室の共同調査として行われた[4]、馬渡埴輪製作遺跡の発掘調査の組織に遡らなければならない。

遺跡の調査は、一九六五年八月から開始され、一九六八年の第七次調査まで実施された。一九六九年八月に国の史跡指定を受け、公園化される。[5]

◉虎塚古墳の調査と壁画の発見

古墳は、那珂川の支流本郷川を臨む標高二一・五メートルの台地縁辺部に前方部を西側に向けて立地する。

墳丘は、全長五六・五メートル、後円部径三二・五メートル、前方部前端部の幅三八・五メートルである。墳丘は、斜面上に築造され、山寄式の造営が認められ、七世紀前葉の築造、追葬は七世紀中葉と考える(6)。

調査は、一九七三年八月一六日から九月二四日にかけておこなわれた。

大塚は、調査一月前に福井県鯖江市岩内遺跡の発掘現場の宿舎で、東京文化財研究所（以下、東文研）保存科学部の新井英夫に出会う。前年発掘調査が行われた奈良県明日香村高松塚古墳の保存科学調査に参加した新井は、「未開口の石室に遭遇したら地下に残された空気の保存科学調査を行いたいので知らせてほしい」旨、依頼する。この出会いが、後日、虎塚古墳に未開口横穴式石室内の我が国初の温・湿度、微生物、空気組成等の保存科学調査をもたらし、この時の調査結果は、以後、虎塚古墳壁画保存の基本資料となる。

虎塚古墳の調査は、後円部南側に設定した、第一号トレンチから始められた。早くもトレンチ内から、人頭大の凝灰岩が多数検出されるようになり、急に現場に緊張感が漂い、慌ただしくなってくる。

筆者は、小林から布袋を縫ってきてほしいと指示され、土嚢袋に使用するとのことで、寸法等の細かな内容の説明を受けていない。

この凝灰岩の検出は、埋葬遺構の存在を示唆するとともに、布袋の依頼は、重要な調査のための準備であることは、おおよそ察しがついた。

古墳の学術調査は、市域では初めてであったが、凝灰岩群が検出されて以来、市民はもとより、斎藤忠・村井嵓雄ら研究者が、現地を訪れるようになる。大塚ら調査関係者が、調査前に虎塚古墳の調査を多くの研究者などに連絡しておいたものであろう。

第一トレンチで検出した凝灰岩の範囲追及調査は、墳丘裾側にも伸びており、最初に発見された場所から調査員が凝灰岩の間隙にわずかな空間が残されていることを確認し、土嚢袋で塞ぐ応急処理などの細かい指示を出された。この時点で、大塚から、東文研に「石室内部の科学調査の要件が整ったので来てほしい」旨、連絡するよう指示される。

未開口の横穴式石室内部の調査は、八月三一日の猛暑日に遂行される。当日、調査団から示された時間に勝田駅に迎えに行くと、大きな荷物や釣竿などを持った調査団員を確認し、東文研の登石健三保存科学部長以下、見城敏子・新井英夫・門倉武夫を出迎える。古墳まで案内し、直ちに作業に取り掛かる。

初めて見る保存科学調査は、釣竿の先端に取付けたセンサーを伸ばして凝灰岩の中の空気組成などを調べるものであった。後に判明するが、石室玄門に嵌め込まれた扉石に阻止され、センサーは一・五メートル先までの挿入で止まっている。

炎天下のなか、見城は、間隙内部の温・湿度調査、新井は、細いビニールチューブを挿入し、コンプレッサーで微生物採集装置を用い、墳丘内部の空気を吸引して微生物資料を採集する。作業は、ストップウォッチで採集時間を測り、油性インクでシャーレに記入しながらの調査を行う。

門倉は、空気組成の調査を行ったが、当時としては初めて見る小型の測定機器を駆使して調査を行う。傍らでスコップ、移植ごてを駆使して作業する考古学調査員との相違に驚きを隠せなかった。これらの保存科学を担当された方々と終生、調査を共にし、指導を受ける。

このような、今までに体験したことのない調査を通して、発掘調査は順調に進み、未開口の横穴石室の存在は疑いのないものになった。トレンチの南東側には、調査前から設置されたテントのほか、道具収納を兼ねたプレハブが建設される。

このようななか、遺構の保護・保存のため、不寝番を置くことになる。不寝番は、調査作業員の学生と、地元中根地区の第一団消防団員であった。市史編さん室事務局の鈴木清・平野伸生は、資材の手配や消防団員の宿泊交渉など裏方に徹し、調査外の重要な業務を担っていた。

また、宿舎に隣接する中根小学校校長の永井静夫は、夏休み中にもかかわらず出勤し、校庭隅にあった足洗い場に葦簀《よしず》囲いを設け、臨時のシャワー設備を調査団に提供している。宿舎として利用した中根公民館には、二〇名近い調査員が入る浴槽は一つしかなく、この臨時の施設で汗や泥を洗い流した調査員も多い。

このように調査は、地域を挙げての協力体制のなかで進められた。

墳丘上に設定した四本のトレンチ調査も順調に進み、石室の扉石を開扉する作業を残すのみとなる。この頃は、玄門部上部の楣石《まぐさいし》外側には、赤色顔料が塗布されているのは確認されたが、現地では装飾壁画の話題はなかった。

石室扉石の開扉作業の日時は、事前に県庁内記者クラブなどを通し、九月一二日一〇時開扉と連絡される。当日は、朝から茨城県教育委員会文化課や大勢の関係者・研究者・市民が見守るなか、通常通りに始まる。

開扉作業は、扉石を覆っていた凝灰岩の頭大の石塊を外す作業に、時間を費やしてしまう。とくに玄門部を構成する左右の柱石、柱石上の楣石、柱石間に置かれた梱石《きしみいし》には、枘《ほぞ》が穿ってあり、その位置に一枚石の閉塞石が嵌め込まれていた。

一枚石の扉石を外す作業は、市土木課職員の協力のなか、大型のバールなどを駆使して、作業に入るがなかなかはかどらない。この作業をより困難にさせたのは、玄門部を構成する石材の枘と扉石の一枚の外周部にテーパーが付けられており、玄門部と扉石が密着しており、より堅牢な状態だったことによる。またこのことが、石室内部の空気状態を埋葬時から保存し続けてきたものであろう。大塚から前に行き、同僚職員の作業補助をするように命じられる。直後に扉石が動き、その薄暗い間隙から、壁面に描かれた石室内の環状文などが目に入る。白色粘土で下地を施した上にベンガラ（酸化第二鉄）で描かれた文様の壁画が、発掘調査によって発見されるのは、初めてである。

後で判明するが、装飾壁画は、横穴式石室の奥・左右両壁に白色粘土を下塗りにした上に、ベンガラにより、靭《ゆぎ》・盾・鞆《とも》、大刀・槍・鉾形図文などの武器・武具と、三角文・円文などの幾何学文が描かれている。円文などはコンパスを用いた沈線により、下書きがなされた上にベンガラにより文様は塗りつぶされている。また、天井は直接ベンガラにより全面が塗られているが、天井石材の整形痕跡は明瞭に残されている。

調査団の壁画に対する保護策は、素早い対応だった。扉が開かれた直後、最初に石室に入り、壁画の状態を確認したのは大塚、江本義理（当時・東文研保存科学部）である。江本は、東文研で保存科学の調査を続けてきた。一九七〇年、福岡県教育委員会内に設けられた、「装飾古墳（壁画）保存対策研究会」の委員でもあり、また、馬渡埴輪製作遺跡第一次調査に参加し、保存科学の助言を寄せられていた。[7] ただ、最初に閉塞石前部の空気組成を調査した、登石健三以下の保存科学部の三人の研究者は見えていない。

大塚は、壁画発見直後のことを以下の言葉で述懐している。「偶然の出会いが発端のこととはいえ、虎塚古墳の調査に、保存科学部の先生方の参加をいただいたことは正しかった」。偶然の出会いとは、前述のとおり虎塚古墳調査、一月前の福井県鯖江市岩内遺跡の発掘現場の宿舎で交わされた新井英夫との未開口の石室発見時の保存科学調査の約束である。[8]

大塚・小林は、考古学調査と壁画保存を並行させ、開口に立ち会った江本と相談の上、石室内部の温・湿度等を開口前の状態に保つための万全な配慮をしながら調査を進行させ、並行して保護策を講じ続ける。

石室から出た大塚は、大勢の関係者が見守るなか、石室内奥壁・両側壁白土が塗られた上に、赤色顔料で塗られた文様の報告と、発掘調査で発見された本邦最初の古墳であるなどの報告を行う。直後に、見守る市民等から拍手が沸き起こる。取材陣は、石室に駆け寄るが、ここで取材に関する取り決めが行われ、報道間の取材順番、時間やその後の取材陣からの質問の対応など、夕方まで大塚らの壁画保存を考慮した対処は続く。公開に際しては、最初の報道陣の取材も狭い玄門部で、一社について一分間という取材制限の了承を取り付け、[9] その後に準備のため仮封鎖するなどの念の入れ方であった。壁画発見直後であるにもかかわらず、このように石室内部の養生を行い、用意周到な保護策がとられたことは、その後の保護・保存を考えるうえで重要であった。発見時の状態を保ちながらの石室内の調査は、調査中はもとより、半世紀過ぎた今日まで続けられている。未開口横穴石室内から装飾壁画を見いだした虎塚古墳のもつ命運である。

虎塚古墳は壁画発見の瞬間から、文化財の保存と公開との相反するなかで、取材に制限を課しながらも壁画の公開を図るなど、文化財保護・保存の基本姿勢を続ける。このことについて、その後の現場での興奮の情景を大塚は書き残している。[10]

見学者には石室前庭部前に宿舎の黒板を運び込み、壁画文様を描き、内部の様子を調査員が交代で説明するなどの臨機応変の対応に努める。写真撮影は、報道関係者以外、研究者を含めてすべて断っている。石室内部と外気との温・湿度に大きな差があった第一番目の問題点は、残暑厳しい日射を避けるための石室閉鎖用の断熱材の準備であった。

当時の勝田市では、工場の誘致が多く、そのなかの化学工場から大きな一枚の発泡スチロールを貰い受け、適宜石室入口を密閉する手段で石室内部の安定を図った。市内に数多ある工場の製品を知り尽くした市企画室長米田和夫の指示でこそ成し得た所業である。この発泡スチロール使用の石室内部の断熱効果は、遺憾無く発揮され、その後、発砲スチロールの部材は、断熱材として公開保存施設が完成したのちも石室を塞ぐペアーガラスと扉の間に形を変えて今日まで使用されている。

また、石室内調査中の調査員の体調に異変が生じ、その症状に対応して、市消防署から二酸化炭素検知器を借用し、調査に諸事万端整えて続行できたのは、市当局の全面的なバックアップである。市の当局文化財に対する保護・保存の姿勢は、馬渡遺跡調査時から変わらぬ姿勢を貫いている。

さらに、大塚が報道陣に囲まれ壁画発見の意味などを報道陣に報告している間にも、小林は調査中の石室出入り口の保護策として、宿舎のシーツをもちこみ、羨門部に吊下げ、農家から借り受けた噴霧器で、氷を砕いて冷水を吹きつけるなど、石室保護に素早い対応を示している。小林は、この方法で公開保存施設設置後も、観察室の温度を下げる手段として、噴霧器を加湿器に変え、水の中に氷を砕いて冷気を放出する方法で対応する。

以後の調査は、出来る限り石室内の状態を安定して調査が出来るよう勘案し、照明には熱源の少ない蛍光灯の使用や玄門近くには布を下げ、冷水を吹きつけるなど、種々の対策を考慮し石室内部の温・湿度を保ちつつ調査にあたる。石室内部には、温・湿度計を設置し、随時二酸化炭素検知器で計測し続け、作業を続行する。

石室は、奥行き約三メートル、幅は平均で一・五メートル、高さは一・五メートル前後と狭く、内部の調査は二人が限度で、三〇分近く作業を続けると石室内温度は約三度上昇し、逆に湿度は一〇パーセントほど減少となる。そのつど発泡スチロールで閉塞し、作業を中断する。二〇分後には、気温一六度、湿度九〇パーセントに回復し、再び作業に取り掛かるなど、常に石室内部を開口時の状態に保つため絶えず監視しながら調査を継続する。

壁画発見の報道は、各社ともトップ記事として掲載される。さらに、前年発見された高松塚古墳を介して、「虎塚古墳の発見は〝畿内に壁画を持つ古墳はない〟との説をくつがえした。高松塚より古い時代のものと見られるうえ、大陸文化の影響を強く受けた高松塚などの壁画と違う点に意義があり、学問的にも興味深い」

と報じている。

記事のなかには、提示した記事以外にも高松塚古墳の名が掲載されており、なかには、「装飾古墳はどれも日本絵画史上、非常に貴重なもの。当時日本文化の中心だった九州地方に六世紀ごろの類例が数多く残っているものはあるが、それからあまり下らない時代に遠く離れた関東地方にもこれだけの装飾古墳があったという事実は大変な発見。絵は稚拙でも、白色粘土で下地を塗り、その上に描いた例は九州にもない。ある意味では九州より進んでいるといえそうだ。保存状態も良い。」などの専門家のコメントが掲載される。虎塚古墳はこのように発見時より、常に高松塚古墳と比較されていた。虎塚古墳にとって、高松塚古墳の壁画発見は、発見の経緯、注目度、その後の遺跡保存のあり方に関しても当初から対比される調査であった。

壁画発見後、古墳は多くの見学者で賑わいを見せていたが、早くも壁画発見の翌日に現場に設けられたテントのなかで大塚は、川又敏雄市長と「壁画を後世に残すために一番大事なのは地元の協力です。壁画を小・中学生に見せたい」との提案し、川又は「大賛成です。」と答えている。[11]

このように古墳の公開と保存に調査団と行政の長が現地で素早く対応し、その後の保護・保存に重要な方向性を見いだしている。

壁画発見前から古墳調査は注目され、見学者は多かったが、とくに壁画発見後は、壁画は見学できないものの石室前に据えた黒板を調査員が全員交代で調査経緯や描かれた壁画の説明にあたる。

調査員の宿舎に充てられた公民館には、連夜、ビールなどの飲み物やカツオの刺身などが匿名で届けられる。[12]炎天下のなか、見学者の目前に展開する作業内容を逐一報告する作業員に対する感謝の言葉だけでは表現できない気持ちがあったものではなかろうか。調査団員の心と地元の歴史を探求する真摯な姿に相通じるものがあったものであろう。

石室内部の調査は、扉石が開かれてから四日目の九月一五日には、遺骸、副葬品などの調査を除いて作業が終了する。石室内に残されていた調査も一九日までには、実測も含めすべて終了した。その夜、大塚は、宿舎近くの中根小学校において報告会を行う。

また、同日夕方から、写真家坂本万七・明美《あきよし》による壁画の写真撮影が行われた。筆者は、坂本と小林の連絡係として、石室で繰り広げられる二人の撮影風景に立ち会うことができた。

夕闇に迫るなか、機材を搬入し、写真撮影に入る前の入念な打ち合わせ、石室内の撮影作業などを目にする。虎塚古墳の壁画写真は、その後多くの考古学学術書のなかに掲載されているが、すべてこの夜の坂本の撮影したものであり、市史編さん室の厳重な管理のもとで長く保存されている。

網干善教は、「高松塚古墳壁画の写真撮影事情」として、壁画発見から三〇年後に、その労苦を残している。(13)また、小林行雄『装飾古墳』の撮影を担当した藤本四八もその著作のなかで、福岡県王塚古墳の撮影現場で壁画と対峙した様子を「千数百年の昔、死者をこのなかに葬った当時の状況を、ふと想像して、思わず厳粛になる、暗黒の一瞬であった。」と記し、また竹原古墳では「壁画全面が、平均した湿り具合で発色した時が、シャッター・チャンスであることを知った。」と述べている。(14)

壁画の撮影は、狭い撮影環境、漆黒な闇のなかでの作業である。大型カメラに三脚を据えての石室内撮影は、神経を研ぎ澄ましての撮影であった。狭い石室内でのメジャーによる距離測定、ミラーによる微細なピント合わせの業など、時には明美を指示する鋭い声が闇の中をとおして聞こえてくる。映された写真は、埋葬された死後の世界観や宇宙観の広がりを感じさせるものである。

虎塚古墳は、装飾古墳の白眉であるといわれるが、坂本の業績無しでは語ることは出来ない。写真撮影は、壁画が発見されてから一週間後であり、最高の条件のもとでの撮影であったが、いつこのような撮影が計画されたのかは知る由もない。昼間喧騒をきわめた調査現場であったが、静寂のなかでの撮影が、虎塚古墳壁画の文化的価値をより不動のものとしたのではあるまいか。

坂本万七は、虎塚古墳撮影後の翌年四月に逝去された。この虎塚古墳の撮影は、民藝品や仏像の撮影に生涯心血を注いだ坂本万七の業績として、記録されるべきであると思う。

写真撮影は、壁画の発見から僅か一週間余りで行われている。突然の壁画の発見で、撮影費用については、どうしたかまでは不明である。しかし、半世紀経過した今日まで、虎塚古墳の壁画写真は、多くの研究書、論文、冊子に使用されているが、全て坂本撮影のものである。

翌一九日は、午前中、市内の小・中学校の児童・生徒の公開、午後市民に対する公開となる。開扉前に空気組成等の調査を行った東文研の三人の技官は、石室内部の温・湿度等の定期測定を行い、内部温度が一八度をオーバーした時は、小林は、氷柱の設置などの的確な指示を出し、公開の一時中断を行うなど、迅速な処置を行いつつ公開を続ける。

当日、一万数千人が壁画を見学したが、炎天下のなか一時間以上も待機し、目にしたのは僅か数秒間であったが、不平不満の声は聞かれない。石室の前で、調査員による古墳と壁画の概要説明は続けられる。また、カメラ、フラッシュ等の撮影禁止の呼びかけに内部を撮影するものは一人もいない。立ち止まって撮影する時間の余裕さえも無かったものである。

さらに、夕方七時からは、市役所大会議室で、調査報告会が開かれた。報告会には、多くの市民をはじめ、山本満男県教育長・考古学研究者など大勢の参加者で会場は溢れる。

この夜のような報告会を短期間のうちに幾度も開催するなど、考古学・保存科学・行政・地域の揺るがぬ協力が、地域の文化遺産の保存と公開の理念のなかで着実に実を結んでいったものではなかろうか。

二〇日の夕刻には、閉塞作業が行われる。石室閉塞作業は、今後の保存科学調査のデーター収集用の石室内部から墳丘外に延びる石綿管の設置などである。このように、石室内部に係る全ての作業は温度が下がった夜間に行わなければならなかった。

翌、二一日には墳丘の埋め戻し作業に取り掛かかる。作業は、羨道部天井石の割れを養生するための鉄パイプの設置、閉塞作業に使用する石室閉塞補助のための粘土ブロックの作成、発泡スチロールをポリエチレンで巻いてつくった扉石など、短時間内に、徹底した保護に関する作業が迅速に行われる。すべて調査団による手作りである。さらに、石室内部には、石綿管を通し、防黴剤としてパラホルムアルデヒドを石室内部に挿入し、殺菌処理がとられる[15]。虎塚古墳の調査で、パラホルムアルデヒドの薬品が使用されたのはこの時が初めてであったが、これは高松塚古墳で使用例を確かめてから虎塚古墳で採用されている[16]。

その後、埋め戻し作業には三日間を費やし、九月二三日に終了する。作業は、墳丘の覆土の安定、石室内温・湿度維持のため市消防本部より、消防車両一台を待機させ、主要個所は、散水しながら作業を行っている。虎塚古墳では、石室の保存について、徹頭徹尾、考古学・保存科学の担当者がその都度協議を続け、保存のための作業を完遂している。

虎塚古墳の二次調査は、翌一九七四年八月に古墳の構造等の調査が、三次調査は、一九七六年八月に周堀などの調査を行い、終了する。しかし、保存科学の石室内科学調査は一九七四年五月二二日を嚆矢に、一九七七年三月二五日まで八回行われている。この調査は、東文研の受託研究として行われている。これらの調査については、保存対策会議のなかで結果の報告がなされ、また学術調査報告書も刊行されている。

閉塞後のなかでの石室内の科学調査は、目に見えない地道な調査であるが、壁画保存のためには、その環境調査はもっとも基本の調査であるものと思う。未開口石室内の調査という重責を担っての虎塚古墳研究の姿勢がみられる。この調査を通じ、見城敏子はごく少量のアミンの存在を確認し、新井英夫はそのアミンが壁画保存に重要な働きをしていることを導き出している[17]。このような成果について新井は、研究報告書や市民の前でその都度報告をしている[18]。

(2) 虎塚古墳の壁画保存の考え方

虎塚古墳の壁画発見は、当初から予測されていたものではない。

虎塚古墳の壁画は、調査の前年、奈良県明日香村高松塚古墳の極彩色壁画が発見され、「戦後最大の発見」「百年に一度」などと、全国にトップニュースで流れ、考古学ブームの旋風を巻き起こし、列島中を駆け抜けた余韻が残るなか、一九七三年に調査が行われ、彩色壁画が発見される。前述のように、高松塚古墳の調査に参加していた東文研の新井英夫と調査団長の大塚初重は、一月前の「未開口の横穴式石室の地下に残された空気の保存科学を行いたい」との約束を果たした。虎塚古墳は、調査過程のなかで未開口石室内から壁画が発見されるという考古学史のなか、千載一遇の機会に恵まれ、保存科学調査を遂行できた。世界の考古学の上でも調査例が無い極めて重要な調査となった。今後の壁画の保存と半世紀にわたる記録は、後世に残されなければならないものであろう。

関東の太平洋岸の一隅に存在する虎塚古墳は、その壁画の発見された瞬間から、古都・飛鳥に所在する高松塚古墳と少なくとも保存方法について比較される命運をもって発見されたものと思う。高松塚・虎塚両古墳ともに、村・市史編さんという郷土の文化遺産の解明のなかで明らかにされ、双方とも壁画を保護・保存するという考え方は同じであったはずである。

とくに保存科学調査に対しては、未開口石室内からの壁画の発見という本邦初の重責を担い、調査団はいかなる努力も惜しまなかった。

また、壁画発見直後に大塚と市長川又敏雄の話合いのなかで、小・中学生、市民、などの公開を対象に約束し、この後、一間後には、小・中学生を含む、一万数千人の公開を実施して、文化財の公開を成し遂げている。

この調査期間中の壁画見学は、数秒間歩きながらの観察であったが、調査員たちの炎天下の解説もあってなに一つの苦情もなく終了できた。見学者は瞬時でも郷土の文化財を見たという達成感と、将来また観察ができるという希望をもてたからではないか。このように発見当初から壁画の公開や講演を幾度も繰り返し、市民等に文化遺産の重要性を語り続けた努力の結果である。

調査終了の二ヶ月後に刊行した調査概要報告書において、「虎塚古墳調査の目的を達成するためには、明らかにされた事実を十分に保存し公開することが望ましい。しかし石室羡道部の天井石は既に折損し、側壁とともに崩壊の危険度が高い。また石室内の壁画は室温の上昂と乾燥化の度合いによって剥落・褪色のおそれがある。この保存と公開の矛盾する立場は、現段階における保存科学上の十分な対策が講じられるならば、解決が可能であろう。従って、調査中にも温度・湿度・炭酸ガス量には十分な注意を払い、室温一五度、湿度九〇パーセントという開口前の石室内保存環境を維持することに努めた。調査は三〇分間とし閉塞時間を二〇分にして、三〇分間における平均上昇温度二度を下げて調査を再開するようにした。…」と記している。まさに、保存科学・考古学の学問の結合の結果である。さらに「…石室内の調査が終了した九月一九日には、壁画を市民に公開した。そのため可能な限りの対策を講じたが、許容限界温度である一八度に上昇したのみ約二〇分間閉鎖して室温を下げる措置をとった。…」とある。

さらに、報告書のあとがきのなかで「調査は、常に地元民の協力なしでは完遂できない。市史編さん事業では、むしろ地元民と一体でなければならない。共に調査し、共に学ぶ。市史編さんはその結果でなければいけない。虎塚古墳の調査が、学問のための、学者だけのための調査で終わってしまったのではないかという反省が、まだ調査団、調査団員の中にある。」と締めくくる。

●史跡指定から公開保存施設設置まで

調査終了して、一月余り後の一一月一日には、「勝田市虎塚古墳保存対策会議」を立ち上げる。委員は、考古学・保存科学・修復技術学・建築工学・地盤工学・保存工学など、各方面の専門家の方に依頼する。さらに、第二・三次調査発掘調査を継続しながら、石室内部の保存科学の測定も同時進行している。「保存対策会議」は一九七七年二月三日の第六回会議で、次の六項目からなる基本方針を策定させた。

一、古墳の保存にあたっては、公開を前提とする。
二、公開施設の基本形式は、羨道式として、墳丘の景観及び遺構等を損なわないよう配慮する。
三、周辺の環境について整備を図る。
四、石室内部の科学調査は、公開設備を整備するまでの間出来る限り実施し、その資料を活用して保存措置に万全を期する。
五、保存管理組織については改めて検討する。
六、古墳の公開は、出来る限り早期に実現できるよう努める。

の六項目が決められている。

この会議の終了間際に、安慶造（前・勝田市教育委員会教育長）は、「先生方、壁画を公開して本当に大丈夫でしょうか?」と質問した。会場は一瞬静まり返ったが、「未開口の状態で、科学調査を行いその結果を得ており、発見時の状態を維持しながら公開する」「発見時の調査では、多くの方が見学をし、喜んでもらっている」「保存状態の良い環境のまま見せる施設を建設する」など、各委員の回答があり、全員一致で策定をみている。

安慶造は、虎塚古墳に近い中根に住んでおり、土地所有者の縁戚関係でもあり、幼少より、慣れ親しんだ虎塚古墳に対する郷土愛の思い入れが人一倍あったものであろう。その後、「勝田市虎塚古墳公開保存施設設置基本構想」へと引き継がれ、実現に向けて邁進している。

直後に上司から福島県清戸迫《きよとさく》横穴墓、いわき市中田横穴墓の保存施設の出張を命じられる。この出張は、一緒に管財課の職員数人も同行され、市当局としていかに虎塚古墳の公開保存施設の建設を早く望んでいたかが窺い知れる（清戸迫横穴墓群七八号は、東北地方で二番目に発見された装飾横穴墓で中田横穴墓と同様、壁画保存施設としては先駆的な施設であった）。

一九七四年には、古墳の築造法や石室構造を目的とした第二次調査が行われ、併せて横穴式石室の西側、墳丘の括れ部の石敷き遺構の解明を主とした調査が行われた。調査の主な目的の一つは、くびれ部に拡がる「集石遺構」の追跡調査であった。報告書によれば、「第一次調査に発見した凝灰岩の礫が再確認され、石室側と墳丘中心第四トレンチを中心にして東側に拡張区を設定し、石室への影響を考慮しながら、許容範囲内の拡張区とした。」とある。大塚・小林は、壁画の保護対策を優先した調査方法を取らざるを得なかった(19)。

一方、保存会議には、高松塚古墳保存施設の工事を施行した東洋熱工業の内山満もオブザーバーとして参加し、委員会は高松塚古墳の保存施設の概要の説明を受けているが、委員会の小林は虎塚古墳独自の施設をつくるという考え方で進めた。この会議では、優美な前方後円墳の墳丘を保存し、石室の近くで壁画を見せる考え方が強く、墳丘のなかに施設を取り込む羨道方式に固まっていく。この羨道方式についても、伊藤陽太郎は複数の案を委員会に提示し、墳丘の切土量や墓道敷石の保存を考慮して、後円部南側に入口を設置する現行方式に固まっていく。さらにそのなかから、観察室に至る部屋を複数設置し、扉を設け、外気の影響をできる限り石室内に与えないなど、考古学、保存科学の両方のせめぎ合いを見事に調和させた考え方で仮設保護室の公開を迎える。

◉仮設保護室による一般公開

保存対策会議で策定された基本方針の実現に向けて仮設保護施設を建設し、一般公開することになる。その具体的事業を推進するために、一九七八年、虎塚古墳調査会（会長：安慶造）が発足する。

今回の目的は、調査時に石室に立ち会っていなかった設計者や関係者による石室の構造の確認や内部の検討を主たる目的としたものである。さらに、公開に伴う観察室を設置した場合の温・湿度の石室内変化のシミュレーション観測である。また、暫定公開施設の設置と複室構造とした場合の観覧者の動線の策定など、公開を実現するためのものである。

工事を開始し、何よりも、関係者を安堵させたのは、石室を閉じて六年、発見時と同じ状況で、眼前に現れた壁画の鮮明な状態であった。埋め戻した状態で管理するのが、保存のために最良であったことを確認する。

仮設施設は、厚めの二枚のベニヤ材で壁面が作られ、前室・観察室の壁面には、断熱材を用い、防温・防湿を図る。石室前には、ペアーガラスを挿入した枠を据え、周囲を粘土ブロックで固め、石室を密閉するなど、各空間を徹底して遮断した施設としている。これらは、すべて委員会で協議の内容に沿った独自の施設で、概略図は小林が構想している。さらに、観察室には家庭用のクーラー・加湿器・炭酸ガス吸収装置を設置する。また、各部屋には温・湿度計測器を設置するなど、保存会議での意見を現場に集約した施設として公開にあたる。

公開に先立ち、まず報道関係者に取材の場を設けている。壁画発見時から常に報道係者を優先している。このような公開に関する姿勢が、後の虎塚古墳の保存・公開に対する信頼を築いていったものである。

一般公開は、一〇月の二九・三〇日の両日に実施され、二九日は、市民を対象に約四〇〇〇人、三〇日は、市内小・中学生の団体公開を行い、数千人が見学している。

公開期間中は、観察室内の温度上昇など、様々な影響が表れるが、その都度、室内に氷柱設置、加湿器内に氷水の注入など、今までの公開で遭遇した諸般の事態に臨機応変に対応し、対処している。これら、氷水を使用した冷水の石室内の温度管理は、小林が真夏の発掘調査で体得したもので、公開保存施設を設置後も行っている。さらに安心させたのが、観覧終了後の温・湿度等は、翌朝までに公開前の状態に回復していることである。古墳の墳丘がもつ復元力もこの暫定施設の公開により確認できた。

発掘調査中の見学は、立ち止まることのできない僅かな時間であったが、今回は一分から二分間の短い時間ではあるにせよ、壁画の全容を見てもらうことが出来たものではなかったか。仮設保護室の公開の結果により、公開保存施設は実現化に向けてさらに加速する。

仮設室を設置しての公開後の二ヶ月後の一九七九年の調整会議では、架設施設での公開結果について、細部にわたり検討協議を行い、その結果に基づき、二月七日には、基本方針を策定する。

その内容の主なものは、古墳周辺の自然環境の保全、墳丘内に公開保存施設を納めるなどの墳丘保全に対するものから、観察室はできる限り石室に近付ける、観察室の窓はペアーガラス入りのエアータイトサッシを使用、羨道部敷石当構造物の保全など、子細に及んでいる。このなかで、見学者が石室を観察する観察室と石室との窓に断熱材を用いたペアーガラス入りのエアータイトサッシ枠を採用したことが、今日まで石室の保存に有効な手段だと考える。また、伊藤はエアータイトサッシドアについては、仮設施設の公開の効果に自信を得て、採用したものである。

そして、三月二五日には、待望の市史編さん室の報告書が上梓される。

大塚から、報告書の一部を、社会教育課から発送するようにと考古学関係者のリストを送られる。この報

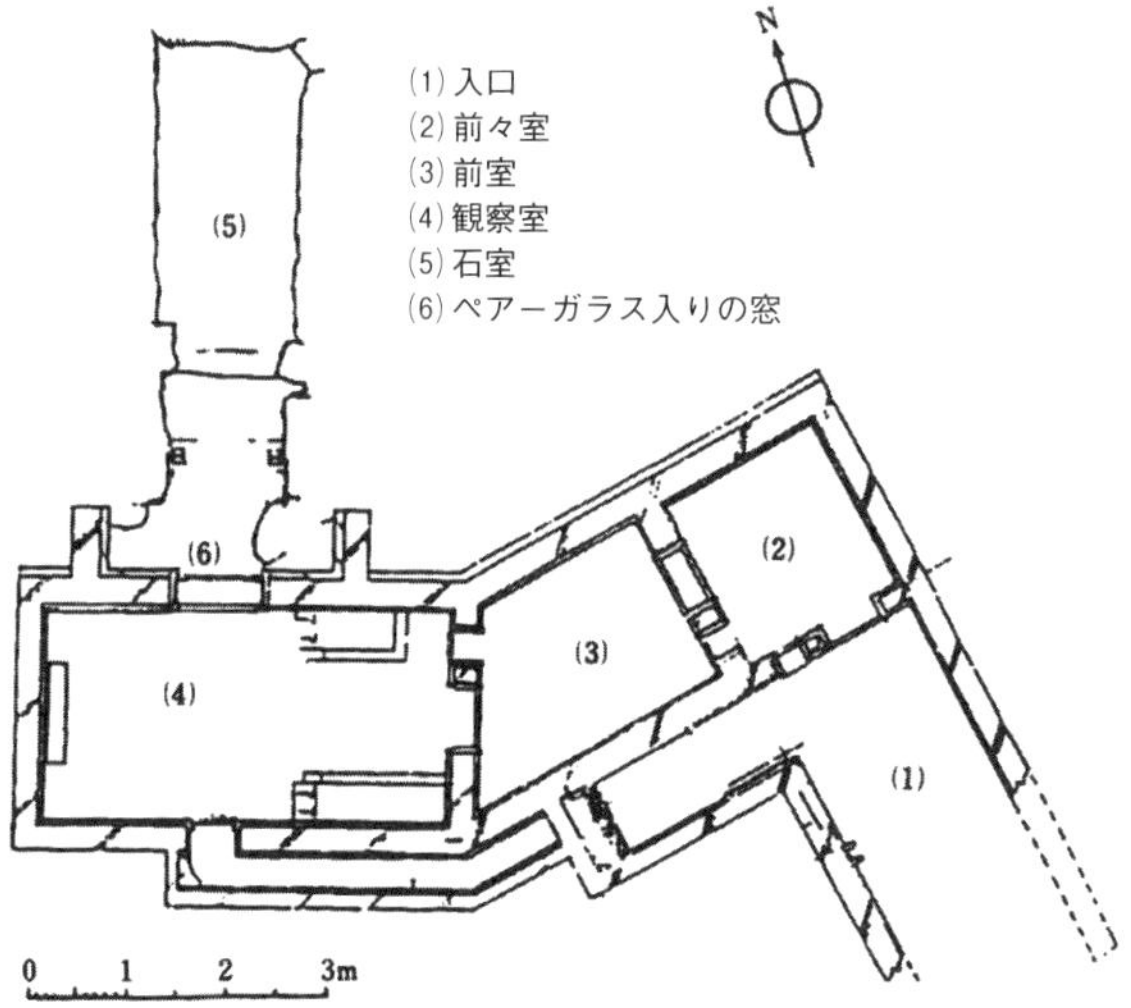

図２　虎塚古墳の公開保存施設のグランドプラン（註 20 の図を一部改変）

告書の考古学研究者への送付指示は、今後の石室公開に対する指導を念頭に置いた配慮があったもので、返送された礼状には、多くの装飾古墳に関する刊行物が添えられてあった。

◉公開保存施設の建設

公開保存施設の建設は、諸般の法令手続きを済ませ、一九七九年九月十日、工事起工式を迎える。着工後も、石室内部の科学調査、墳丘の掘削に関する考古関係者の調査も行い、その都度問題点が生じたときは、随時に連絡調整会議を開いて個々の解決にあたり、工事を進める。公開保存施設の建設工事中、最大の難関工事であった石室の閉塞部の取り外しを行い、建物と石室が接続するのは、一九八〇年一〇月二日であり、一四日竣工する。

竣工された施設は、石室に面して直交に配置した観察室を主体に、施設入口に至り、温・湿度遮断のために前室・前々室の三部屋から構成される。観覧室は、石室とは、ペアーガラスが入った防温、防湿・断熱のステンレス製の扉が付き、さらに、その上にステンレス性の扉となり、可能な限り石室の密閉度を保つ装置となっている。観察室の奥には、閉塞石の三分の一を土中に埋め、設置する。説明時には、この石蓋が壁画を守ってくれたと説明すると多くの見学者が立ち上がってのぞき込む。また各部屋間には頑丈なステンレス製のドアが付き、把手はエアータイトのドアにより、気密性を保つなど、部屋間の密閉度をより確実にする構造になっている。石室にたどり着くまでには六枚のドアを開けなければならない重厚な構造は、見学者に千数百年の時間の保守と地下空間の文化財保存の難しさを語っている。観察室に案内すると話声もなくなる。さらに、各部屋には、内側から脱出用の把手の小さなドアが付き、不測の事態の際の脱出用の出口となる設計となる。

三室の構造は後円部の中心に沿って屈曲して設置され、墳丘内にすっぽりと納まり、外見からは出入口部しか見えない構造で、優美な墳丘の外観を残している。前室、前々室には頑丈な鍵がかかり、容易には開けられない構造になり、管理上の万全を図る設計となる。

公開に際して一番問題となったのは、石室内部の照明器具であった。ライトは繊維強化プラスチック製のカプセル内に納めたボックスを石室内に設置し、前々室内の冷却装置から冷却された空気を送り、カプセル内に発生した熱と交換し、さらに熱交換機（前々室設置）から、冷気を循環させる方式である。石室内のカプセル内の照明器具使用により発生した高温度を冷却するため送られた冷気が、カプセルから漏れ出し、石室内に霧が発生してしまう。最後は物理的にカプセルの周囲に圧力を加えて事なきを得ている。工場内の試験では、発生は確認できなかったというが、石室内の高湿度では、わずかな冷気の漏れも霧となって表れてしまう。石室内に物を入れ込むことがいかに困難であるかを体験する。

こののち、照明は冷光源照明器に変換される。光源を観察室に置き、ガラスファイバーのガイドを通し照明するもので、今日まで使用されているがとくに問題は発生していない。

一〇月一八日から二〇日までは、一般公開に先がけ、試験的公開を行う。綿密な準備と保存のための方策を図り、一日三〇〇人が見学しても、石室内温・湿度に影響を及ぼさないことなどを仮設保護室の公開で確認して満を持しての公開である。

初めての公開は、事務室内に新設された記録計のデーターを確認しながらの公開となる。公開保存施設と事務室を往復し、石室内・観覧室の状況を担当者自ら確認し公開にあたる。

昼食時間内に観察室の温度が公開前の温度に戻っているのを確認し、午後の部の再開が始まる。

試験公開の初日は、無事終了したが、この公開終了後、大塚・小林に呼ばれ、招待した専門家が見学されたので探してほしいと指示される。近隣のタクシー会社に連絡を入れ尋ねると、一人だけ勝田駅、虎塚古墳、大洗町のホテルのコースを利用した乗客がいたので、大洗町の複数のホテルに連絡するが相手に辿ることはできなかった。この事だけは今思い出しても担当者として非常に残念に思っている。

試験公開にあたって、委員会としては、何人かの専門家に壁画の観察、そして観察室の実態の意見を拝聴すべく招待状を送付していたものと思う。これは、一般公開が行われるようになってからも送付していたものと思われる。

後年、その人物名がわかった。一九五五年から、文化庁の依頼で装飾古墳壁画の模写に専念し、一九五九年東京芸術大学教授となり、装飾古墳の壁面を模写し続けた日下八光である。

少しく長くなるがその日、日下が虎塚古墳の壁画を見た記録を掲げる。(21)

「調査に当たった大塚初重氏や市当局の熱意によって直ちに保護対策が立てられ、我が国の装飾古墳ではこれまでに見られなかった、完全な保護施設が完備している。これまで多くの装飾古墳の惨状と人害に、最早その保護を訴える気力すら失っていた著者は、公開日にその至れり尽くせりの設備に接し、感無量の思いをしたものである。…私ごとになるが、公開後しばらくして、大塚氏から年何回か行われる定期調査日に同道しないかとのお誘いを受けた。しかし生憎、その時は体調を崩していて、その気力もなく、お断りして以後いつしか月日が流れていったわけである」。保存対策委員会は、いつも、研究者に公開の案内状を送付し続けていたものと思われ、その返事が届けられている。公開期間中に思わぬ考古学者から観察室内で声をかけられることがある。これらは、常に公開保存施設の状態を観ていただくための保存対策委員会の配慮があったものであろう。

初めての一般公開は、一〇月二五日から二八日の四日間行われ、一日三〇〇人、往復はがきによる抽選で観覧者を決めたが、期間中、二五〇〇人の応募があり、半数以上が、見学できない。また、一般公開とは別に公開後の一一月一一日、一二日の二日間に市内の学校関係（小・中学生）の特別公開を実施する。

これらの公開期間中に目視観察による石室内雨漏りの問題点が指摘され、一般公開後の一二月二四日から二八日にかけて後円部墳丘補修作業などを行っている。このように、公開保存施設が完成しても、連絡調整会議などで、様々な問題が提起されると即座にその解決策を講じ続けてきている。

虎塚古墳の公開は、一九八〇年の秋季以降、春・秋季の二回開催されているが、一度だけ年間を通しての温・湿度観察のため開催されない年もあった。公開が開始されても、あくまで保存に対する気象条件と石室内の温湿度の測定は慎重そのものであり続けた。

公開が、定期的に開催され、見学者数も増え始めると、石室内の温度が問題となる。公開時の週末となると見学者が増加し最高時で、九〇〇人を超える日もあり、狭い観察室の温度管理に制限を加えながらの調整が図られる。観察室内の温度上昇については、機械室に設置されたスポットエアコンから送風孔を通って冷風を送り込むようになっており、ダクト出口から観覧室に入り、室温を下げるよう設計されている。

冷気吹き出し部の加減により、観覧室のペアーガラスに結露等が発生すると、小林は、吹き出し口にルーバーを設置し、羽板の方向を調整し、安定を図るが思うような効果は得られず、最終的には観覧室の加湿器を設置し、加湿器の水の中に砕いた氷を入れ、室温を下げている。小林は、どのような事態が生じても石室内の保存は、ペアーガラスを信頼し、観察室での環境で石室内部の保存をできると考えていた。

また、高湿度の石室内に設置された温度センサーは、月一度の補修を門倉から指示される。観察室内で、センサーの先端部を洗浄し、薬品を塗布するなど、古墳から離れることはできない日々が続いた。

さらに、雨の日には、後円部の上に一辺一〇メートルほどの防水用の重いシートを墳丘に運び上げて石室上に広げる作業など、古墳保存のための安寧の日はなかった。しかし、いつも周辺には市民の目があり、そのための励ましの言葉があった。回顧すれば、文化財担当者として最も苦労した時期であったが、充実した時期でもあった。

これらの諸作業は、会議のたびにその評価が下される。茨城では珍しい二〇数センチの降雪があった朝などには、小林からの電話で状況確認があり、取合部上の除雪をするなどの指示を受ける。古墳の雪景色を撮影に来た人には、何のために作業をしているのかと訝られるが、「壁画の保存のためです」その一言で、感謝の言葉が返ってきた。小林は、壁画の保存は、石室の内部遺構と公開保存施設の取合部の状態が重要であることを指摘し続けている(22)。

また、公開保存施設が完成してからは、虎塚古墳公園内の清掃は、地元の「中根常盤老人会」に依頼して行われている。さらに、付近の農家からは、アジサイなどをはじめ多くの植木が運び込まれ、園内外に植栽するなど地域ぐるみの協力が今日まで続けられる。

(3) 虎塚古墳から見た高松塚古墳の壁画保存

高松塚古墳の壁画発見から一年半後に、東国の太平洋岸から虎塚古墳壁画は発見される。

虎塚古墳の壁画発見は、これまで水戸市の吉田古墳の線刻壁画や久慈川流域に存在する横穴墓群が知られているに過ぎなかったが、改めて県内の装飾古墳の存在が注目され、再検討が行われ重要性が見直される。

吉田古墳（水戸市）、船玉《ふなだま》古墳（関城町・現筑西市）の再調査、岩瀬町（現桜川市）花園古墳の発見などである。

一九八三年一一月、東京で文化財保護保存に関する国際会議が、東京国立文化財研究所で開催される。この会議は虎塚古墳にとって初めて文化財保存の取り組みについて、高松塚古墳、キトラ古墳と共に発表される機会となる。シンポジウム期間中の一日、参加者による虎塚古墳の現地視察に訪れる。大塚は、JR勝田駅前の会議室で、虎塚古墳の発掘調査に至る経緯と、調査概要を述べる。筆者は、会場で大塚の説明するフィルムのプロジェクターの操作を指示される。英語通訳のなか、いつ場面を替えるか緊張した時間をもつとともに虎塚が壁画保存の歴史の中で世界の舞台に立つ興奮を覚える。ランチタイムを挟み、午後、一行は虎塚古墳を訪れ、優美な前方後円墳と日本の純農村の秋の佇まいを見学して過ごす。

後日送られたシンポジウムの報告書には、高松塚と虎塚古墳の多くの資料が掲載され、高松塚古墳と保存科学の上では、並んで掲載される。虎塚古墳の資料は、委員会で報告された内容であったが、高松塚古墳の報告資料は公開保存施設が、多数の図面や写真とともに掲載される。巻頭のカラーページに高松塚、キトラ古墳と、虎塚古墳の壁画が見開きで掲載されていた。(23)

一九九〇年一〇月、七年の歳月と多くの調査、協議を経て、公開保存施設が完成する。虎塚古墳の公開保存施設が完成して以来、虎塚古墳を取り巻く環境に大きな変化が起こる。春・秋季二回の定期公開は、多くの見学者が訪れ、壁画を見学し、近くの十五郎穴横穴墓群を見て廻る。

多い時は、九〇〇〇人を超える見学者が、二時間近く待ち、三分間の見学時間を過ごす。職員は、墳丘の堤の上で入室を待つ見学者の列の前で繰り返し古墳の概要を説明する。発掘調査期間中、調査員が行っていた時と情景は重複して映る。観察室ではさらに短い内容の説明を繰り返す。見学者の苦情は何一つ聞こえてこない。それどころか、退室後、再度観覧券を購入し、入室するリピーターも多く見受けられる。「以前と変わっていない」「何回観ても素晴らしい」などの言葉が続き、実物をこの目で見られたという截然とした返事が溢れる。埋蔵文化財の公開の重要性と必要性を強く感じる。

一九九三年一二月、虎塚古墳の東側隣接地に勝田市埋蔵文化財調査センターが建設される。

多くの建設候補地のなかから、現在地に建設されたのは、虎塚古墳の維持、管理上もっとも適していたからである。建設には、地元の地権者の協力を受け、新たな名所として期待を担っていた。さつまいもの産地として知られる耕作地の中央部には進入路が通り、駐車場が整備される。これらは、虎塚古墳・埋蔵文化財センターの見学者に多く利用されている。

同年一〇月に、国立歴史民俗博物館開館一〇周年記念企画展「装飾古墳の世界」（主催国立歴史民俗博物館、朝日新聞社）が開催される。展覧会では、文化庁が永年にわたり、日下八光に依頼して作成した古墳の模写や、今回この展示のために製作した装飾古墳の模型などにより、装飾古墳の世界を余すことなく展開される。

展示の中心となった、長年の作業で培われた画家の目で観察された日下の現状模写と復元図は、制作された時の悠久の流れを表している。その展示図録のなかで、王塚古墳と虎塚古墳の壁画の色彩と素材を、永嶋正春は「王塚古墳の場合、汚れの付着や彩色の傷みなどにより、図柄や色合いのわかりづらいところもあるが、比較的残りの良い箇所を観察することにより、用いられている彩色素材の色調や質感を味わうことができる」と報告される。一方、虎塚古墳は「石材の表面に薄く白土地を施した後、ベンガラ顔料により文様を描いている。経年による石室の傷みと顔料の剥落が若干みられる他は、壁画の残りが極めて良好である。」とし、拡大写真が掲載される。(24) 装飾壁画に五色の色彩を用い、古墳壁画の王者と称えられる王塚古墳と虎塚古墳の壁画がともに語られ、会場には場所さえ違うが、共に実物大のレプリカが並べられ、多くの見学者の注目を浴びる。

この展覧会の事務局から、虎塚古墳の石室模型製作の依頼がある。委員会のなかで慎重に協議を行う。このようなレプリカ製作の機会は古墳にとっても必要なことで、展覧会終了後、埋文センターで展示できないかの意見があり、事務局に申入れし、受け入れられる。現在、埋文センターで展示しているのはこの時のレプリカである。虎塚古墳見学に来ても現地で壁画が見られることは、保護保存上限定される。センター内にレプリカを設置し、案内できるのは、前方後円墳の墳丘見学とともに文化財の活用に素晴らしい効果を生みだしている。

しかし、石室公開期間中は、多くの見学者で現場が混雑していても墳丘内の石室を先に見学して後、センターに向かう見学者が多い。現地で実物を観たいという気持は強く、見学後埋文センターに行き、感動の余韻にひたるのは当然である。それゆえ、現地ではいかなる注意にも耳を傾けて順番を待つ姿がある。

石室のなかにある実物のもつインパクトは、観る者を圧倒する価値観を有している。観覧室内に見学者を案内し、室内を一瞬暗闇にして、石室内を少しずつ明るくしていく刹那、壁画が見え始めると多くの人は、驚きと感嘆の声を発する。文化財担当者として至福の時間である。多くの説明の言葉はいらない。

一九八八年五月一七日、第七七回全国市長会関東支部総会が本市で開かれ、一都七県、一六三市の市長らが出席した[25]。事前に教育長を通じて、虎塚古墳の公開ができないか問われ、保存対策委員に相談すると、公開期間中ではないから、断ってほしい旨の結論を得る。教育長からは、当日古墳で待機し、現地に見えた市長になぜ壁画を公開できないかを説明するよう指示を受ける。

総会開催当日、古墳には、一〇市余りの市長が見える。「保存のため、石室内の温・湿度管理に注意をしながら公開している」と、事務室内の自動計測器の前に案内しながら説明する。そのまま、墳丘を見て帰る方が多いが、なかには、「うちの市の職員で知っているものはいるか」などと逆に質問を受け、文化財担当者の名前を告げると「彼はよくやっている、頑張っている」との答えが返る。後日、その本人から、市長から報告があったと連絡がある。

虎塚古墳の公開はいつもドラマがあるが、何よりも嬉しいことは、多くの方と壁画を見た前後で会話をもつことができることである。ガラス越しとはいえ、千数百年に描かれた壁画は、決していつも同じ状態では、心に映らないからである。晴天が続くと壁面は白く映るし、雨天が続くと暗い感じに見える。でも、その時々の説明で理解していただけることが担当者としての任務と考えていた。

●おわりに

二〇一一（平成二三）年三月一一日に東北地方太平洋沖地震が発生し、マグニチュード九・〇の日本の観測史上最大規模の被害を受ける。波打つ台地、住宅の屋根瓦が目の前で落下する、石塀が大きく揺れて倒れる、その恐怖はかつて経験のないものであった。

二〇一四年に刊行された『虎塚古墳の保存科学的研究(26)』を、研究代表者の矢島國雄から頂戴する。報告書は、二〇一一〜二〇一三年度にかけて行われた石室内の壁面の「凝集化」による劣化現象の研究結果報告書である。「壁面の劣化による凝集化」については、どのようなものか、退職後、壁面の状態を観察していないのでわからない。

ただ、この三年間の研究中に大地震に遭遇し、直後の状態を把握できたのは、長い保存の経緯からして虎塚古墳保存のためには良かったのではないかと考えている。劣化現象については、前述の通り観察していないのでわからないが、白土の問題であろう。発掘調査時においても明瞭に確認された奥壁下端の連続三角の大半の剥落は、白土も剥落しており、辛うじて残されたベンガラは、当然ながら白土が残っていた部分のみである。左右両壁下端の白土も同じ高さで剥落が観察されていた。このことは、天井石に直接塗られたベンガラの残り具合の良さからしてもうかがうことができ、白土と石材に起因しているものではなかろうか。ベンガラ自体の変化が見られるのであれば、短期間に劣化現象が確認された状況を勘案して、消毒用アルコール等の噴霧によるベンガラの錆化現象など、複合的劣化現象と考えられるのではなかろうか。

心配された地震による影響については、「羨道部側壁の一部の積石にひび割れが生じたほかは、石室構築石材の合わせ目などからの落下物が認められたにとどまるが、壁面の一部にも落下物があったことは、後の調査で判明する。」と指摘するにとどまっている。

かつて微細なトビムシを矢島が見つけ、保存対策委員会で検討され、大事に至らなかったことなどを考えると、生物の石室内などの混入は地震が要因の一つではなかろうか。今回の報告では蝸牛《かたつむり》の殻なども石室内から見つかっているが、殻は炭酸カルシウムでできているため、多くのカルシウムを必要としている。コンクリート構造物は効率よくカルシウムを採取できるため、充分に留意する必要があるのではないか。未開口の石室に描かれた壁画といえども、経年劣化は避けられないものであるが、天井奥の広い面積のベンガラの剥落などは、石室構造のもつトラスやラーメン構造からの力の衝撃による作用ではないかと考えている。

今回の報告書の参加者のなかには、古墳を管理する市職員名や保存対策委員の名は二名のみである。少なくとも市との関係を明確にして、調査結果を、明らかにし、今後の対応を的確にすべきではないか。

報告書の二〇一一〜二〇一三年の温度データー記録を概観すると、正常に作動しているのは外気温のみである。石室内手前データーロガー記録は、震災発生時の二〇一一年三月頃から正常に作動している。観察室も同様な記録を示し、秋季・春季の公開時の温度上昇を記録している。この現象は、激震のなかで再作動し、計器が正常に戻ったものであろう。虎塚古墳の石室は一般公開をはじめ、石室内の諸作業は記録計のデーターを基本に、維持管理を続けてきたのではないか。今回の研究のなかで、何人がどのくらい石室の中

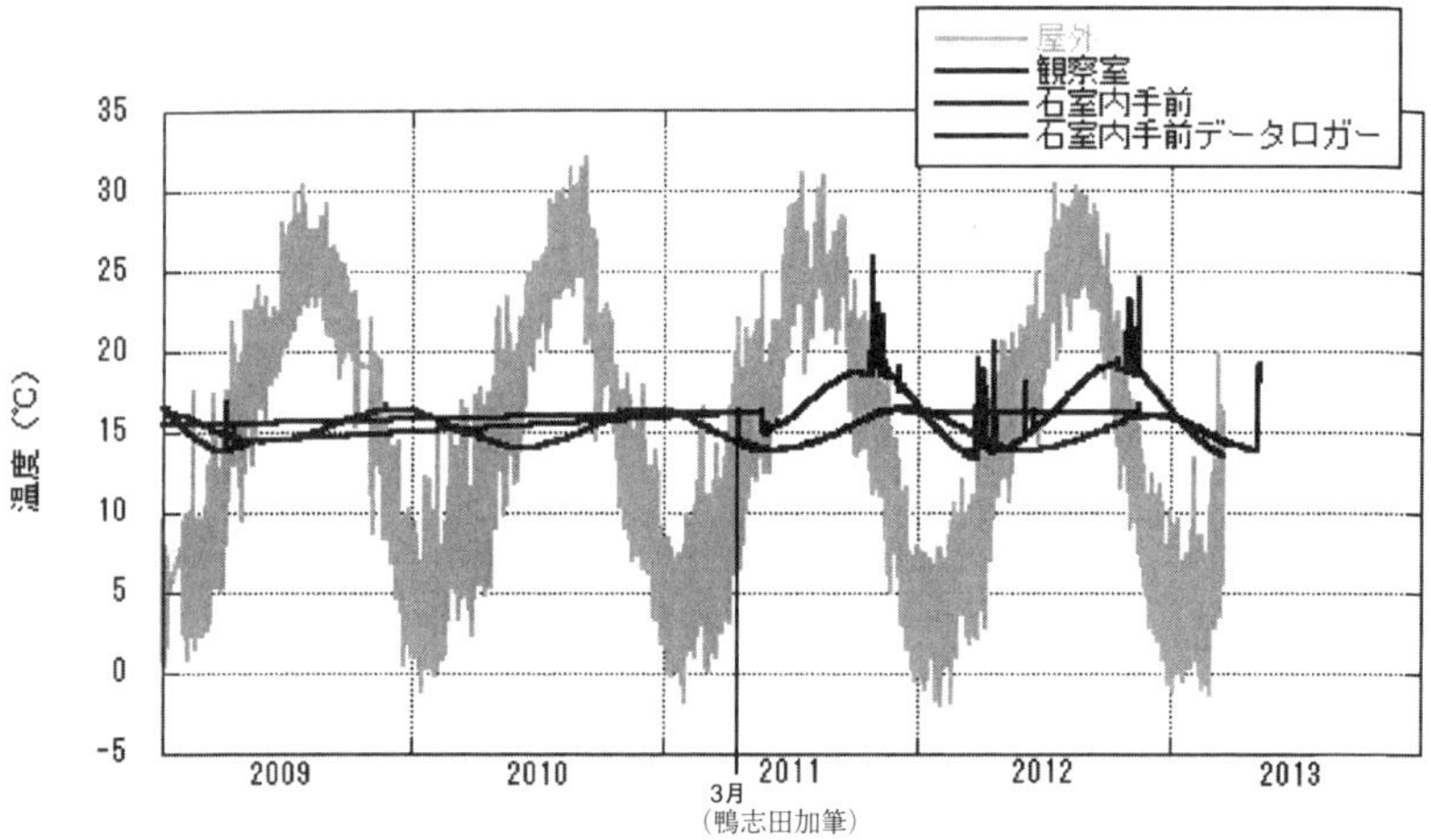

図３　2009〜2013 年の温度変化（註 24 に同じ）

に入ったのか、その時の石室内の温・湿度の変化は、どのようになっていたのか。少なくとも、計器のデーターを基に今日まで石室内の状況を確認しながら公開を行ってきたのだから、調査の記録公開が求められる。

　高松塚古墳内にカビが発生した時の教訓は無駄にすべきではない。また虎塚古墳発掘調査時の東文研保存科学部長であった登石健三や踏査団長の大塚は、虎塚古墳の最大の弱点に羨道部天井石の割れを指摘している[27]。調査時から木製の部材を噛ませ、公開保存施設建設に際しても、ステンレス製の鋼材で補強をしてきている。このような多くの方の協力で今日まで、公開を続けられていると思う。今回、地震で何も支障がなかったことは、委員会の協議の成果であったものであろう。しかし石室内に赤色顔料の落下物が多く確認できることは、地震の揺れによる剥落ではないかと考える。

「虎塚古墳のように化学的に十分研究された保護対策は別として過剰な消毒や密閉して既に二〇年以上経過した淀んだ空気の石室内も不気味なものである。このような状況での長時間の作業や研究は命がけである[28]。」

この壁画模写研究の第一人者日下八光の言葉に傾聴すべき

ではないだろうか。

虎塚古墳も、一般公開してから四〇年が経過する。公開保存施設の躯体も含め、今後の施設管理も含めた保存のあり方を再構築する時期に来ている。

とくに地球の温暖化現象は、間違いなく地下空間にも影響を及ぼしていることは、今までの半世紀にわたるデーターによっても明らかである。公開保存施設本体を含め、今後の公開・保存を考えるうえで需要な時期に来ているものであろう。また、生物の死骸の石室内での検出から、コロニーなどが発生しているものであろう。改めて、古墳内外の環境について再構築する必要性を感じる。また、石室内の入室は、特殊なマスクを用いるなど、人体の保全にも留意すべきと考える。

調査から半世紀を経過して古墳環境も大きく変貌を遂げようとしている。次の世代に文化遺産を引き継がれるよう見守っていきたい。

〔謝辞〕

一九七三年（昭和四八）、当時の勝田市教育委員会に就職して、初めて発掘調査に参加したのは、虎塚古墳であった。最初は、市史編さん室事業ということもあって、応援の形での参加であった。装飾壁画の出現という予期せぬ発見により、壁画保存という新たな目的をもち、現今まで郷土の文化財保護・保存の仕事に従事することができた。

壁画が発見された瞬間を調査員、研究者、行政関係者、そして市民の皆さんと感動を分かち合うことができたのは、感謝しかない。大塚初重・志田諄一・小林三郎・川崎純徳の先生方には、虎塚古墳の発掘調査から終始変わらぬご指導を頂いた。保存科学の先生方とも、初対面の保存科学調査時から半世紀の歳月を経ようとする現在まで懇篤なるご指導をいただくことができた。また、この事業を取材していただいた各報道機関の皆様にともども篤く感謝したい。

虎塚古墳の公開は、一〇万人を超える見学の皆さんに現場で説明し、狭い観覧室のなかで感動の時間を共有することができた。

文化財の活用を叫ばれてから久しいが、このような機会をもたせていただいた同僚の市職員の皆様に感謝したい。一人でも多くの皆様にふるさと茨城の誇りとする虎塚古墳を次世代に引き継ぎ、多くの人に見ていただけますことを念願し、お礼といたします。

＊

阿久津久　新井英夫　網干善教　石山勲　石川日出志　井上説子　井上利一　石丸洋　稲田健一　上野純司　大川清
大木紳一郎　乙益重隆　金子真土　菊池幸雄　木本好信　熊野正也　黒沢浩　小圷のり子　小林行雄　坂本明美
坂本万七　佐々木義則　清水久男　杉山晋作　白石真理　杉村彰一　鈴木暎一　鈴木清　住谷光男　全浩天
高木正文　高島徹　建石徹　玉利勲　千葉美恵子　鶴見貞雄　寺門知美　照沼義夫　登石健三　中村文子　長谷川清之　堀越正
行　前田軍治　西野茂信　西野茂男　松村恵司　宮内良隆　森本和男　橋本裕行
浜松美樹　原田道雄　平野伸生　藤崎芳樹　本田光子　生田目和利　西谷正　松本清張　毛利和雄
茂木雅博　森浩一　諸星政得　矢島國雄　米田和夫　藪下浩　李進熙　和田むつみ

＊

文化庁　日本考古学協会　国立歴史民俗博物館　明日香村議会　茨城県教育委員会　水戸教育事務所
ひたちなか市役所　ひたちなか市教育委員会　ひたちなか市埋蔵文化財センター　宮崎慶一郎

註

（1）ひたちなか市は一九九四年（平成六）一一月に、勝田市と那珂湊市が合併して誕生する。本報告では、記述するときに該当する名称を用いた。
（2）『復刊新編常陸国誌』宮崎報恩会、一九六九
（3）奈良文化財研究所編『奈良文化財研究所創立五十周年記念　飛鳥・藤原京展』朝日新聞社、二〇〇二
（4）大塚初重・小林三郎『茨城県馬渡における埴輪製作址』明治大学文学部研究報告第六冊、明治大学、一九七六
（5）奈良国立文化財研究所『遺跡整備資料Ⅲ　集落遺跡・製作遺跡』奈良国立文化財研究所、一九八四
（6）拙稿「茨城県の装飾古墳の北進」『辻尾榮一氏古稀記念　歴史・民俗・考古学論攷』大阪・郵政考古学会、二〇一九
（7）江本義理『文化財をまもる』アグネ技術センター、一九九七（改訂版）
（8）大塚初重『土のなかに日本があった―登呂遺跡から始まった発掘人生―』小学館、二〇一三

(9) 勝田市史編さん委員会編「調査日誌抜萃」『勝田市史 別篇Ⅰ 虎塚壁画古墳』勝田市、一九七八

(10) 大塚初重「古代日本を掘る二八 時代の証言者」『読売新聞』二〇一五年一二月一九日

(11) 大塚初重「虎塚古墳（茨城）の壁画の発見と保存」『装飾古墳の世界を探る』祥伝社、二〇一四

(12) 前掲註9、九月一七日 壁画発見より六日目 この頃になると毎夕、見学者が大勢調査団の宿舎の中根公民館に肴、酒の激励の見舞い品が届いていた。

(13) 網干善教「高松塚古墳壁画の写真撮影事情」『古都・飛鳥の発掘』学生社、二〇〇三

(14) 藤本四八「古墳撮影メモから」小林行雄編『装飾古墳』平凡社、一九六四

(15) 勝田市教育委員会『史跡虎塚古墳保存整備報告書』一九八一

(16) 前掲註7に同じ

(17) 新井英夫「古墳等埋蔵環境の微生物学的研究」『考古学雑誌』七一―一、日本考古学会、一九八五

(18) 新井英夫「虎塚古墳壁画発見三〇周年記念事業シンポジウム「虎塚古墳を探る」」『ひたちなか市埋文だより』二〇、ひたちなか市埋蔵文化財センター、二〇〇四

(19) 前掲註9に同じ

(20) International Symposium on the Conservation and Restoration of Cultural Property: Conservation and Restoration of Mural Paintings〔1〕. Tokyo National Research Institute of Cultural Properties 1984

(21) 日下八光「第六章 虎塚古墳」『東国の装飾古墳』雄山閣出版、一九九八

(22) 小林三郎「解体せずに修復可能」『毎日新聞』二〇〇六年五月一三日

(23) 前掲註20に同じ

(24) 国立歴史民俗博物館編集『装飾古墳の世界 国立歴史民俗博物館開館10周年記念企画展示』朝日新聞社、一九九三

(25) 勝田市「市報 かつた」五八二、一九八八

(26) 矢島國雄『虎塚古墳の保存科学的研究』平成二三年度～平成二五年度 日本学術振興会（JSPS）科学研究費補助金研究成果報告書 基盤研究(B)課題番号：23300326「茨城県ひたちなか市虎塚古墳の保存に関する総合的研究、明治大学、二〇一四

(27) 登石健三『遺構の発掘と保存』雄山閣出版、一九七七

(28) 日下八光「装飾古墳を描く」国立歴史民俗博物館編集『装飾古墳の世界 国立歴史民俗博物館開館10周年記念企画展示』朝日新聞社、一九九三

V章

我が国の古墳壁画保存の課題

松田真一
西田輝彦

1 もう一つの壁画古墳

(1) キトラ古墳の発見と調査

奈良県明日香村には高松塚古墳と同様に、石槨内の東西南北の側壁面と天井面に塗られた漆喰面に、極彩色の壁画が描かれた終末期古墳がもう一つ存在する。同村大字阿部山に所在するキトラ古墳である。キトラ古墳の壁画は高松塚古墳とは別の方法で保存されることになるが、壁画自体が古墳から切り離され、現地以外の場所で保存されることを余儀なくされたという点では、似た運命を歩んだ古墳である。

実はこのキトラ古墳壁画が結果的に古墳と一体として現地での保存が叶わなかった理由は、高松塚古墳の保存問題が深く関わっている。そのことはキトラ古墳の発見から発掘調査に至る経過を、高松塚古墳の保存・管理の経過と、時系列で並行して見てみると明らかになるので、二〇〇一年の高松塚古墳取合部の封土崩落防止工事以降について整理した表を掲げて説明しよう（表1）。

キトラ古墳は高松塚古墳の南方約一・三キロメートルの位置にあり、龍門山系から北西に延びる丘陵の南斜面に立地する、直径約一四メートル、高さ約三・三メートルの規模をもつ二段築成の円墳である（図1）。高松塚古墳より墳丘規模は一回り小さいが、ほぼ同型式の凝灰岩製の切石を組み合わせた横口式石槨を埋葬施設とした、飛鳥時代の終末期古墳である。石槨内の法量は長さ約二・六メートル、幅約一・〇メートル、高さ約一・三メート

図1　キトラ古墳の近景
（文化庁ほか『特別史跡キトラ古墳発掘調査報告』2008 より）

ルで、ほぼ高松塚古墳石槨と同規模である。

石槨内の内視鏡による内部調査と、引き続き実施された発掘調査で、石槨内の漆喰面に高松塚古墳と同じく、中国古代の思想体系に基づいた画題が描かれた壁画が発見された。壁画の内容を見ると、天井部の天文図と東西南北の側壁中央上部に四神像が高松塚古墳と同じ配置で描かれる一方、四神像の下には人物群像の代わりに、方位に合わせて獣頭人身十二支像を各四壁にそれぞれ三体ずつ配置している違いがある。石槨内の発掘調査では金銀装帯執金具や琥珀玉のほか、ガラスや金属製品の断片などが発見されている。

キトラ古墳は飛鳥時代の壁画の稀少性や、東アジアの文化的交流を示す学術上貴重な歴史遺産としての評価を受け、古墳は二〇〇〇年（平成一二）七月に国の史跡に、さらに同年一一月には特別史跡に、副葬品などの出土品は二〇一八年に重要文化財にそれぞれ指定された。また壁画は古墳から切り離された後の、二〇一八年の重要文化財指定を経て、翌二〇一九年に国宝には指定されている。

(2) 剥ぎ取られた壁画

◉発掘に至った経緯

キトラ古墳の発掘調査に至る経緯を振り返ってみよう。一九七〇年代後半頃にはすでに石槨の存在が明らかになっていたが、一九八三年（昭和五八）一一月初めてファイバースコープを用いた石槨内部の観察調査が実施され、奥壁に描かれた四神の一つ玄武像が発見された。その後しばらくは古墳の調査を手掛けることはなかったが、一九九七年九月に古墳の範囲確認調査という名目で、墳丘の規模や形状などを確認するための発掘調査が実施された。いずれ石槨内の発掘調査を行うことを念頭に置いた確認調査であったと推定される。引き続き翌一九九八年三月には改良の進んだ小型ファイバースコープを使った内部調査で、天井や側壁に描かれた天文図のほか、青龍や白虎像が確認され、二〇〇一年三月にはさらに高精度のデジタルカメラを使った内視調査が実施され、高松

表1　高松塚古墳とキトラ古墳の維持・管理と諸調査の経過、および管理中の事故とその公表の経緯
（2001年高松塚古墳取合部封土崩落防止工事以降）

2001年2月13日	高松塚古墳保存施設取合部の、封土崩落防止工事が実施される。（工事は管理マニュアルを遵守せず、工事関係者が防護服を着ず、滅菌処理しない器材を持ち込んで作業を進めた。）
2001年3月22日	キトラ古墳第3次探査のデジタルカメラ調査で朱雀像が発見される。
2001年3月26日	封土崩落防止工事を行った高松塚古墳取合部に大量の黴発生。（公表せず。）
2001年7月6日	特別史跡キトラ古墳の保存・活用等に関する調査研究委員会が設置され、第一回開催。
2001年9月26日	高松塚古墳石槨内にも黴が発生する（取合部工事との関連が濃厚とされるが公表せず。）
2001年12月6日	キトラ古墳第4次探査のデジタルカメラ調査で十二支像が発見される。
2002年1月28日	高松塚古墳修復作業中に壁画に電気スタンドを接触させ5個所に傷をつけた。損傷部分を秘密裏に補修する。（公表せず。）
2002年5月7日	キトラ古墳の墓道前半部の発掘調査が実施される。
2002年10月27日	高松塚古墳の石槨内に黒色の黴の発生、虫類の侵入が認められる。
2003年3月12日	高松塚古墳2002年秋に発生した東壁女子群像下の黒い黴について初めて公表される。
2003年3月18日	高松塚古墳緊急保存対策検討会が設置される。（保存施設取合部の杜撰な工事の内容、および壁画の損傷と壁画補彩などの不法な補修については明かされず。）
2004年1月28日	キトラ古墳の墓道後半部の発掘調査が開始される。
2004年3月29日	『国宝　高松塚古墳壁画』が出版される。（文化庁長官の序文には「幸い、30年を経ても壁画は大きな損傷あるいは褪色もなく保存されております。」と記載される。）
2004年6月4日	高松塚古墳恒久保存対策検討会を設置　（壁画の現状について、剥落の危険がある部分のみについて剥落止め処置を実施してきたが、壁面全体について劣化が進行している可能性がある。未処置部分を含め、壁面全体について精密に診断を行い、保存計画を策定すべく作業を開始していると説明。しかし取合部の杜撰な工事、および壁画の毀損事故と不法な補修はここでも明かされず。）
2004年6月10日	キトラ古墳石槨内の発掘調査が開始される。
2004年6月20日	高松塚古墳壁画の著しい劣化実態が判明する。
2004年7月10日	キトラ古墳壁画の剥ぎ取りが同年9月まで継続して行われる。
2004年8月10日	第2回高松塚古墳恒久保存対策検討会が開催される。（同検討会では詳細な壁画状態を説明。青龍の舌の損傷、2001年12月から翌年1月にかけて生じた西壁女子青色裳の正面上端部分の欠損など、黒線や赤色の薄れや剥落部分について言及。しかし2002年1月28日の毀損事故などについては触れていない。）
2005年6月27日	第4回高松塚古墳恒久保存対策検討会が石槨の解体を決定する。（ここでも壁画の毀損事故や不法な補修などは明かされず。）
2006年4月13日	高松塚古墳壁画の著しい劣化の現状と、杜撰な管理の実態が新聞で報道される。（内容は、2001年2月文化庁が発注した高松塚古墳保存施設の取合部における封土崩落防止工事の実態、同年3月の取合部、次いで12月に起きた石槨内に黴が大量発生した事態。2002年1月の黴被害処理作業中の国宝壁画の損傷事故と、損傷部の秘密裏の補修した一連の不祥事。）
2006年4月25日	第1回高松塚古墳取合部天井の崩落止め工事及び石槨西壁の損傷事故に関する調査委員会が開催される。
2006年6月19日	高松塚古墳取合部天井の崩落止め工事及び石槨西壁の損傷事故に関する調査報告書が発行される。
2006年10月	高松塚古墳の石槨解体のための発掘調査が開始される。
2007年4月	高松塚古墳の石槨の解体が開始される。解体後は石槨を構成する部材が国宝高松塚古墳壁画仮設修理施設に移動される。
2008年7月4日	第1回高松塚古墳壁画劣化原因調査検討会が開催される。
2020年3月	高松塚古墳の壁画の修理・清掃が終了する。

＊あみかけはキトラ古墳関係。

図３　キトラ古墳墓道の完掘状況
（文化庁ほか『特別史跡キトラ古墳発掘調査報告』2008 より）

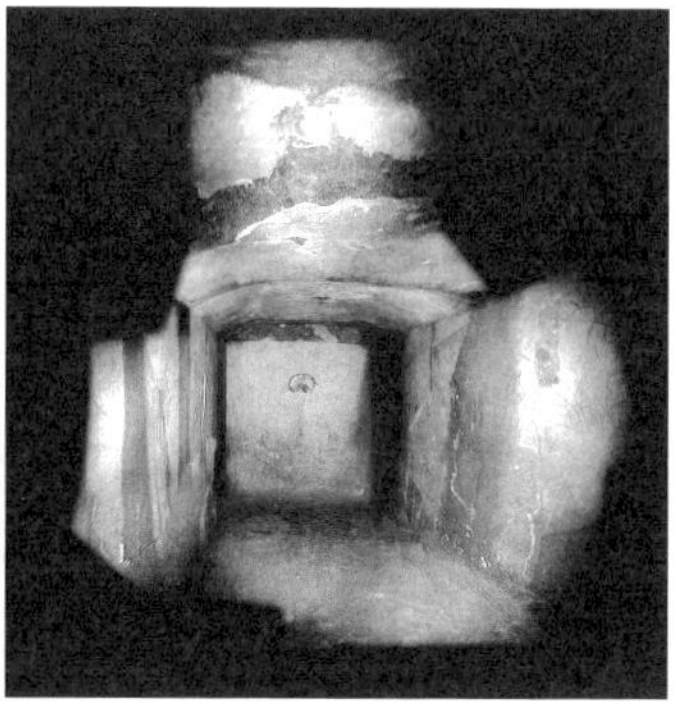

図２　キトラ古墳内視調査による石槨内全景画像
（明日香村教育委員会 1999 より）

塚古墳では失われていた朱雀像の発見にも至っている（図２）。

このように技術的な進歩を重ねる内視鏡器機を活用した調査成果を通して、高松塚古墳壁画に匹敵する貴重な第二の壁画古墳の存在が現実のものとなり、キトラ古墳に対する世間の関心も否応なく高まった。壁画発見以来の経過を振り替えると、地元の期待も追い風になったのか、そこからは石槨内の本格的発掘調査に向けて、着々と環境整備を図っていたように思われる。

キトラ古墳は文化庁による墳丘調査や内視鏡調査の結果を受け、いよいよ二〇〇二年の五月から六月の墓道の調査を実施することになる。調査では石槨南側正面に墳丘盛土を切り込んだ幅約二・五メートル、深さ約一・五メートルの規模の墓道が確認された。墓道は南側部分の長さ約五メートルの範囲が確認され、墓道の床面からはコロのレールとした、三条の道板材の抜き取り痕跡を検出している。この墓道の発掘調査を経て、さらに二年後の二〇〇四年一月末から九月にかけて、キトラ古墳石槨内の本格的な発掘調査が断行されることになった（図３）。

◉無謀ともいえる古墳の発掘着手

この発掘調査を遡る二〇〇一年三月に、高精度のデジタルカメラを使った石槨内視調査が行われたのを受けて、文化庁はキトラ古墳壁画の重要性に鑑み、キトラ古墳の保存の方向性を探るための委員会を設置し、同年七月六日には第一回の特別史跡キトラ古墳の保存・活用等に関する調査研究委員会を開催している。実はこの時期はほかでもない、キトラ古墳と至近ともいえる距離にある高松塚古墳において、例の取合部の崩落止め工事が行われた五か月後にあたる。さらにその二か月後からは、高松塚古墳では取合部だけでなく、石槨内にまで蔓延した黴の大量発生という、それまで経験したことのない事態に陥っていた。事が公にされていないまま、高松塚古墳はまさに壁画保存について重大な局面に立たされていた時期にあたる。取合部の崩落止め工事は、きわめて杜撰なものであって批判されている通りだが、同時に見過ごせないのは、キトラ古墳の発掘調査が、このような高松塚古墳の壁画の保存管理で大きな問題が生じ、壁画の現地保存の方法やその後の対応について、まったく見通しもつかなかった最中であったことである。高松塚古墳と類似した極彩色の壁画が存在し、かつそれが同様の構造や材質からなる石槨壁面に描かれており、何より似通った保存環境の下にあるにもかかわらず、なぜあえてキトラ古墳の発掘調査に踏み切ったかという疑問が拭えない（図4）。

図4　キトラ古墳調査前の石槨内の状況
（文化庁ほか 2008 より）

キトラ古墳のこの第一回の会議では、資料5「高松塚古墳の調査経緯について」が資料配布されている。この資料では一九八一年六月に「第三次修理事業開始」とあって、それ以降は「年に一回程度の点検や必要に応じての部分修理を行っている」としか書かれていない。これからキトラ古墳の保存・活用等に関する調査研究を行っていこうとしている委員会のどこにも、キトラ古墳にも密接に関係する、高松塚古墳で当時起こっていた重大な問題につて触れられた形跡はない。第一回目の重要な会議であるその場で、なぜ必ずや参考にすべきであった高松塚古墳の現状を明らかにしなかったのだろうか（図5）。

特別史跡キトラ古墳の保存・活用等に関する調査研究委員会はその後、二〇〇二年一月に第二回、同年七月に第三回の委員会を開催し、二〇〇三年七月の第四回では当該年度に実施される予定として、石槨内発掘調査のスケジュールも会議に諮られている。このなかで第二回委員会の会議記録をみると、そこには石槨内部の保存処理等のための仮設保護覆屋の設計に関する議論があり、「覆屋の中で発掘作業を行うこととすると、作業のための人の出入りの区画と石室の中での立ち入り区画は、黴が入らないようにするためにまったく異なる区画

資料5

高松塚古墳の調査経緯について

昭和47年1月～4月	発掘調査（事業主体者：明日香村、奈良県立橿原考古学研究所　支援：関西大学）
3月	古墳壁画を確認
	文化庁に報告　報道発表
4月	『高松塚古墳応急保存対策調査会』発足
6月	史跡指定（昭和48年4月23日、特別史跡指定）
8月	『高松塚古墳総合学術調査会』発足
12月	『高松塚古墳保存対策調査会』発足
昭和48年8月	模写開始（昭和49年完成）
昭和49年4月.	壁面4面を重要文化財に指定、同日国宝指定
8月	保存施設設置に伴う発掘調査
	保存施設工事開始
昭和51年3月	保存施設竣工式
9月	現地での保存修理実施
	第1次修理事業　年度中に6回行う
昭和53年9月	第2次修理事業開始　年度中に4回行う
昭和54年度	修理4回（以後、作業は秋から冬季に行う）
昭和55年度	修理4回
昭和56年6月	第3次修理事業開始。

以降、年に1回程度の点検や必要に応じての部分修理を行っている。

※『高松塚古墳応急保存対策調査会』
壁画の保存に関する当面の措置について科学的な調査研究を行った。

『高松塚古墳総合学術調査会』
各専門分野からなる研究者の総合的な学術調査（壁画、遺構・遺物等）を行った。

『高松塚古墳保存対策調査会』
応急保存対策調査会の結論を受けて設置され、保存施設の設置及び壁画修理等の保存対策について具体的な検討を行った。

図5　資料5「高松塚古墳の調査経緯について」
（第1回特別史跡キトラ古墳の保存・活用等に関する調査研究委員会（議事録）より）

になる。その場合、施設としてはかなり大きなスペースが必要になると考えられる」とあり、また第三回委員会では「高松塚古墳の場合は一〇年かかって壁画修理を終了したが、今回はそのデータも活用できるため、作業期間が短縮できるのではないか。」「高松塚古墳では、保存施設が三つの部屋に仕切られており安全性が高かったのだが、今回は二つの部屋しか分かれていないため、安全性から見て不利な条件である。」など、高松塚古墳の経験や対策を参考にして検討されている件がある。当然その時点における、最新の高松塚古墳情報をもとにして議論できたはずだが、会議を主催している文化庁の委員会の場ではそうはならなかった。ついには発掘調査が始められる直前の二〇〇三年一二月に開催された、第五回委員会に至ってもなお、高松塚古墳壁画で黴が蔓延して、いわば手の施しようがない状態に陥っていたことは、委員会の場では明らかにされることはなかった。

結局は発掘調査を強行したキトラ古墳でも、高松塚古墳の壁画が被った黴被害が現実のものとなり、結果的には同様に、先の見えない黴の増殖抑制に取り組まざるを得なくなる。キトラ古墳では黴の蔓延に対処するため、作業後に壁画面にアルコールを散布して仮締めしたが、後日石槨に入るとそのアルコールによって一部の漆喰が溶解する事態に至っている。キトラ古墳の石槨内調査が実施された翌年の保存科学研究集会[1]では、「二〇〇四年一月末以降、石槨入口付近や石槨内に黴が発生しはじめエタノールやパラホルムアルデヒド燻蒸を行ったが、二〇〇五年一月からは新たに剛毛を生じる黴が出現し、加えてバクテリアや酵母などが混合したコロニーも見出されるようになった。同年夏季以降はそれらを基盤とし、さらに黴や菌類の汚染が進み手に負えない状態となった」（一部改変）と報告されている。まさに黴抑制の対策が確立していなかった当時の実態を露呈した出来事といえるだろう（図6）。

◉キトラ古墳の発掘を許した情報非公開体質

このような経過を顧みると、仮に高松塚古墳の酷い黴被害の情報が公にされていたら、キトラ古墳の発掘調査を思いとどまるべきだという意見があったに違いなく、いたずらに調査を強行することが防げていた可能性があった。うがった見方かもしれないが、なんとしてもキトラ古墳の発掘を実施するがために、高松塚古墳の情報を隠していたと訝られても、正当な説明は難しいだろう。

ただキトラ古墳の壁画は、偶然にも壁画が描かれた漆喰の一部が、石槨壁面から剥れて遊離した状態で残存していた。地震などによる強い揺れが古墳を襲えば、漆喰ごと崩落する危険があったため、壁画の保存はやむなく剥ぎ取りの方向で進んだ。そのためここで指摘した問題が表面化することがなかっただけのことである。しかし実際にはキトラ古墳でも、壁画の多くの部分は剥ぎ取ることが技術的に難しく、新しい剥ぎ取り機器を開発しなければならないほど壁面に密着していた。本来なら現地で保存する方途を探らねばならないはずであった。文化庁が古墳壁画の現地保存の方策の目途がまったく立たないなかで、キトラ古墳の発掘調査を容認したことは、

図6　キトラ古墳　寅像（左）・朱雀像（右上）・白虎像（右下）（文化庁ほか 2008 より）

仮に発掘調査に期待する世論や、それを背景にした圧力などがあったとしても、古墳の学術的価値を高く評価して特別史跡に指定し、その保護を所管する文化庁としては、あくまでも慎重でなければならなかったはずである。

◉剥ぎ取られた壁画の価値

キトラ古墳壁画では支持体である漆喰から、結果的に画題として描かれた玄武をはじめとした四神などが、それぞれ像ごと個別に剥ぎ取られた。像ごとに個別としたのには壁面から剥ぎ取る作業の技術的限界もあったのだろう。いずれの像もそれを中心として、周囲に縁取り程度の余白部分を加えた範囲で剥ぎ取られた。文化庁が現在定期的に一般公開している壁画の展示では、そのようにして剥ぎ取られた像が見学に供されている。

キトラ古墳の墓室内に描かれた壁画は、各壁面をカンバスと見立て、風水思想に基づいた世界観を表したもので、それぞれの画題をどこにどう配置するかを考慮し、画面となる壁面のあるべき位置に描かれている。したがって各図像だけでなく、余白部分も含めた壁画面全体が、絵画としての意味と価値を有していることはいうまでもない。像を剥ぎ取ることはできても、この絵画を必要とした墓室空間から切り離され、かつ多数のパーツに分割された痛々しい絵画は、将来どのような評価をうけることになるのだろうか。

註

（1） 佐野千絵・木川りか「キトラ古墳における生物被害とその対処」『保存科学における諸問題―キトラ・高松塚古墳壁画の保存科学修理―』奈良文化財研究所、二〇〇五

2　国による今後の壁画保存の方針

(1) 石槨は墳丘に戻さないことに

●古墳壁画の保存活用に関する検討会

これまでの国が主導してきた高松塚古墳の保存対策を踏まえて、文化庁が主催する古墳壁画保存活用検討会が二〇〇八年（平成二〇）六月に立ち上げられている。議論する具体的な内容は、①高松塚古墳壁画の保存活用に関する事項、②キトラ古墳壁画の保存活用に関する事項、③高松塚古墳壁画の劣化原因に関する事項で、これらの課題や検証について調査研究することを目的としたものである。なお先に指摘した真の壁画劣化原因を特定することなく、曖昧な結論を下した古墳壁画劣化原因調査検討会は、この③の事項の議論のために設けられた検討会である。

これらの検討会や委員会の内容は多岐にわたり経緯も複雑だが、それぞれの成果についてもあらためて評価も必要だろう。その後この古墳壁画保存活用検討会を引き継ぐ形で、ほぼ類似した名称の古墳壁画の保存活用に関する検討会が、二〇一〇年五月に発足している。目的は高松塚古墳壁画およびキトラ古墳壁画の、適切な保存活用を行うために必要な事項等を調査研究するとある。この検討会は二〇二一年八月には二九回目の会議を開催しており、現在も継続して同検討会の名のもとに、調査研究が進められていると聞く。

この間の二〇一四年三月二七日、文化庁は「高松塚古墳の保存管理の経緯と壁画修理後の当分の間の保存の在り方について」（以下「壁画修理後の当分の間の保存の在り方」）として、修理という名目で継続してきた壁画の今後の保存の方針を明らかにした。文化庁のホームページから、以下に一部を抜粋して紹介する（年号は西暦に書き換えている）。

「・壁画修理後の当分の間の保存の在り方について

「古墳壁画の保存活用に関する検討会」において、特に高松塚古墳壁画については、二〇〇五年六月の「国宝高松塚古墳壁画恒久保存対策検討会」で決定された恒久保存方針である「解体修理方針」に基づき修理作業が進められており、二〇一七年頃に予定される修理作業終了時に向けて、二〇一二年度からは、高松塚古墳壁画修理後の保存の在り方に係る議論が重ねられてきた。」

そこで論議されたことで最も注視されるのは、二〇〇五年六月の検討会において、石槨の解体修理を決定した際に「壁画の修理後は墳丘に戻す」とされたことである。しかし古墳壁画保存活用検討会の方針では、墳丘へ戻すには以下のような障害や課題があることを指摘している。

「・カビ等の影響を受けない環境を確保することは困難である。・漆喰の粗鬆化が進んでいる。・石材には多くの亀裂があるとともに、強度も低い。・強度が低い石材を用いて、石室を再構築することは難しい。・墳丘に保存施設を設置する際、さらに遺構を破壊する可能性がある。墳丘の外観にも影響を及ぼす。」

要点だけを引用したが、あらためてここに羅列された問題点をみると、一に現墳丘に黴等の影響を受けない環境を確保することは困難で、仮にそのような完備した施設を持ち込むとなると、さらに遺構を破壊することになる。二に漆喰の粗鬆化がより悪化し、目論んでいた有効な石材の強化も結局はできず、解体よりさらに困難な石槨の再構築などとても不可能で、将来いかに技術が進んだとしても、これらの問題解決の見込みはない。

そもそもこれら石槨を古墳に戻せない理由として挙げられた事項は、すべて石槨を解体して墳丘から取り出すことを決した二〇〇五年六月当時に、予想することができた内容である。当時この事実は誰もがわかっていながら、黙認したというのが本当のところだろう。できないことが明白であるにもかかわらず、わざわざ石槨の解体決定に際して「修理後は石槨を墳丘にもどす」と附記したのは、これを書き込むことで、解体案に賛同が得やすいと考えたからであろう。

そして「壁画修理後の当分の間の保存の在り方」としては、「壁画・石室は、墳丘に戻すことが望ましいが、現在の科学的・技術的水準の下では壁画・石室に安全な環境を作って墳丘に戻すことは困難であり、壁画を将来に伝えるためにも修理終了後、当分の間は墳丘に戻さず、引き続き保存と公開を行う。」とした方針変更を公にした。またそこには「同時に、恒久保存方針に基づき、将来的には現地に戻すための努力・検討を続けるべきであろう。」と付け加えられてはいるものの、石槨の解体を決定してから約一〇年が経過して、再び不可能だとわかっていながら、同じような文言を繰り返している。実際に現地に戻すための調査や研究など、努力や検討をしている形跡もない現状では、単にこれまでの方針との整合性を保つだけの空言にしか聞こえない。

(2) 石槨の復旧議論なく解体（図7）

二〇〇五年の恒久保存対策検討会で決議した、修理後は石槨を復旧するという決議を覆したことについては、外部からの批判も少なくなかった。

毎日新聞社の専門編集委員であった佐々木泰造は、この文化庁の古墳壁画の保存活用に関する検討会の方針について、「文化財保存の原則は「原状保存」だ。できる限り、元のままの状態で残さなければならない。この原則に従えば、高松塚古墳を解体して取り出してしまった壁画を現地に戻すという選択肢はありえない。高松塚の石室を覆う墳丘は、版築という工法で土を何

図7　高松塚古墳石槨解体作業
（「高松塚古墳　石室解体事業の概要パンフレット」文化庁より）

層にも硬く搗き固めて築かれた。そこには亡き人を守ろうとした飛鳥人の思想が反映されている。解体して土の粒子になった墳丘を飛鳥人がしたのと同じように造り直すことは不可能だ。木造建築や石垣の解体修理のようなわけにはいかない。」と指摘している。そのうえで「解体を決めた時点で、壁画が描かれた漆喰がもろくなっており、石材も傷んでいることはわかっていたが、元に戻せるか、元に戻すべきかの議論はほとんどないまま、元に戻すことを条件に解体が決行された。」と述べている。

石槨解体をともなう保存修理の方針決定の経緯をみると、保存方法の原則を踏み外しているだけでなく、これまで経験のない保存方法に挑むにしては、修理後の石槨復旧に対する技術的な問題や、遺跡の価値が維持できるかなど、実現が可能か否かの充分な検討も経ていない。問題を未解決で先送りにしたまま、解体だけが拙速に決められていたことに対する痛烈な批判と受け止めることができる。

3　尽くされなかった現地保存の方策

◉壁画を護った低酸素濃度の環境

高松塚古墳壁画が発見された当時の写真からは誰がみても、黴被害のない壁画が色鮮やかな状態であったことがわかる。同様に壁面に塗られた眩しい白色の漆喰に描かれたキトラ古墳の壁画も、白色粘土に描かれた虎塚古墳の壁画も同様である。盗掘の被害にあっているにもかかわらず、古墳の発見当初の壁画の保存状態はどれも共通して、良好で、黴や微生物による被害は顕著でない。これは後節の西田論考でも詳しく解説しているように、閉ざされた地中に設置された石槨内は、埋葬後封鎖されるが、狭い石槨内空間では遺体のほか木棺や副葬品が置かれていたため、これらが腐敗する過程で石槨内の酸素が取り込まれる。また壁画が描かれた支持体である漆喰（消石灰）が、炭酸ガスを徐々に吸収した結果、石槨内は低酸素濃度の状態、かつ低二酸化炭素濃度の状態の環境に維持されていたと考えられる。そのため壁画の顔料が酸化による劣化を免れ、加えて微生物や虫類などを含む生物の侵入や繁殖を防ぐことのできる、好循環の環境が維持されたのだろう。上の三基の古墳に共通したこのような発見前の石槨内の環境こそが、壁画を一三〇〇年もの永きにわたって良好な状態で保存できた理由であった。

◉王建墓の油罐《ゆかん》

本題からは少し横道にそれるが、墓室が低酸素の状態に置かれることを考慮したのではないかと考えられる事例がある。十数年前のことだが、四川省の省都である成都を訪れる機会があり、当日の所用を済ませた後の時間を利用して、市内にある五代十国時代の前蜀を建国した皇帝王建の墓を見学した。王建は西暦九一八年に亡くなり、埋葬された墓は永陵と呼ばれている。現在は永陵博物館として一般の見学ができるように開放されており、観光客も自由に訪れることができる成都の旧跡の一つになっている。

墓の規模は直径が約八〇メートル、高さが一五メートルで、円形を呈する墳丘の内部に築かれた石室の構造は、前室、中室、奥室の磚積三室からなる。その中室の中央には王権の棺を安置した棺床が現存し、その側面には音楽を奏でた楽人の姿が巧みに表現されていて、晩唐前後の楽奏の構成や演奏の様子を知ることができ、音楽史上における貴重な石彫工芸としても知られている。

中室の先には奥室が設けられているが、その寝床には墓主である王建の石像が設置されている。この中室と奥室との間に目を向けると、そこに油罐と呼ばれる、口の広い甕のような形を呈した石製の容器が置かれていた。説明には「地宫中的石质油缸，是已发现的中国古代大型墓葬中最早和唯一放置于墓主人头端的大型长明灯具。」とあり、さらに「棺床此部头端安放石质大型油缸（俗称长明灯）、内置三盏青瓷油灯、当墓室封闭后、通过燃烧、残余氧气使墓内形成真空以便保存遗体及随葬品。」と記載されていた。意味するところは、油罐は大型の長明灯具で、そのなかには三個の青瓷の油灯が置かれている。遺体を安置し墓室を閉めた後、油灯が燃焼し墓室に残された酸素を使いきり、真空となって遺体や副葬品の保存に役立つという。油罐は墓室内の暗い空間を明るく灯し続けるとともに、まったくの真空にはならないが、低酸素状態を維持する効果を狙うことも意図されていたと考えられる。

◉石槨の空気漏洩調査の問題点

さて高松塚古墳の発見時に壁画が良好に維持されていた理由が、石槨内が低酸素濃度で低二酸化炭素濃度であったことは動かしがたい事実である。一九七二年（昭和四七）の壁画発見以降に限れば、石槨やそれを覆う版築を著しく傷めるほどの大きな地震は、飛鳥地域では観測されていない事実を踏まえて、発見時における石槨の環境問題を取り上げよう。石槨解体を前にして、石槨の構造調査も実施され、そのなかで石槨の空気漏れ調査が行われた。しかしそこで起こった計測に関わる初歩的な過誤についてはⅡ章2(3)において指摘した通りで、とりわけ石槨の正しい空気漏洩量は、今後の墓室環境の研究には是非とも知っておきたいデータであった。石槨が解体されてしまった今となっては、検証するにも証拠そのものが消滅されてしまい、これは取り返しのつかない重大な失態で、責任が問われてしかるべきである。

◉石槨の気密性の誤った評価

正確を期すことを怠った石槨の空気漏洩量調査方法や、その誤った測定結果をそのまま鵜呑みにしたことが重大な問題だが、加えて見逃せないことは石槨の気密性について、少しも専門的に検討されていないことにある。すなわち石槨にいくらかの隙間が存在し、強固な版築を含む封土に覆われた環境下にある石槨内の、気体の動きや平時の隙間からの気体の出入りなどは、保存方法を検討するうえで鍵ともなる、とりわけ重要なデータであり、そのための正しい評価・判断に供されなければならない。しかし結局は流体力学的な検討もしないまま、さしたる根拠もなく、また基準も示さずに空気漏洩量がただ単に大きいので、効果がないと判断してしまった。また恒久的保存対策検討会の場でも、それを評価できるメンバーを用意しないまま、幅広く考えなければならなかった保存対策方法の選択肢を自ら狭めてしまい、検討会の大義とは異なる方向に進められた。

たとえいくらかの隙間があっても、石槨内は低酸素濃度の状態を維持できていたことは間違いない。その程度のことは石槨の気密性の間違った調査にかかわらずとも、素人の目にも明らかだろう。ただ将来の文化財保護を見据えると、石槨などの埋葬施設に限らず、それに類した閉鎖空間構造の環境にある文化財の保存対策を考えるうえで、保存空間の気密性についての専門的研究が欠かせない課題となるに違いない。高松塚古墳の壁画保存は、そういった意味でも、先鞭となる貴重な機会とされるべきであった。

◉万策尽きての保存策ではない

Ⅱ章2において触れたように、三三年もの間、適切な保存策を検討することもなく過ごした文化庁が、いきなり石槨解体を決めたことは、誰の目にもあまりに検討が不十分で、ひたすら結論を急ごうとしていた印象が強い。また墳丘や石槨の環境に関する調査の方法や検査のデータをみても、正確さを欠いたことや、読み取りや評価が不十分なまま、議論もされなかったことも大きな問題である。

恒久保存対策はあらゆる方法を検討して方策を練ることが前提であったはずだが、石槨解体という重すぎる結論を得るまでに、必要とされる専門分野の人材すら求めようとした形跡もみられない。当時の多くのメディアが検討会の内容を取材し、石槨解体の決定が「万策尽きてのやむをえない結論」との印象をもたせる報道を伝えたが、以上述べてきたように事実を正しく伝えてはいない。

4　古墳壁画保存への提言

西田輝彦

(1)古墳壁画劣化のメカニズム

国宝高松塚古墳の壁画は、この地に残されてきた数多くの飛鳥時代の文物の中にあって、とりわけ飛鳥文化を象徴する歴史的な遺産と言えるものである。一九七二年（昭和四七）三月二一日に高松塚古墳が奈良県立橿原考古学研究所により発掘調査され、石室内の鮮やかな極彩色壁画に国中が驚嘆し、飛鳥ブームが起きた。古墳は、適切な保存を期して速やかに三月二六日に封閉され、国に移管された。古墳の保存施設が一九七四〜一九七六年三月までに作られ、完成後同年九月に壁画修復作業が始まり、誰もが永遠とは言わないまでも、壁画は発見当時の状態を長く留めているものと思っていた。しかしその後、漆喰の表面は滑らかだが、酷い劣化・剥落が発見された。[1] 二〇〇四年（平成一六）発行の写真集『国宝　高松塚古墳壁画』で、「白虎」の退色が問題となった。その後様々な劣化防止対策が施されたがさらに劣化が進み、発見時の壁画とは別物のように精彩が損なわれてしまった。その後は石室と一体として保護しなければならない壁画が描かれている石室までが、解体されてしまった。国は壁画を守るため、石室解体という方法を取ったが、他の保護手段はなかったのか、英知を集めた最良の手段とは言えないのではないか、また今後解体された壁画がさらに劣化する危惧はないのか、改めて壁画の保存方法について考えてみたい。ここでは壁画劣化の原因とそのメカニズムを、事実に基づいて、出来るだけ科学的に明らかにし、今後の墓室壁画の保存の指針となる、現地での保存が可能な提言を示すこととしたい。

◉顔料の退色

高松塚古墳壁画は古墳発掘後に酷く劣化退色したが（カラー口絵02）、墓室壁画の退色は大気酸素による顔料の酸化や、光線照射、宇宙線、水、湿気、黴などの様々な要因による顔料の化学変化から起こる。壁画に使われる顔料について、その性質および退色の要因について以下に検討する。

壁画に使われている顔料　一九七二年に奈良県立橿原考古学研究所によって、高松塚古墳壁画の顔料について分析調査されている。西壁と東壁の床上からの土壌三六三グラム中より分離しえた漆喰片は、一〇一グラムであった。顔料が付着した数個、数平方センチの漆喰片から、ペーパークロマトグラフィーによる分析が行われた。赤色顔料からFe、Hg、Pbイオンが検出され、ベンガラ（酸化鉄）、朱（硫化水銀）、鉛丹（四酸化三鉛）と判明した。茶褐色顔料からFe、Pbイオンが検出され、ベンガラ、鉛丹とされた。黄色顔料からFeイオンが検出され、黄土（含水酸化鉄）とされた。緑色顔料からCuイオンが検出され、岩緑青（塩基性硫酸銅）とされた。青色顔料からCuイオンが検出され、岩群青（塩基性炭酸塩）とされた[2]。

二〇〇八年に奈良文化財研究所によって高松塚古墳壁画に使用された顔料について調査され、肥塚隆保によって、結果が以下のように整理されている[3]。

「色料等の彩色部（黒線を含めて）

壁画に用いられた顔料については、一九七三年に公表され、ベンガラ、朱、黄土、緑青、群青、墨、金、銀が記載されている。また、漆喰下地の鉛白の鉛同位体比測定がおこなわれ、別子型鉱床の鉛の領域に分布するが、その産地については不詳である。

・今回の調査結果で最も特徴的なのは、鉛がすべての測定箇所から検出されたことである。下地の漆喰層に直接彩色をしたのではなく、鉛を含んだ材料によって彩色下地を作り、その上に絵を描いていたと推定できる。黒いカビの発生箇所についても測定を行ったところ、鉛検出量は他の箇所に比べて一様に少ないことが明らかになった。

・女子の上衣の赤色や黄色から、HgやFeを検出しなかった。染料に依っていると見なければならない。女子の黄色の上着も光の吸収より発光を示している。染料による彩色の可能性が高い。

・蛍光画像での注目すべき部分は、男子の緑色や青色の上衣、緑色の蓋、女子の緑色の上衣、裳の緑色や青色、さらに青龍の胴や玄武の後足の付け根、蛇身など線色と見える部分等から薄紫色の輝きが斑状になって写し出されていることである。それらの部分からは皆Cuが検出されており、緑青や群青が光を吸収して暗い斑を作っている。（中略）青龍の肌の部分で分光分析した結果、その分光曲線はラピスラズリに一致することが判明した。」

調査の結果に基づいて、使われていた顔料が海外由来の鉱物や国内の多様な顔料で古代に類を見ない優れた壁画だと評価されている。

顔料の性質　壁画に使われる主な顔料の性質は、表1のようである。

多くの顔料は酸に弱く、退色する可能性がある。防黴などで薬品を使用する場合注意が必要だと考える。

顔料の着色　可視光線は、波長四〇〇～八〇〇ナノメートル（10^{-9}メートル）の光線で、四〇〇ナノメートル以下は紫外線、八〇〇ナノメートル以上は赤外線である。多くの物体は、紫外線は吸収するが、可視光線はほとんど透過するので、無色である。顔料・染料は、特定の可視光線を吸収し、他の光線は反射して補色に鮮やかに着色

表１　壁画に使われる主な顔料の性質

顔料と性質	色	化学式
ラピスラズリ	青	$(Na, Ca)_8(AlSiO_4)_6(SO_4,S, Cl)_2$（東京文化財研究所の想定化学式）
耐光性、耐アルカリ性はあるが、酸には弱い。酸をかけると硫黄を発して、白っぽく退色する。		
群青	青	$2CuCO_3 \cdot Cu(OH)_2$
空気中に長く放置すると、水と反応して孔雀石型（マラカイト）$Cu_2CO_3(OH)_2$（青）に変わる。熱と温アルカリによって黒変する。弱酸に溶解してしまう。		
緑青	緑	$Cu(CH_3COO)_2 \cdot 2Cu(OH)_2$
耐光性はあるが、化学的に不安定で変色しやすい。酸と反応させ中性酢酸銅にすれば、その傾向は小さくなる。		
硫化水銀	朱	HgS
精製が不十分だと遊離硫黄が残り、鉛白などと混色すると黒変の可能性がある。天然鉱物は辰砂。		
ベンガラ	朱	Fe_2O_3
非常に耐久性がある。		
黄土	黄	$Fe_2O_3 \cdot H_2O$
非常に耐久性がある。		
鉛白	白	$2PbCO_3 \cdot Pb(OH)_2$
鉛化合物であるため、乾燥促進作用がある。遊離硫黄を含む顔料との混色により黒変する。		
胡粉	白	$CaCO_3$ を主成分とする。
ハマグリ等の貝殻の粉末から作る。		

する。顔料は水・油に溶けない着色物質、染料は水・油に溶ける着色物質である。

無機物の着色は、青色の銅化合物や赤色の酸化鉄のように、いろいろな金属の化合物が色を持っており、天然の鉱石の色もほとんどが金属イオンによる。金属イオンの周りの原子、分子配列により電子エネルギーに差異が生じ、可視光線を選択吸収する。有機物の着色は、ベンゼン環（炭素六個の正六角形環構造）や二重結合（炭素の不飽和結合）を沢山連ねる方法である。このようにすると、分子中の電子がより広い範囲に広がって存在できるようになる。その結果、このような分子構造を有する有機物は、より低いエネルギーの光を吸収しやすくなる。ベンゼン環が三個連のアントラセンまでは吸収帯が紫外線で無色だが、四個連のテトラセンでは青色の領域まで吸収が伸び、青の補色の黄色に色付いて見える（カラー口絵06①）。有機色素は、構造をちょっと変えるだけで色が全く変わる[4]。

◉酸化による退色と石室内の酸素濃度の影響

ここで、酸化による壁画に用いられた顔料の劣化のメカニズムについて説明しよう。有機、無機色素は、水分、酸素、酸、紫外線などでフリーラジカル（反応性の高い分子種）の化学反応によって退色していく。壁画の退色は、主に顔料の酸化により起こる。酸化速度は酸素濃度に比例し、温度が一〇℃上がれば、反応速度は二倍になる（図1）。酸素濃度が発掘前〇・一％と推定されるが、発掘後に大気の酸素濃度が二一％に上昇し、温度が五℃上昇すると、酸化速度は三〇〇倍になる。壁画がわずか数年で酷く退色劣化した理由だと考える。黴防止剤のパラホルムアルデヒド（$(CH_2O)_n$・H_2O）が使われ、その還元作用も影響する。酸化されるとギ酸 HCOOH を生じ、水溶液は強酸である。顔料は酸に弱いものが多い。堂道剛（技術士〈化学部門〉）は、「鉱物はほとんど酸化物で、酸化反応の触媒（活性化エネルギーを下げ、自身は変化しない物質）になり、酸化反応が急速に進行すると推測される」と述べている(4)。活性化エネルギーは、化学反応が反応物から生成物へ進行するとき、活性状態にするためのエネルギー差である(5)（図2）。

北岡祥伯（元京都大学助教授、工学博士）は、「古墳壁画劣化の化学的劣化とは、化学反応による分子構造の変化、換言すれば、化学結合の開裂、又は合成を意味する。この化学的劣化の停止が、壁画保存の最重要課題である。通常の空気中で、常温常圧状態で起きる化学反応は壁画顔料との酸化反応である。例えば「朱」は硫化水銀だが、空気と接触すると、金属水銀と亜硫酸ガスに分解され、無色になる。この酸化（退色）反応速度は、顔料の分子構造や保存状態（温度、湿度、圧力等）に依存する。この劣化退色を防止するためには酸素の無い状態、又は酸素

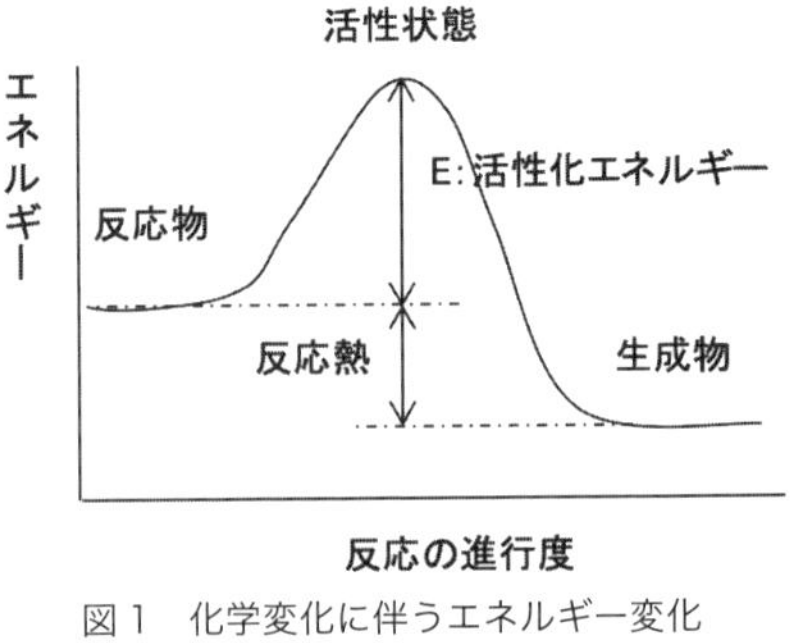

図1　化学変化に伴うエネルギー変化

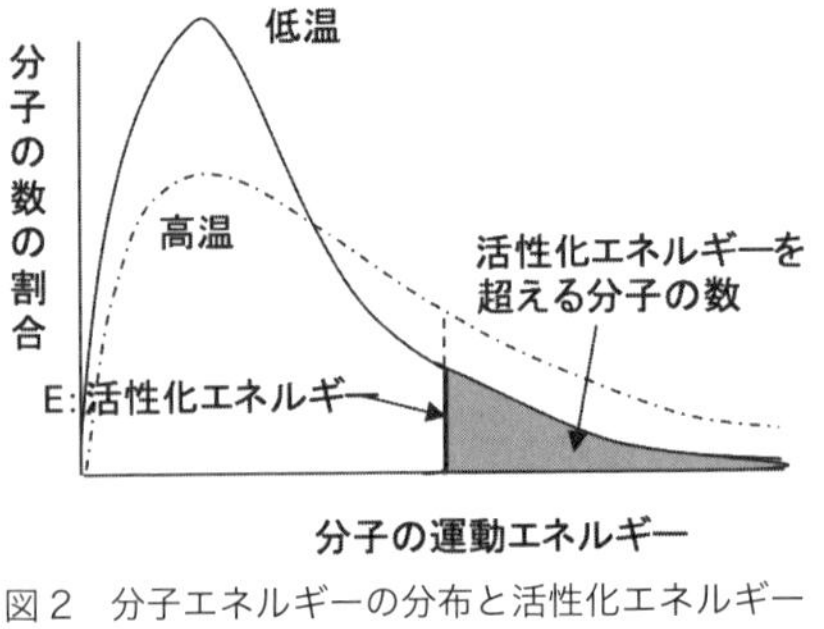

図2　分子エネルギーの分布と活性化エネルギー

を遮断した状態で保存する必要がある」と述べている(6)。

文化庁のこれまでの壁画保存対策は、高松塚古墳壁画の劣化について、ほとんど黴による劣化に検討・対策を集中し過ぎたきらいがある。壁画劣化の主原因である酸化による退色を論じなかったのは、不完全であったと考えざるを得ない。

◉紫外線による退色と保存施設内照明の影響

有機顔料は紫外線（波長四〇〇ナノメートル以下）により分子の結合切断が起き、退色しやすい。鉱物顔料は結合エネルギーが大きいため、退色しにくい。墨黒（カーボンブラック）は炭素原子同士の共有結合の結合エネルギーが大きいため、紫外線による退色は起きない。太陽光の三一〇ナノメートルより波長の短い紫外線は空気中で吸収され、地上にほとんど届かない（図3・4）。

美術・博物館用蛍光灯は、白色蛍光灯の紫外線放射照度（波長二七五〜三八〇ナノメートル）が、一般用蛍光灯の七三〇分の一に減少している。現在解体された高松塚古墳壁画が保存されている壁画修理室では紫外線防止用蛍光灯が使用されているが、紫外線防止蛍光灯からもわずかな紫外線が出て徐々に壁画の退色が進むので、照射時間は短い方が望ましい。

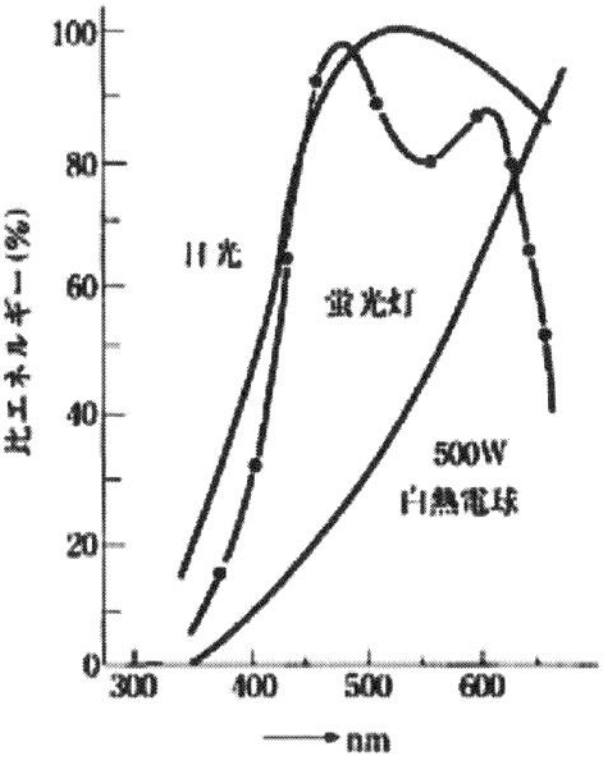

図３　各種光源の比特性エネルギーの分布（大須賀弘『新・食品包装用フィルム』日報出版、2004より）

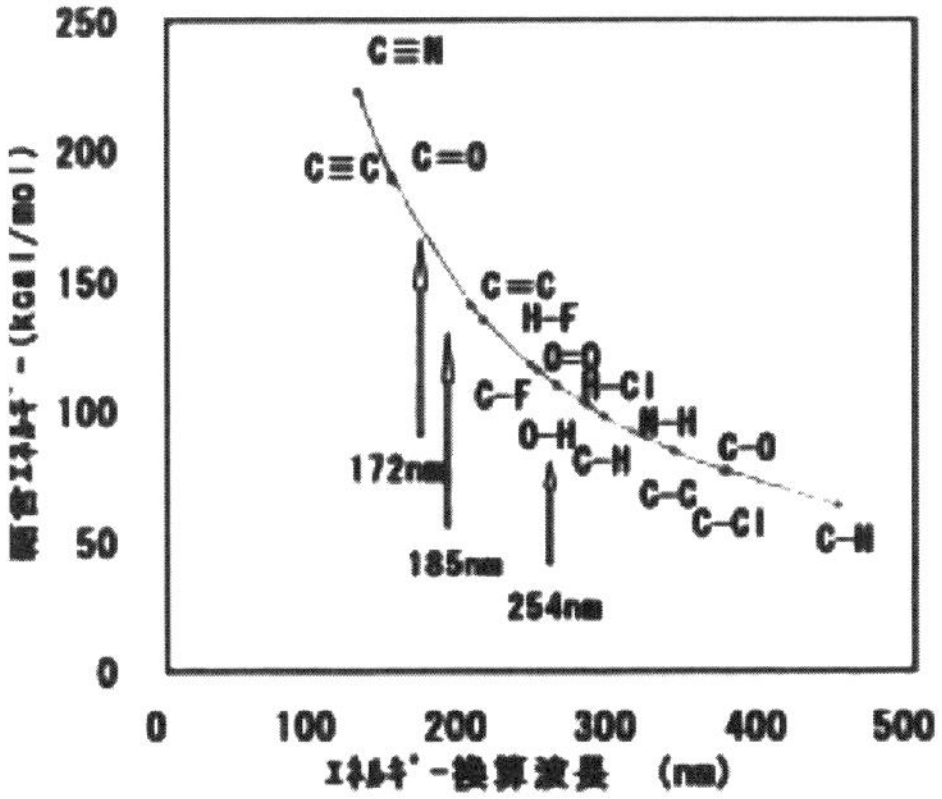

図４　各種分子結合エネルギーと結合できるUV波長の関係（菅原寛「光洗浄」『光応用技術・材料総覧』ウシオ電機株式会社ランプカンパニー）

壁画顔料に対する紫外線照射試験　川野邊渉（東京文化財研究所、以下東文研）は、高松塚古墳壁画に使用されたと考えられる顔料一六種類に紫外線照射の試験を行い、紫外線照射の顔料等への影響を確認した。紫外線灯を顔料に一週間照射試験結果（波長三六四ナノメートル、照射距離三〇センチ）では、退色は認められなかった。(7)

●顔料の退色について長期環境影響試験

赤池照子（東京家政大学助教授・当時）ほかによって、古代の洞窟の壁画、建築物の内装、日本画などに使われている顔料の経時変色について、一〇年間の長期環境影響試験が行われ、次の結果が得られた。(8)

・湿気により変色したものと測定される顔料は、胡粉、鉛白、群青、黄土、ただしその程度のより少ないもの、ベンカラ、紺。

・太陽光および昼光に対する露光器の中において、変退色した顔料の順位は、鉛丹＞銀朱＞黄土＞群青、紺＞鉛白＞胡粉＞緑青、ベンカラ。

・顔料を塗布した素材もまた変色に影響を及ぼした。

顔料は長期間、大気酸素、湿気と光に曝されると徐々に劣化退色することが確認された。

●宇宙線による退色と地下埋設の遮蔽効果

宇宙線は、高いエネルギーを持っており、分子の励起状態（高いエネルギー状態）を高めるため、活性化エネルギー（反応物から生成物へ化学反応が進行するとき、活性状態にするためのエネルギー差、図2）が低くなり、酸化反応を促進し、顔料の酸化退色が進むと考えられる。東京大学宇宙線研究所によると、宇宙線は、宇宙から地球に絶えず高速で降り注いでおり、地球大気に飛び込む前の宇宙線を「一次宇宙線」と呼び、大気に飛び込んで衝突して変化し、新たに生まれた宇宙線を「二次宇宙線」と呼ぶ。二次宇宙線は、その成分のうち大気中で電子やガンマ線は吸収されて減り、地中まで来るのは電子より二〇〇倍重いミューオンとニュートリノがほとんどである（カラー口絵06②）。佐川宏行（東京大学宇宙線研究所所属明野観測所教授、理学博士）ほかは、解析によりコンクリート層厚さ一五〇センチより深くなると電子（e）はほとんど消滅し、ミューオン（ミュー粒子μ）だけとなると述べている[9]（図5）。

この宇宙線の電子の消滅エネルギーが、壁画顔料の酸化反応を促進し退色に影響すると考えられる。

先の北岡は、「高松塚古墳壁画は、上部の土壌や版築を取り除いたため、宇宙線の影響をより強く受けるようになっています。宇宙線に対する阻止能力は、電子密度に比例するため、出来るだけ多くの物質で覆う必要があります。補修施設や博物館へ壁画を移管すれば、本来の土壌を盛られた古墳時代より、石槨及び壁画は、速く劣化します。世界の壁画や文化遺産が、地下や洞窟から発見されているのは、宇宙線が関係していると考えられます。高松塚古墳より一〇〇年近く遅れて描かれた宇治の白鳳堂の絵画が、完全に消失しているのは、宇宙線との関連も考えられます。永年保存とは、酸化反応と宇宙線との闘いです」と述べている[10]。北岡の考えは、奈良の飛鳥時代の多くの仏像に劣化退色があり、注目される。新薬師寺の十二神将は、今ほとんど灰色だが顔料分析によれば元は鮮やかな彩色像だったとされる。宇宙線が建屋の薄い屋根を透過し、仏像の顔料の劣化退色に関係することが考えられる。壁画の収容施設は、宇宙線の影響を減らすためにコンクリートなら一五〇センチ、または鉛板なら二〇センチ以上の厚さとし、十分に分厚い天井を置くことが有効だと考える。

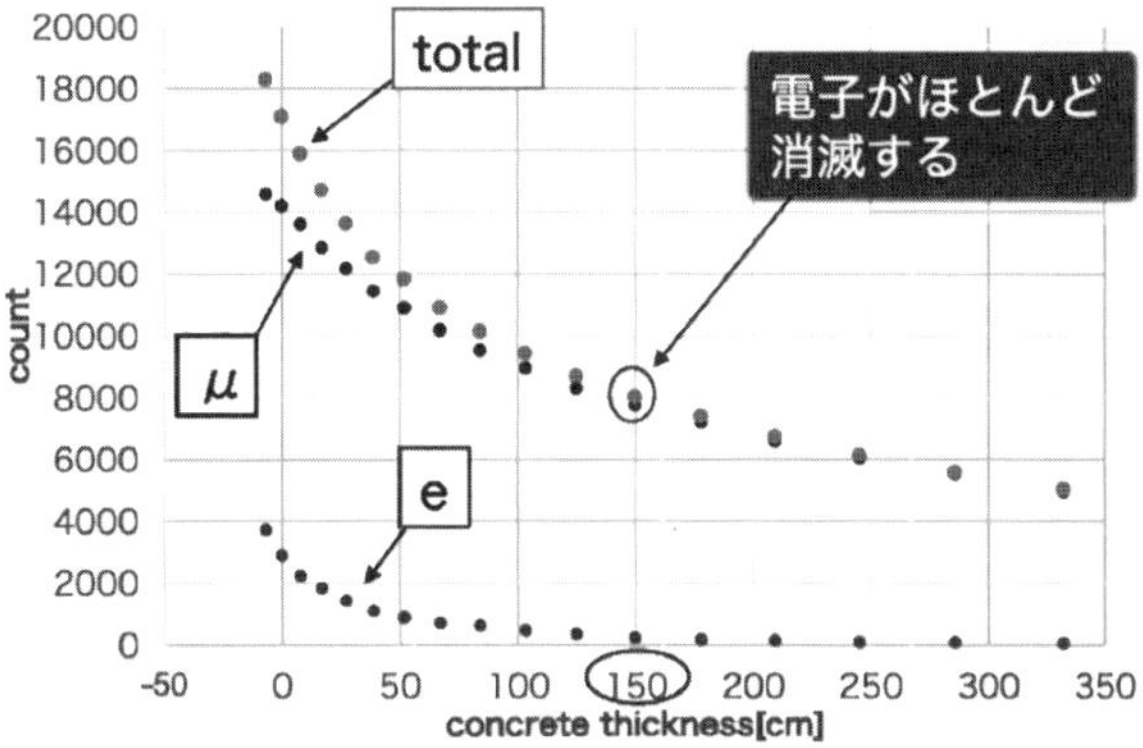

図5　シミュレーションにおける、コンクリートの厚さによるそれぞれの粒子の到達粒子数（註9より）

◉漆喰の劣化

次に、壁画が描かれている石室の壁面に塗られた漆喰の劣化について考えてみたい。漆喰の劣化は、石室内気体による漆喰の化学変化と黴の繁殖により起こる。九州に数多く存在する壁画古墳は、ほとんどが石室の表面に直接文様や絵画を描くが、高松塚古墳やキトラ古墳は漆喰で画面を整えており、壁画の劣化と密接に関わるため、古墳発掘以降の漆喰がどのように変化したかなど、経過の把握は重要である。

漆喰の化学変化と石室内の二酸化炭素濃度の影響　漆喰の原料は、石灰石や貝殻の炭酸カルシウム $CaCO_3$ を焼成して作った生石灰 CaO である（図6①）。漆喰は、この生石灰 CaO の粉末に水と結合補強材としてスサや海藻等を加えて混ぜ、消石灰（水酸化カルシウム）$Ca(OH)_2$ とした壁材である（図6②）。

漆喰の塗装直後の主成分は消石灰で、塗装直後から、空気中の二酸化炭素 CO_2 と徐々に化学反応（炭酸化という）を起こし、炭酸カルシウム $CaCO_3$ となり少しずつ硬化していく。漆喰は三年で一ミリほどのじっくりとした早さで硬化し続け、一〇〇年を超える永い時間をかけて徐々に炭酸化し、石灰石に戻る（図6③）。

消石灰は強アルカリ性だが、古墳石室内は湿度が高く、壁面は水分が多いため、漆喰の一部は炭酸水素カルシウム $Ca(HCO_3)_2$ の形で存在し、強いアルカリ性のため防黴性が維持される[11]（図6④）。

①　…　$CaCO_3 \rightarrow CaO + CO_2$
（石灰石・炭酸カルシウム）→（生石灰）＋（二酸化炭素）

②　…　$CaO + H_2O \rightarrow Ca(OH)_2$
（生石灰）＋（水）→（消石灰・水酸化カルシウム）

③　…　$Ca(OH)_2 + CO_2 \rightarrow CaCO_3 + H_2O$
（消石灰・水酸化カルシウム）＋（二酸化炭素）→（石灰石）＋（水）

④　…　$\rightarrow Ca(HCO_3)_2$
（炭酸水素カルシウム）

図6　漆喰の化学変化

ヒメノイノベック社の漆喰塗装の二酸化炭素の吸収能試験によると、漆喰塗料を塗布した固体板（塗布量：三〇グラム）は、試験箱内の二酸化炭素（初期濃度四二％）を四時間で約八〇％、二五時間で一〇〇％吸収固定する(12)（図7）。

漆喰の消石灰一トンは、二酸化炭素を〇・六トン吸収する。試験箱の大きさを推定すると、漆喰三〇グラムに吸収される二酸化炭素は一八グラム（図8①）である。二酸化炭素の体積は、気温二〇℃、一気圧であるから、九・八リットルである（図8②）。二酸化炭素濃度四二％から、封入された空気の体積は二三・三リットルである（図8③）。したがって、試験箱の容積は、三三・一リットルになる（図8④）。試験箱の容積は高松塚古墳石室の容積三・三立方メートルの一〇〇分の一であり、石室の容積が約一〇〇倍も大き

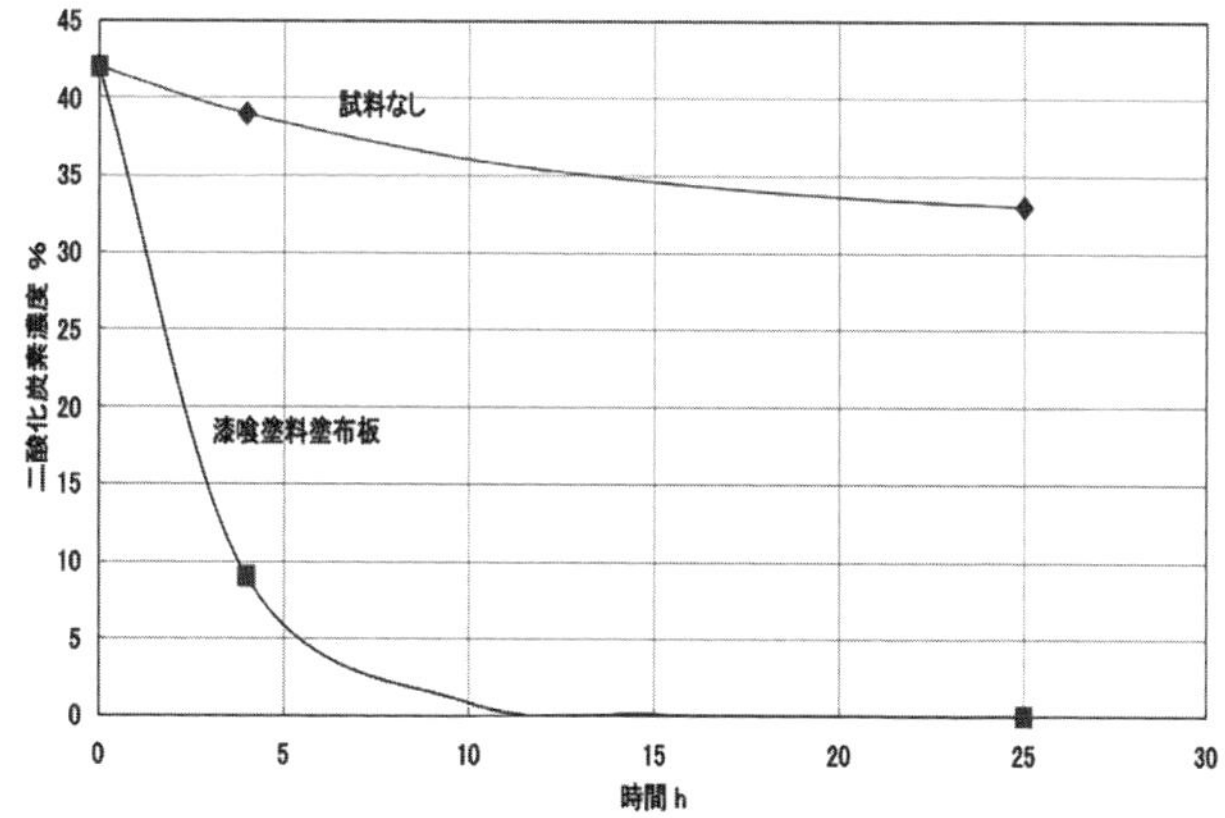

図7　漆喰塗布面の二酸化炭素濃度変化試験（密室 20℃）
（ヒメノイノベック株式会社、註 12 より）

①漆喰 30g に吸収される二酸化炭素量　･･･　30 g　x　0.6　＝　18g
（漆喰の量）（二酸化炭素を吸収する割合）
②二酸化炭素の体積･･･18g　÷　44　×（22.4　×　293　÷　273）＝ 9.8 ℓ
（①）（二酸化炭素の分子量）（20°Cでのモル体積）
③空気の体積･･･9.8　÷　0.42　＝　23.3 ℓ
（二酸化炭素の体積）（二酸化炭素濃度）
④試験箱の体積　･･･　9.8　＋　23.3　＝　33.1 ℓ
（①）　（②）

図8　試験箱内の気体容積

いので、二酸化炭素濃度は数一〇〇時間で最低値になると考えられる。

以下に石室内の漆喰が初期に石室内空気中に存在する二酸化炭素、および棺から生じる二酸化炭素を吸収できる量を検討する。石室内の容積三・三立方メートル、初期の二酸化炭素濃度〇・〇三五％とすれば、二酸化炭素は〇・〇〇二一五キログラム存在することになる（図9①）。一方、漆喰量は、石室内の漆喰面積九・九平方メートル、漆喰厚さ五ミリとすれば、漆喰は約七四キログラムあり、二酸化炭素を四四キログラム吸収できる（図9②）。石室に棺があり、棺重量が一〇〇キログラム、その炭水化物の炭素成分が二四キログラムとすれば、石室内酸素は〇・六九三立方メートル、一五℃として〇・九四キログラムであり（図9③）、腐食及び酸化反応で五〇％が二酸化炭素になり、残り五〇％が水 H_2O になるとすれば、二酸化炭素〇・六四キログラムが発生する（図9④）。

①石室内の初期二酸化炭素量

（石室容積 3.3 ㎥、二酸化炭素濃度 350ppm、20°Cとして）

･･･3.3　×　0.00035　×　44　÷　22.4　×　273　÷ 288

（石室容積㎥）（二酸化炭素濃度）（分子量）（kmol 体積㎥）（二酸化炭素量（化学当量））

＝　0.00215kg（0.049mol）

②石室内の漆喰量　･･･　9.9　×　0.005　×　1500　＝　74kg

（石室内の漆喰面積㎡）（漆喰厚さm）（漆喰密度 kg/ ㎥）

石室内の漆喰の二酸化炭素吸収能力

･･･　74　×　0.6　＝　44kg（1000mol）

（漆喰量）（二酸化炭素を吸収する割合）（二酸化炭素吸収能力（化学当量））

③石室内酸素量　･･･ 酸素体積　3.3　×　0.21 ＝ 0.693 ㎥

0.693　×　32　÷（22.4　×　273　÷　288）＝ 0.94kg（29mol）

（酸素体積）（分子量）（1kmol 体積㎥）　（酸素量（化学当量））

④棺から発生する二酸化炭素･･･29　÷　2 ＝ 14.5mol（14.5 × 44 ÷ 1000 ＝ 0.64kg）

⑤石室内の漆喰の二酸化炭素吸収能力

石室内気体の二酸化炭素に対して　1000 ÷ 0.049 ≒約 2 万倍

棺から生じる二酸化炭素量に対して　1000 ÷ 14.5 ＝約 70 倍

図9　石室内の漆喰の二酸化炭素吸収能量

したがって、石室内の漆喰は、石室内気体中の二酸化炭素の約二万倍、棺から生じる二酸化炭素の約七〇倍の吸収能力がある(13)（図9⑤）。発掘時の高松塚古墳の石室内は二酸化炭素がすべて吸収され〇%濃度に、漆喰は、九八・六%が強アルカリ性の消石灰のままで、石灰石に変化した分はわずか一・四%と少なかったと推定される。

二酸化炭素による漆喰の中性化と黴の繁殖　高松塚古墳は、発掘数年後に酷く黴が繁殖した。黴は酸素、栄養、水分、温度の四要素で生育する。発掘後石室に大気の酸素が入り、人の出入りで、温度が上がり、黴と黴の栄養物（有機物）が持ち込まれ、黴が生育しやすい環境になった。石室出入口の隙間からも虫類や黴が入った。黴は壁面を黴色素が汚損し、黴根が入り込むと破損する。

湿度六〇%以上で高いほど黴は生育する。黴は温度一〇~三〇℃で育ち、二五~三〇℃で最もよく育ち、五℃以下でもゆっくりと生育する嫌気性の黴種がある(14)（図10）。pH（水素イオン濃度）は一〇以上の強アルカリ性で、黴の生育は停止する。漆喰はpH一一の強アルカリで、防黴、防虫性がある。古墳発掘後に石室に大気が入り、壁面は当初強アルカリ性だったが、pH七に中性化し、壁画面に黴が繁殖したと推定される。

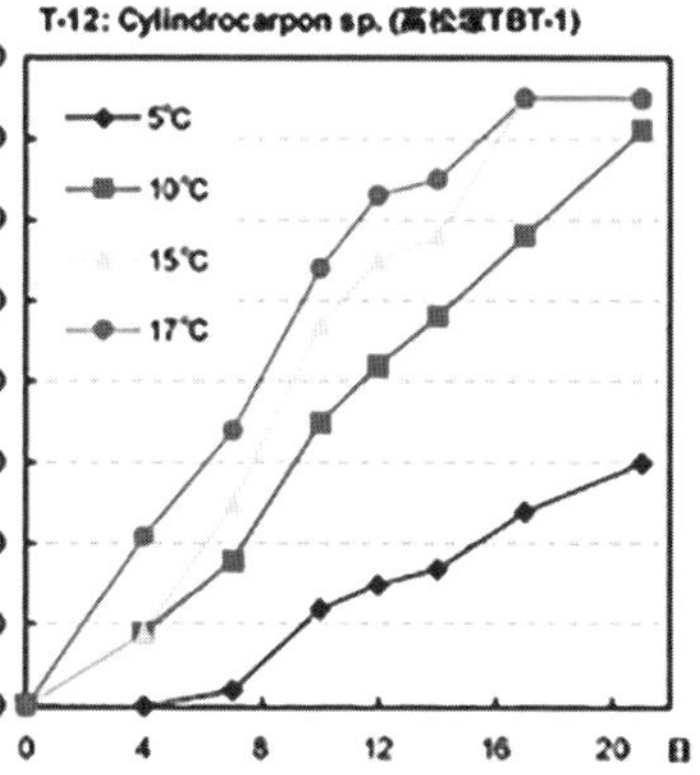

図10　高松塚古墳から採取された黴・酵母の発育温度試験（註14より）

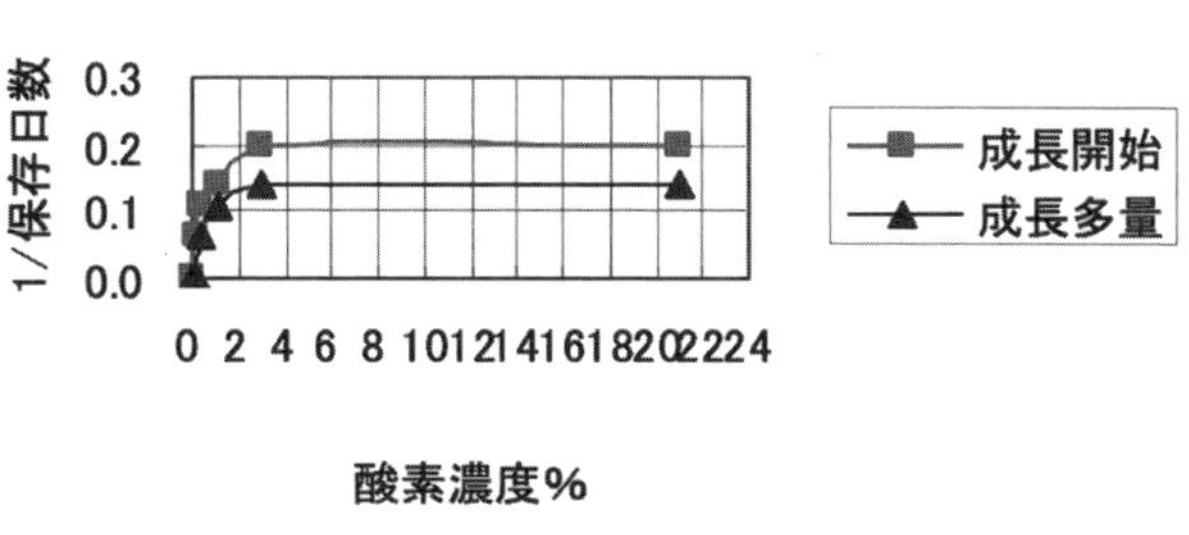

図11　酸素濃度と青黴の成長（温度25℃）（三菱ガス化学実験を編集引用）

黴は湿度六〇％以下では育たないが、乾燥すると、壁石が脆くなる。虫類は酸素〇・三％以下であれば三週間で成虫から卵まで死滅し、黴は〇・一％以下で菌糸は枯れ、胞子は休眠する。図11に、酸素濃度による青黴の成長速度の実験例を示す。高松塚古墳では対策とした薬品によっても、低温にしても黴はなかなか退治できなかった。発掘前の密閉された〇・一％以下の低酸素濃度の石室では、まったく黴、虫類は生育しない。このため発掘時古墳の石室内に虫類や黴がいなかった[13]。

◉地下水の鉄分による壁画の褐色化

高松塚古墳壁画は、発掘後に地下水の鉄分が析出し酷く褐色化した。

多くの場合、地下水中には鉄分が、一リットルあたり〇～数一〇ミリグラム含まれる。深所地下水には、酸素が無く遊離炭酸（二酸化炭素 CO_2）が多く含まれているから、このような条件のもとでは鉄は二価の陽イオン Fe^{2+} として存在し、炭酸水素第一鉄 $Fe(HCO_3)_2$ を形成している。とくにpH七以下の無色透明な地下水中の鉄は、ほとんどがこの形である。炭酸水素第一鉄 $Fe(HCO_3)_2$ を多く含む無色透明の地下水は、空気に触れて気曝したりすると、水は黄白色に濁り始め、やがて褐色に変化する。これは、地下水中の二価の鉄イオン Fe^{2+} が酸化されることにより、水酸化第二鉄 $Fe(OH)_3$ が析出するからである。この変化は、まず水中の遊離炭酸が二酸化炭素（炭酸ガス CO_2）となって大気中に放出され、代わりに空気が溶け込み、酸素 O_2 が水中に溶解する。この結果、水中の遊離炭酸 CO_2 が減少し、水のpHが高くなり、Fe^{2+} は水中に溶け込んだ酸素によって容易に酸化されて三価の鉄イオン Fe^{3+} になる。Fe^{3+} は中性付近ではほとんど存在せず、褐色で不溶性の水酸化第二鉄 $Fe(OH)_3$ となって沈殿する（図12①）。

① …	$2Fe(HCO_3)_2$	＋	$1/2O_2$	＋	H_2O	→	$2Fe(OH)_3$ ↓	＋	$4CO_2$ ↑
	（炭酸水素第一鉄）		（酸素）		（水）		（水酸化第二鉄・沈殿）		（二酸化炭素・気化）
② …	$Fe(OH)_3$	→	$FeOOH$	＋	H_2O				
	（水酸化第二鉄）		（オキシ水酸化鉄）		（水）				

図12　地下水の鉄分による褐色化

水酸化第二鉄$Fe(OH)_3$は水分がとれてオキシ水酸化鉄FeOOHとなる。これが赤さびであり、水和酸化鉄$Fe_2O_3 \cdot H_2O$と同じものである[15]（図12②）。

一九七二年発掘後に壁画が褐色化したのは、古墳で流入した大気の酸素に地下水に溶けた無色の炭酸水素第一鉄$Fe(HCO_3)_2$が酸化され、褐色の水酸化第二鉄$Fe(OH)_3$が析出し、水分が蒸発し壁画面に凝縮したためである。二〇〇七年の石室解体後に修理施設でさらに乾燥し、水酸化第二鉄$Fe(OH)_3$がオキシ水酸化鉄FeOOH（水和酸化鉄$Fe_2O_3 \cdot H_2O$）に変化し、壁画は酷く褐色化した[11]。

●壁石の風化

高松塚古墳の石室の壁石（石室材）は、長方形に加工した切石を用いており、石材は数ミリ以下の細かい火山灰が固まった流紋岩質火山礫凝灰岩である[16]。凝灰岩は、軽くて柔らかく、風化しやすい。壁石が乾燥すると、岩石粒子が空気に触れ酸化しやすくなる。また水分の粒子結合力が弱まり、壁石、漆喰が脆くなる。炭酸ガスがあると、漆喰の中和と凝灰岩の風化は、さらに速くなる。凝灰岩は地中では風化しない。先の北岡は、「石室の岩石は、直接空気に触れるため鉱物の風化（鉱物の酸化、水分による加水分解等）が始まりました。高松塚古墳の石槨は、凝灰岩で非常に脆弱で、乾燥すると数十年後には風化が相当進むと考えられます」と述べている[10]。風化を防ぐために、酸素の遮断と一〇〇％に近い高湿度が必要だと考える。

(2) 海外の古墳壁画等の劣化と保存事例

数例の有名な海外の歴史的遺跡、なかでも壁画を中心に、その劣化の状況と対策について述べる[4・11]。

高句麗壁画古墳群　江西大墓の壁画　二〇〇四年に世界遺産に指定された高句麗壁画古墳群の中で、平壌近郊の江西《カンソ》大墓は六世紀末から七世紀初に築造された古墳で、石室壁石に四神図、玄武、青龍、白虎が直接描かれている。壁画は高松塚古墳壁画とよく類似している。石室に黴の発生は見られない。一九一二年に発掘され、発掘当時の模写（東京大学所蔵）と二〇〇四年に撮影された写真（共同通信社撮影）を比べると、壁画が明らかに退色している。大気酸素の酸化により退色したと考えられる。

中国唐皇帝陵　恵陵の墓道の壁画　中国の唐第五代睿宗の長子・李成器を埋葬した恵陵が中国中国陝西省西安郊外にある。唐代七四二年築造され、墓道に極彩色の青龍が描かれたが、退色している。退色は大気酸素の酸化によると考えられる。

中国始皇帝兵馬俑　中国陝西省にある中国始皇帝陵兵馬俑坑内から発見された兵馬などの俑は、中国社会科学院考古研究所の王仲殊によると、「地中から掘り出された俑は色が施されているが、大気に触れた途端たちまち退色してしまう。そのため、退色を防ぐ技術が開発されるまで発掘はしないことにした」。地中埋設では低酸素であり、宇宙線も遮られ、酸化退色しなかったが、大気に触れると酸化退色すると考えられる。

フランスのラスコー洞窟の壁画　一九四〇年に発見されたフランスのラスコー洞窟壁画は、一万五千年前の極彩色動物壁画である。多数の人が出入りし酷い黴被害が発生したが、科学者と共に対策し、人の出入りと外気の流入を制限し、復活した。

アメリカの独立宣言書の保存　アメリカの独立宣言書（一七七六年）は、羊皮紙に書かれた国宝的重要文書で、劣化を防ぐため、不活性ガス（初めヘリウム、最近アルゴンガス）を封入され、チタニウム製の格納箱に入れ、五〇年以上完全に保存されている。保存技術者と物理学者やエンジニアが知恵を集め、保存対策を検討した。

中国の壁画と墓高句麗壁画古墳については、Ⅳ章の蘇哲・東潮の論考を参照されたい。

(3) 高松塚古墳の劣化の特徴

一九七二年三月に、奈良県明日香村の高松塚古墳で鮮やかな極彩色壁画が発見された。しかし、保存処置が悪くわずか数一〇年で酷く劣化した。劣化防止対策をしたが劣化は止まらず、ついに二〇〇七年四月から八月に古墳が解体された。壁画は修理施設で二〇二〇年まで修理された。以上を踏まえた上で、ここではこれまでに明らかになった高松塚古墳壁画が劣化した経過やメカニズムのほか、劣化の特徴を具さに分析することで、あらためて古墳壁画の適切な保存のためには、どのような保存対策が必要なのか、今後検討すべき課題や、可能な長期保存対策についても提言したい。

◉古墳発掘時の状況

一九六〇年ごろ、明日香村民の一人が竹やぶに覆われた墳丘の南側に芋やショウガの貯蔵穴を掘った。直径六〇ヤンチほどの穴の底で凝灰岩の四角い切石が見つかった。その後飛鳥の遺跡保存について社会的関心が高まり、明日香村と奈良県立橿原考古学研究所はその墳丘、高松塚古墳の発掘調査を計画した。一九七二年三月に奈良県立橿原考古学研究所所長の末永雅雄の指揮の下、網干善教（関西大学教授・当時）と関西大学、龍谷大学の学生らによって発掘調査され、三月二一日に石室南面の盗掘口が開き、石室内部に極彩色の壁画を発見した。一九七二年三月二六日に石室の盗掘口を保存のため密封し、四月五日に保存事業を国に移管した。四月六日に文化庁の「高松塚古墳応急保存対策調査会」が調査し、四月七日に文部大臣が文化財保護審議会に史跡指定について諮問した。[17]

発掘時一九七二年三月の壁画と漆喰の状況は、次のようだった。[11・13]

・発掘調査に参加した当時の学生は「床に見えたコの字型の茶色い物体は、漆塗り木棺の残がいだった、本当にきれいだった」と、最初に石室に身を乗り入れた女子学生は「家に帰ると、頭が白くなっているよと母親に言われた。パウダー状になった漆喰だった」と、奈良県立橿原考古学研究所から現場に派遣された伊達宗泰（花園大学教授・当時）は当時を振り返り「漆喰が水を含み、素晴らしい色を出していた。壁画館の模写とは比べ物にならないほどきれいだった」と、地元協力者花井節二と上田俊和は「驚いたのは、取り上げたばかりの海獣葡萄鏡を網干に見せられた時、酸化していないせいか、鈍い銀色に光っていた」と述べている[1]。

・先の網干は、壁の漆喰に亀裂があり、西壁上部などでは漆喰が剥落していた。また顔料の剥落が著しい個所は、東壁女子群像の頭部と腹部、西壁男子群像の一部、青龍の尾の周辺、日輪の下辺などにみられた[18]。

・発掘調査参加者の一人、森岡秀人（関西大学大学院非常勤講師）は、「石室内流入土砂は全部篩いにかけて遺物の検出を行った。この中には虫の死骸はまったくなかった。アリ一匹もいなかった[19]」、また「状態はしっかり壁に粘着している感じで、壁からの浮き上がりやひび割れ、黒ずみやカビはなかった」と述べている[20]。

・東壁男子群像は、天井と側石の継ぎ目より、鉄分を含む漏水のため全体の姿相が明確でない[2]。

・高松塚古墳の石室内の流入土中から採取された漆喰片（わずか一〇一グラム）は、熱灼減量％、酸不溶解分％、炭酸カルシウム含有量％による分析結果、九五％が炭酸カルシウム CaCO 三であった[2]。

・一九七二年七月の『高松塚古墳応急保存対策調査会中間報告』によれば、「東西両壁では、南に高く、北側に低く、楔形に、損傷と汚染が生じている。とくに顕著なところでは、酒かす状に石灰層が剥離している」等の記載がある[2]。

発掘時の石室内は、二二六頁で後述するように低酸素、低二酸化炭素濃度であり、前述二〇四頁の検討のように、漆喰はほとんど消石灰であったため、強アルカリ性のため防黴性があり、黴は発生していなかったと考えられる。

●発掘半年後も黴、虫無し

発掘から半年後、一九七二年九月に再開封し、石室内部はほとんど変化がなかった[11・13]。

江本義理（東文研化学調査室長・当時）は、「一九七二年九月に調査団が入り、心配された剥落の進行もなく、関係者は胸をなで下ろした」と言う[1]。

先の網干は、「一九七二年九月に高松塚古墳の開封が解かれると共に、私が半年間安否を懸念して来た壁画は再び鮮やかな、かつ艶やかな飛鳥人が電灯に照らし出された。石室発掘・再封鎖から六ヵ月後に開封し、状態変化がないことを確認した」と言う。[21]

一九七二年一〇月に文化庁は当時フランスのラスコー洞窟保存の専門家、Y. M.フロアドヴォ教授とパスツール研究所の微生物専門家、J.ポション教授の来訪を招聘した。両者は「石室内温度と湿度は季節的一定を保つこと、壁画面の結露は避けること、炭酸ガスの増加は避けること」と所見を述べた。[22]

一九七二年一一月に発行された「高松塚古墳応急保存対策調査会」（関野克座長）の報告書に、「石室環境の安定化」として以下のような対策が示された。

①石室内温度を一四℃プラスマイナス三℃に保つ。
②九八％以上の高湿度を維持してしかも結露を防止。
③炭酸ガス量を最低に。
④天井石の亀裂を接着し、切石のすき間を埋める。

この報告書の指摘をうけ、文化庁は古墳と壁画を一体として現地で保存するの方針のもとで、石室環境の安定化を図り壁画調査を可能にする施設（空調設備）が設けられることになった。

●石室内部の温度および湿度

一九七二年は石室床上で、最低気温は、四月中旬で一一℃、最高気温は一一月中旬で、一六℃、湿度は人が人が入ったとき以外はほぼ一〇〇％であった[23]（図13）。

当時石室内の炭酸ガス濃度は、低かったと考えられる。一九七二年三月に石室再密封により大気の流入と人の出入りが無くなり、再び低酸素、低二酸化炭素濃度になり、漆喰・壁画の劣化および黴・虫の繁殖がほとんど止まったと考えられる。

◉発掘一〜三年後の古墳発掘後の石室内状態

一九七三年三月の『高松塚古墳壁画調査報告書』によれば、「天井と側壁の切石の接合部分の一部から下辺に掛けて鉄分を含んだ水の滲出による赤褐色の汚染があり、このため東西両壁の男子群像及び青龍の一部が著しく不鮮明になっている」等の記載がある(24)。

一九七三年一〇月に、イタリアから古代壁画修復の専門家P・モーラ夫妻が来訪した。漆喰を観察し、「炭酸ガスが不足しているので、消石灰の炭酸塩化が完了しておらず漆喰が柔らかい」との見解を示した。

「一九七三年から七五年にかけて、高松塚古墳壁画の剥落止め処置を実施した。漆喰の強化に用いた接着剤はアクリル樹脂「ハラロイドB72」である。P・モーラの助言により使用された」とある(25)。

◉発掘四年後以降に漆喰の剥落と微生物の増加

発掘から四年後、一九七六年には以下のように石室内の劣化が加速した(11・13)。

一九七三年八月から一九七四年三月まで壁画の模写が行われ、一九七四年八月から一九七六年三月まで空調設備の設置工事が行われた（三一頁図2・3）。

増田勝彦（東京文化財研究所技官・当時）は、「一九七六年八月末に修復作業が始まった。表面は滑らかだが、中はすかすか、骨粗鬆症の状態。米粒ほどの漆喰が

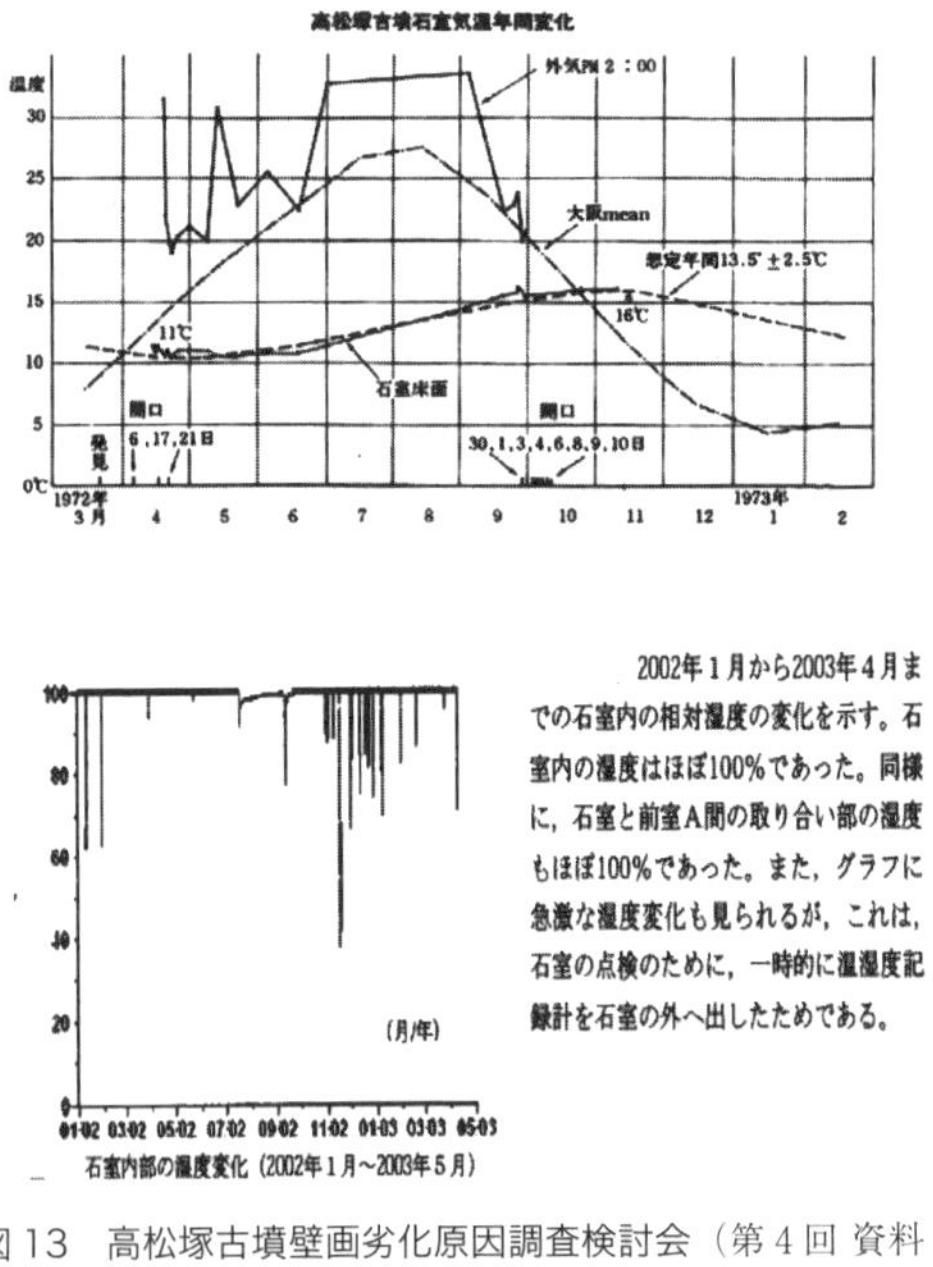

2002年1月から2003年4月までの石室内の相対湿度の変化を示す。石室内の湿度はほぼ100％であった。同様に，石室と前室A間の取り合い部の湿度もほぼ100％であった。また，グラフに急激な湿度変化も見られるが，これは，石室の点検のために，一時的に温湿度記録計を石室の外へ出したためである。

図13　高松塚古墳壁画劣化原因調査検討会（第4回 資料4）

床に散乱を発見した。環境変化が劣化を加速した。漆喰の自然落下はそれからも続いた。漆喰修復作業で石の隙間からムカデが落ちてきた」と言う。[1]

高松塚古墳壁画劣化原因調査検討会第一〇回資料6に、一九七七年五月の『国宝高松塚古墳壁画修理報告書（中間報告）』に、「漆喰が浮き上がり、表層と共に剥落する恐れのある部分がある」等の記載がある。[24]

木川りか・佐野千絵（東文研）ほかによると、新井英夫による高松塚古墳石室の発掘初期（一九七二年四月）の微生物学的環境調査は、「当初、落下法によって微生物の計測・採集が行なわれた。その結果は、石室内の微生物数が著しく高い値を示し、かつ、ばらつきが認められた」[26]。「初期には調査に伴い、外気の流入、人の出入りによって、石室内の微生物数は高い状況にあった。古墳が発掘され、調査や保存工事の過程で石室内は微生物汚染を受け、糸状菌・細菌は未発掘時に比較して二〜三倍に増加し、未発掘時に認められなかったクラドスポリウム（カラー口絵06③）が著しく増加した。」（一九七五年四〜七月）と述べている。[27]

文化庁の微生物調査記録によると、「壁画面に初めてカビが発見されたのは、一九七五年三月であり、発掘から三年経過して当初認められなかったカビが初めて出現したことになる」と述べている。[28]

文化庁は、「発見直後の一九七二年四月六日及び一七日に微生物調査を実施し、調査時に微生物数が増加すること、黒色や緑色を呈する菌が多いこと等が確認された。（中略）高松塚古墳壁画の漆喰は発見された当時から、既に水のために成分が流出していて健全な漆喰に比べて比重がかなり小さく、粗くて水を含み表面にカビが生えやすい状態であった。いったんカビが生えると、カビの菌糸は漆喰の中に喰い込んで、漆喰を破壊する。殺菌処置をしても、脆弱になった漆喰からは付着したカビを完全に除去できないために、後に残ったカビの痕跡が新しい栄養分となる。この繰り返しの中で、発見当初から劣化していた漆喰はさらに劣化し、表面が荒れていったと考えられる。」と述べている。[29]

しかし文化庁の説明は、一九七二年発掘後の事象変化の説明であり、発掘前の状況分析ではない。石室に大気が流入し、発掘から数年間で急速に漆喰が中性化し、防黴性と乾燥による水分分子間力の結合力を失い、微生物が繁殖し、漆喰が劣化剥落したと考える。

◉古墳石室内の気体

発掘以前は低酸素、低二酸化炭素濃度の不活性ガス環境　前述のように発掘時に石室内に黴、虫が目視できなかったこと、副葬されていた金属製品に光沢があったこと、石室漆喰は薄く粉状化（漆喰が炭酸ガスと中和した石灰石）していたが剥落はなかったことから、発掘前の石室内気体は、黴、微生物が生育しない〇・一％以下の低酸素濃度、かつ低二酸化炭素濃度であったと推定される。(17)

低酸素濃度であったことは、次のことからも推定される。

・土壌中の植物根、バクテリアが呼吸するため、深くなると低酸素になり、通常木の根は一メートル以上入らない。実際に古墳解体時、モチノキ根三本と古い松の枯れ木一本以外に一メートル以下に木竹根は無かった。石室は地下二・五メートルにある。

・石室内には棺および金属副葬品があり、これが腐敗・腐食するとき酸素を消費する。

・地震亀裂等の細長い道中で微生物が酸素を吸収し、低酸素になり、生物が育たない。

以上のように、発掘前の石室内は窒素九九％、アルゴン〇・九％、酸素〇・一％の不活性ガス環境であったと推定される。(11)

発掘後の石室は大気環境に変化　発掘によって石室に大気が流入し、大気の酸素濃度二一％、二酸化酸素濃度〇・〇三％の環境になった。

文化庁は、二〇〇六年三月前川清成（参議院議員・当時）の「高松塚古墳壁画保存等に関する質問主意書」に対する政府回答で、「一九七二年一二月一八日に「高松塚古墳保存対策調査会」において、壁画の発見に伴う石室の開封によって石室内の温湿度の急激な変化、二酸化炭素濃度の上昇及び黴等の微生物の繁殖等の状況が生じていることが指摘されており、文化庁としては、まずはこれらを安定させる等の対処が必要であったことから、石室内に与える環境変化を最小限に抑えることを最優先して保存方法を決定した」と回答している[30]。しかし、石室前の空調設備から大気が入り、防かび剤の散布と漆喰剥落防止の後追いで対処し、このような環境になり、発掘から四年後、一九七六年に黴、虫の繁殖、漆喰の劣化・剥落が増加したと考えられる[11]。

二酸化炭素濃度の激増　佐野千絵ほかによると、二〇〇四年四月の測定で、発掘後石室内の気体は、表2のように酸素濃度が外気と同じ二一％、二酸化炭素濃度が六〇〇〇ppm（〇・六％）と非常に高い値であった。「この炭酸ガス（二酸化炭素）の変化発生源は漆喰壁間隙中にある水分からであろう。二〇〇三年一二月の調査では、三週間ぶりの開封であったため、二酸化炭素ガスは開封当初には一万ppm（一％）超で、二酸化炭素濃度測定装置（テスト

表２　高松塚古墳石室内の作業に伴う石室内の二酸化炭素濃度の変化
（註 27 より）

作業に伴う石室内空気の変化(開封時17.1℃86%RH)／2003年４月23～24日

	炭酸ガス濃度／ppm	酸素濃度／%	エタノール濃度／ppm	水分／mg・l-1
外　気	350～400	21	測定せず	測定せず
取合部	1,200～1,500	21	測定せず	測定せず
石室内	5,500～6,000	20	800	14

作業に伴う石室内空気の変化／2003年4月23～24日

	炭酸ガス濃度／ppm	エタノール濃度／ppm	水分／mg・l-1	温度・相対湿度
5時間後	1,500	800	12	15.4℃91%RH
翌　朝	3,600	測定せず	測定せず	測定せず

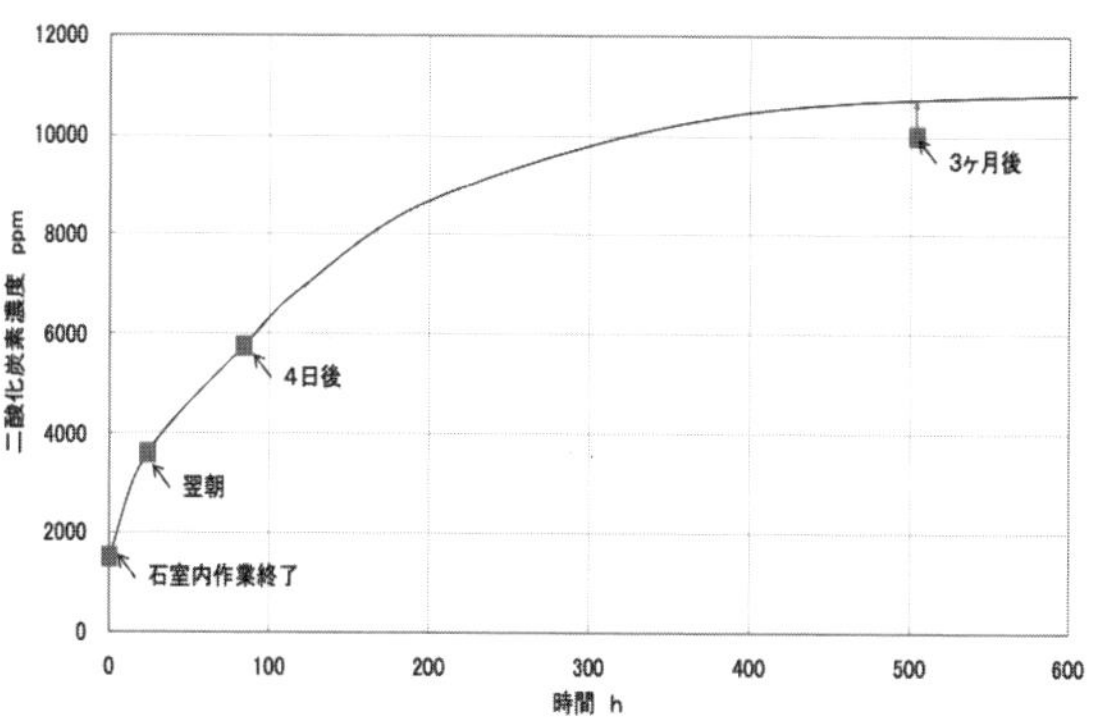

図14　高松塚古墳石室内の作業に伴う石室内の二酸化炭素濃度の変化
（2003 年 12 月東京文化財研究所測定）

ターム社）では測定不能であった」と述べている[27]。

二酸化炭素濃度が一定の値に落ち着くのに約六〇〇時間かかっている。このデータを基に、石室内の二酸化炭素濃度の変化を図14に示す。

この変化の理由は次のように考える。

漆喰の水酸化カルシウムから二酸化炭素を吸収して変成した石灰石は普通の水にほとんど溶けないが、大気に充分触れて二酸化炭素を含んだ地下水によく溶ける（図15①）。温度が上昇すると右から左へ反応が移行し、石灰石と二酸化炭素が発生する。

また、炭酸水素第一鉄$Fe(HCO_3)_2$を多く含む無色透明の地下水は、空気酸素に触れて気曝し、褐色の水酸化第二鉄$Fe(OH)_3$が析出し、二酸化炭素が発生する[11]（図15②）。

古墳発掘後、徐々に石室内の温度が上昇し、炭酸水素カルシウム$Ca(HCO_3)_2$から二酸化炭素CO_2が発生し、測定されたように密閉された石室内が非常に高い二酸化炭素濃度一万ppm超になったと推定される[11]。

◉過去の地震による版築亀裂の影響

二〇〇六年一〇月石室解体に伴う調査では、古墳の版築を発掘し、多数の地震亀裂が見つかり、文化庁は「地震痕跡の亀裂にそって、木竹が根をはる状況が観察されたが、こうした亀裂が雨水の浸透や、石室内への虫の侵入経路となっている恐れがある」と述べている[29]。しかし、前述のように一九七二年三月発掘時、虫はアリ一匹もいなかったと報告されている。古墳発掘以前からあった地震亀裂が壁画劣化の主原因ではない[13]。

もし石室まで土壌に小さな空隙が地上に通じていても、気体の拡散速度は極めて遅く、

① … $CaCO_3$（炭酸カルシウム） ＋ CO_2（二酸化炭素） ＋ H_2O（水） $\longleftrightarrow$ $Ca(HCO_3)_2$（炭酸水素カルシウム）

② … $2Fe(HCO_3)_2$（炭酸水素第一鉄） ＋ $1/2O_2$（酸素） ＋ H_2O $\rightarrow 2Fe(OH)_3\downarrow$（水酸化第二鉄・沈澱） ＋ $4CO_2\uparrow$（二酸化炭素・気化）

図15　石室内二酸化炭素濃度変化の理由

道中で土壌中の微生物により酸素が消費され、酸素は石室には到達しない。土壌は気密性が高く、「石室空気漏洩測定」[31]で得られた圧力〇・一パスカルで六〇〇平方ミリメートルの石室のすき間から漏れ実測値毎分一五リットルに比較して、土壌からの通気量は〇・一％程度の非常に微量と推測される。

むしろ崩落が続いていた取合部がそのまま放置されたため、そこから虫と黴が侵入していたと考えて間違いない（図16）。先に松田が指摘しているように、一九七六年に完成した保存施設の取合部は、石室解体時に取合部天井板の隙間を埋めた粘土の目地が、収縮して隙間だらけとなって発見されている。保存施設完成後、さほど年月を経ることなく目地が乾燥してしまい、外部から外気だけでなく、黴や虫などが侵入した可能性が高く、黴蔓延の主因となった可能性が高い。

◉八〇〇年前の盗掘の影響

古墳は八〇〇年前の鎌倉時代に盗掘されている。壁画発見当時、高松塚古墳の石室内には灯明皿が残されていた。これらの灯明皿の型式編年から鎌倉時代（一二三五年頃）に盗掘者が石室内に入ったものと推定されている[2]。先の野田は、次のようなことが起こった可能性があるとする[11]。

「・鎌倉時代には灯明皿に灯明を灯して石室内の作業は行われた。
・盗掘作業を終了して石室から退去する際、灯明は灯しっ放し、盗掘口を土で埋め戻した。
・石室内は、低酸素状態でかつ相対湿度一〇〇％近い状態が続いた。

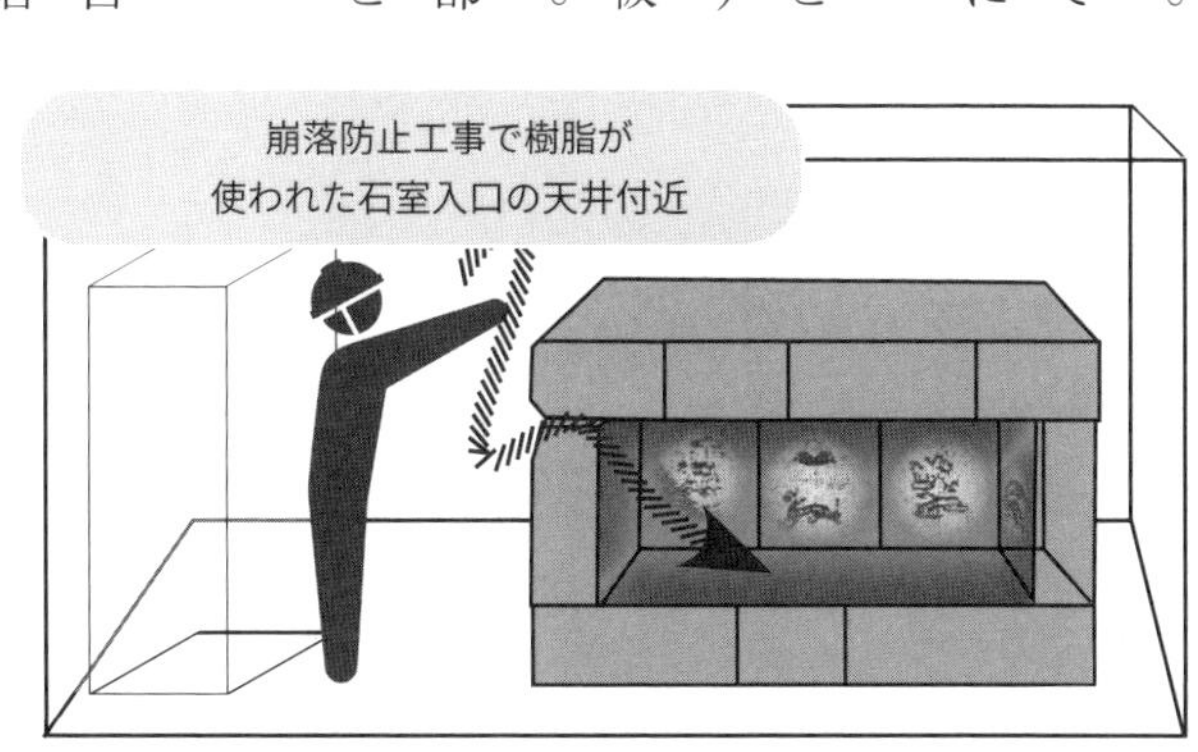
崩落防止工事で樹脂が
使われた石室入口の天井付近

図16　黴の主な侵入経路

・一九七二年の壁画発見時には、この中には虫の死骸はまったくなかった。石室内が低酸素状態であったために虫が石室内には入って来なかったのだろう」と述べている[32]。

鎌倉時代の盗掘で、仮に灯油二〇〇グラムを焚くとすれば、灯油は炭素〇・〇一四キロモルと水素〇・〇二八キロモルを含み、酸素〇・〇二一キロモルを消費する。当初石室内酸素は、〇・〇二八キロモルであるから低酸素になると推定する[11]。

鎌倉時代の盗掘者はそれほど丁寧な石室の封鎖を行っていなかった可能性もあるが、それでも壁画に大きなダメージを与えることはなかったのだろう。この低酸素状態が維持されたからこそ、生物被害による劣化の連鎖が進行せず、一九七二年の壁画発見時まで生物が活動できない環境を保つことができたと考えられる。

◉壁画が長期間、良好に保存された理由

古墳発掘前の石室内は、まったく黴・虫がいなかったことから、窒素九九％、酸素〇・一％以下、二酸化炭素濃度がほとんど〇％の不活性ガス環境だったと考えられる。発掘後に石室に外気が入り、大気と同じ酸素二一％と二酸化炭素〇・〇三％に増え、また作業員により二酸化炭素が増え、黴と栄養分が持ち込まれた。室内温度も上昇したため、壁画の劣化が進み、黴・虫が激増した。壁画が一三〇〇年間も劣化せず良好に保存された理由は、石室内が地中深くに密閉された暗室で、〇・一％以下の低酸素、ほとんど〇％の低二酸化炭素濃度に維持され、顔料の酸化、漆喰の劣化と黴、虫を防止してきたためと考えられる[11・13]。

壁画が長期間良好に保存された理由について、識者は次にように述べている。

先の北岡は、「飛鳥時代に密閉直後の古墳内部の空気組成は、外気と同じですが、年月の経過と共に、空気中の酸素ガスは、遺体の腐敗、金属類の酸化及び顔料の酸化等に消費され、酸素濃度は低下します。初期に存在していたバクテリヤ、細菌及び黴等も酸素濃度の低下と共に死滅します。この低酸素ガスの状態で、壁画顔料の退

色がはとんど停止していましたのが、発掘と同時に、新しい空気を流入させました。一九七二年三月二一日に壁画を発見した末永雅雄博士は、保護保存を第一に考え、初期調査後、三月二六日には、応急処置として封閉されました。同年九月三〇日に再び開封されましたが、石室に入った調査員は半年間の壁画の退色を気付いておられなかったようです。壁画の退色は空気中の酸素ガスに基づく、非常に遅い酸化反応で、短期間の変化は検出することが困難で、徐々にではありますが、確実に進行します」と述べている[33]。

肥塚は、「サンプリング調査において、漆喰表層に漆喰基質と異なる集合状態を示すカルサイトの層が薄く形成していたことが明らかとなった。このカルサイト層の形成は、湿潤でわずかにでも漆喰を溶かすことのできる水分の供給がある環境下に長期間存在していたことによる。顔料が脱落しないで長期間保存されたのは表層に形成したカルサイト層が原因と考えられる。カルサイト層については、壁画が発見された当初にも指摘されていたが、今回検証できた」と述べている[34]。

フレスコ画は消石灰を塗布した画面に顔料で画を描く方法で、後で表面がカルサイトという炭化カルシウム$CaCO_3$の透明結晶の薄い保護層で覆われる。高松塚古墳も、石室内の二酸化炭素CO_2と漆喰の消石灰$Ca(OH)_2$が化学反応して薄いカルサイト層が生じたと考えられる。

前述二〇七頁で検討したように、漆喰層の厚さが五ミリとすれば、石灰石に変化した分は一・四%と推定される。したがって、漆喰層に〇・〇七ミリのカルサイト層が生じることになる。「サンプリング調査」写真で観察されるカルサイト層の厚さ〇・〇五ミリ程度とほぼ同等である。

●保存管理の失敗

文化庁は、二〇〇五年五月の第三回「国宝高松塚古墳壁画恒久保存対策検討会」で古墳の保存管理について次のように述べている。

「約一三〇〇年もの長い期間、地中の安定した環境下にあった壁画は、発掘によって大きな環境の変化を受け、発見当初から石室内ではムカデなど虫類の侵入やカビの発生が見られている。そのため、発見直後の一九七二年四月六日及び一七日に微生物調査を実施し、調査時に微生物数が増加すること、黒色や緑色を呈する菌が多いこと等が確認された。その対策としてパラホルムアルデヒドをシャーレに入れて石室内に布置し、その時点では効果があった。土中には数多くの種類の微生物が存在して、環境条件が変わったり、栄養分が与えられたりすると、それが引き金となって目に見える形でカビが発生する。一九七二年に壁画が見つかり入口が開封され、外気が流入し、中に人が立ち入るなどの環境変化を受けて、発見後から石室内の落下菌数が増加した。（中略）同じ漆喰壁画を持つキトラ古墳で、発掘直後から石室手前の土にカビが多く発生して、開封後の環境変化が壁画に与える影響の大きさを示している」と述べている。[29] また、文化庁は先の二〇〇六年「高松塚古墳壁画保存等に関する質問主意書」に対する政府回答で、劣化原因について「漆喰層の剥離、亀裂及び陥没については、一九七二年の石室の開封以前から長い年月をかけて進行したものと考えられる。壁面の汚れや線の薄れについては、石室の開封によって、長期にわたって安定していた石室内の環境を変化させたことが大きな原因であると考えられる」と述べている。[30] 古墳発掘前後の状況変化と曖昧な原因だけを説明し、発掘前の石室内の保存環境について検討した形跡は見られない。

先の北岡は二〇〇五年に「『永年、壁画が保存されてきた外気』を再生すれば、基本的には保存の問題が解決することになります。ガス体として、湿った窒素ガスを推奨します。古墳壁画の保存は、純粋に、科学の問題であり、劣化の科学的理解無くしては、良作は生まれません。壁画の劣化を科学的に分類すると、物理的劣化（剥離、亀裂、崩落等）、化学的劣化（酸化反応、中和反応、光化学反応等）、および生物学的劣化（微生物、カビの発生等）が考えられます。物理的劣化は、早急に、漆喰を用いて補修して下さい。化学的劣化に属する顔料の酸化反応や漆喰の中和反応は、窒素ガスを使用することにより停止可能です。さらに、窒素ガスの使用でカビの発生は見られません。」と述べている。[35] 詳しくは次頁以降で解説する。

前述のように発掘時には漆喰の剥離はほとんどなく、壁画の退色もなく、石室内に黴・虫は無かったことから、発掘後に大気が入り、急速に漆喰が劣化し、黴や虫が繁殖し、古墳壁画の保存管理に失敗したのは明白である。保存技術者と物理学者やエンジニアが知恵を集め、科学的に保存対策を検討すべきだったと考える。

●壁画保存施設内での壁画の保存方法

高松塚古墳が二〇〇六年九月に解体され、壁画は修理施設に収納された。修理施設で温度二一℃、湿度五五％の空気中で主に黴除去のために修理された。壁画は、単に黴は止まったが、さらに壁画の顔料が酸化し、徐々に劣化・退色は進んでいる。壁画は、二〇二〇年三月修理作業が完了し、修理室で保存されている。しかし、五〇年間の壁画の比較写真（カラー口絵02）で見えるように、明らかに原料の色彩が薄くなっており、修理室内でも徐々に壁画の大気酸素の酸化による退色が明らかに進んでいる。壁石は乾燥して脆くなり、酸化と加水分解による風化も進んでいると考えられる。

保存施設内で壁画のさらなる酸化劣化を防ぐために、前述のアメリカの独立宣言書の恒久的保存のように、不活性ガス（アルゴンガスまたは窒素ガス）を封入する保存室に置く必要があると考える[4・11]（図17）。さらに宇宙線による壁画劣化への影響を防ぐために分厚い天井下に置くことが有効だと考える。

(4) 現地で維持可能な壁画保存策

●高松塚古墳壁画の解体前の現地保存方法

遺跡の現地保存は、考古学の原則である。高松塚古墳は発掘後に現地保存の方針だったが、急速に石室内に黴が酷く繁殖し、防黴対策に失敗し、現地保存不可能として二〇〇八年六月に解体された。

石室の空気漏洩調査　二〇〇四年一二月に文化庁により高松塚古墳石室の空気漏洩調査が行われ、計測結果が二〇〇五年四月「国宝高松塚古墳壁画恒久保存検討会第三回」に提出された[31]。文化庁による測定方法は、空気ボンベから相対湿度九〇%に加湿し、石室内に送り込み、微加圧して空気の漏れ量が測定された。測定結果、差圧〇・一パスカルのとき、毎分一五リットルが漏れがあった。文化庁は石室の気密性が低く、六〇〇平方ミリメートルの大きな漏れを生じさせている隙間があると推測した（図18）。筆者の分析では古墳石室の上部を覆う版築からの空気漏洩量は毎分〇・〇二リットル、全量の〇・一%程度とわずかで、経路はほとんど版築の亀裂と古墳前室の隙間からと推測した（図19）。

窒素ガスの封入方法　実は、石室に湿った窒素ガスを送入し低酸素状態にすれば、現地保存が可能である。先の北岡、野田と筆者らは石室に窒素ガスを封入し、黴と退色を同時に完全に止め、現地保存すべきだと計画案を示し、強く提案した[13]（図20）。

　しかし、文化庁は、二〇〇五年六月「第三回恒久保存対策検討会」で「石室内の隙間総面積は六〇〇平方ミリメートルと大きく、気密性の保持が問題[36]」として窒素ガス封入案を退け、解体修理を決定した。二〇〇六年六月第六回検

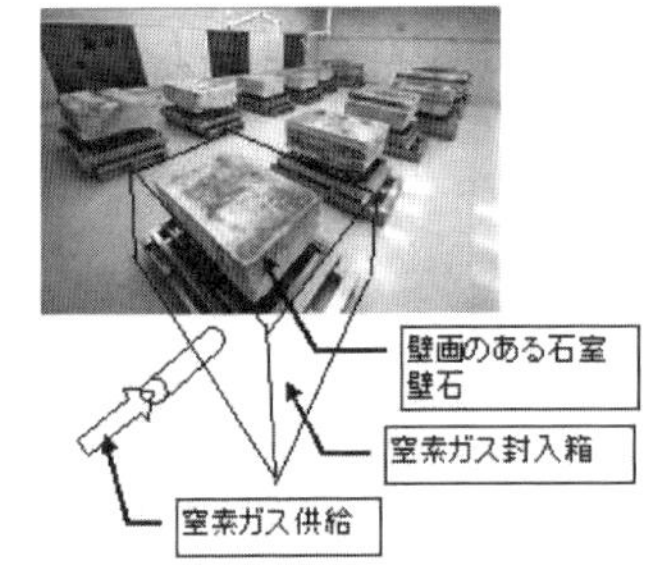

図17　修理施設内の壁画を湿った
窒素ガスの封入箱へ収納する案

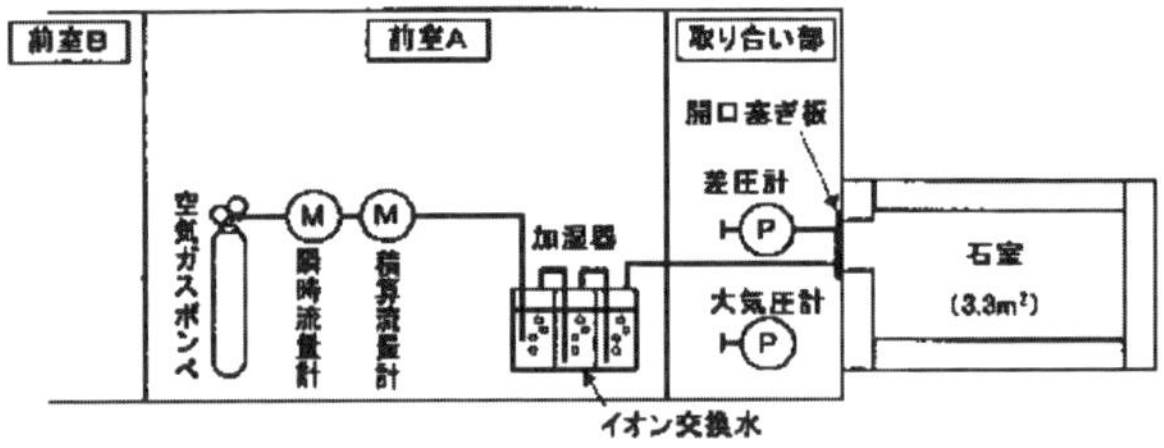

空気流量 l/min	差圧の実測値 Pa	備考
5	0.00	
10	0.05	圧力0～0.1Paの間を繰り返す
15	0.10	
20	0.20	

図18　空気漏れ測定方法と測定結果

討会で、「窒素ガスを封入し酸素濃度〇・一%にしてもカビは殺菌できない。点検等で酸素濃度を戻す場合、カビが再繁殖する危険性がある。嫌気性バクテリア繁殖が予想され、恒久対策とならない。当面の生物対策として、冷却方法が採用された。窒素ガスを一〇℃にして加湿する温湿度調節装置と換気装置が必要で、技術的に簡単でない。空気と窒素ガスの入れ替えの繰り返しにより、壁画が傷む恐れもある。新鮮な空気を導入しても石室内の隅まで酸素濃度が十分に上がらない恐れがある。酸欠による人命危険が大きい」（見解書要旨[37]）と、自らの従前の見解「空気漏れ量が膨大で実施不可能」に触れずに様々な危惧を説明した。しかし、嫌気性の黴は好気性の黴に比べ著しく成長が遅く、栄養が無ければ成長しない。文化庁は、後述のような科学的検討を怠った。なお、文化庁は古墳保存に一九七三年から二〇〇五年までに約六億円の巨額の予算を掛けている[30]。

毛利和雄は、「（文化庁は）高松塚古墳の場合は、石室には小さな隙間が多数存在して外部から空気が入るため、カビ対策として窒素ガスなどの不活性ガスを充満させて酸素濃度を落とすことはできないという。送り込むガスを多くすると窒素ガスの流入速度が速くなり、脆弱な漆喰を痛める恐れがあるという。石室をシールドして保護

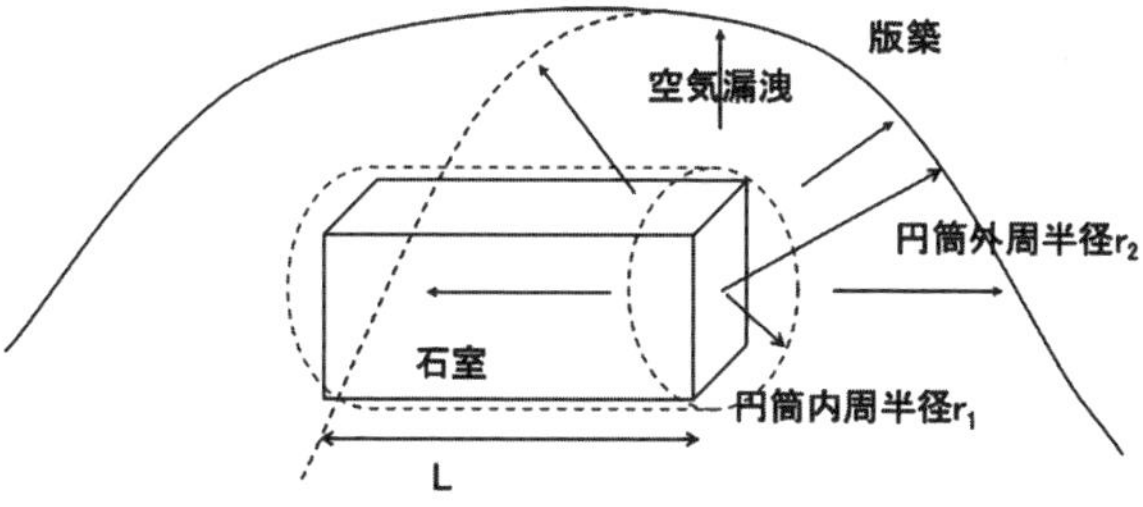

図19　石室からの空気漏れ経路

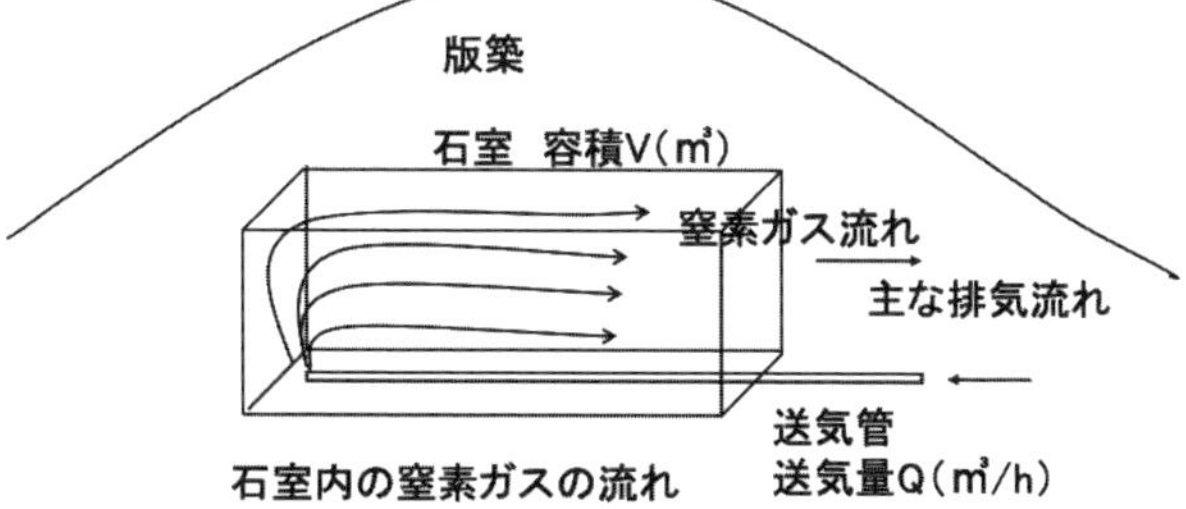

図20　石室へ窒素ガスの送気

する方策も恒久対策として検討されたが、難点が多い」と述べている。[38] しかし、以下の理由で失当である。

石室に窒素ガスを封入する設備と費用　窒素ガス送入案では、古墳の外部に設置した小さな窒素ガス製造設備から送気管で石室奥に導くと効率よく石室内気体を入れ替えることができる（図20）。作業員等が入るときは空気と短時間に入れ替えれば、安全性に問題ない。完全混合換気方法で石室に六〇〇平方ミリメートルの隙間がある場合を計算すると、石室に純度九九・九％の窒素ガスを〇・一パスカル程度の低い圧力で流量毎分一五リットルで送入すると、最初の石室内酸素濃度二一％が一六時間後に〇・三％に、二〇時間後に〇・一％に下がり、一日以内に微生物が生育できない環境になる（図21）。調査などのために人が石室に入る必要がある場合、一時的に空気に入れ替えることで充分対処できる。また、石室内の深い隙間は窒素ガスの充填が難しいとの議論があるが、隙間内は窒素九九・九九％を充填すれば、酸素濃度は深さ二五ミリの隙間では一〇時間後に一％、一〇〇時間後に〇・三％、一〇〇〇時間後に〇・一％になる。つまり、一ヶ月程度で深い隙間の中まで微生物の生育抑制の環境となる。現地保存は容易に実施できる[13]（図22）。

窒素ガスは食品保存等に広く使用されており、安全で、効果的、経済的な方法である。純度九九・九九％の窒素ガスは、二キロワットの電力で、毎時一・三立方メートル（毎分二二リットル）製造し、製

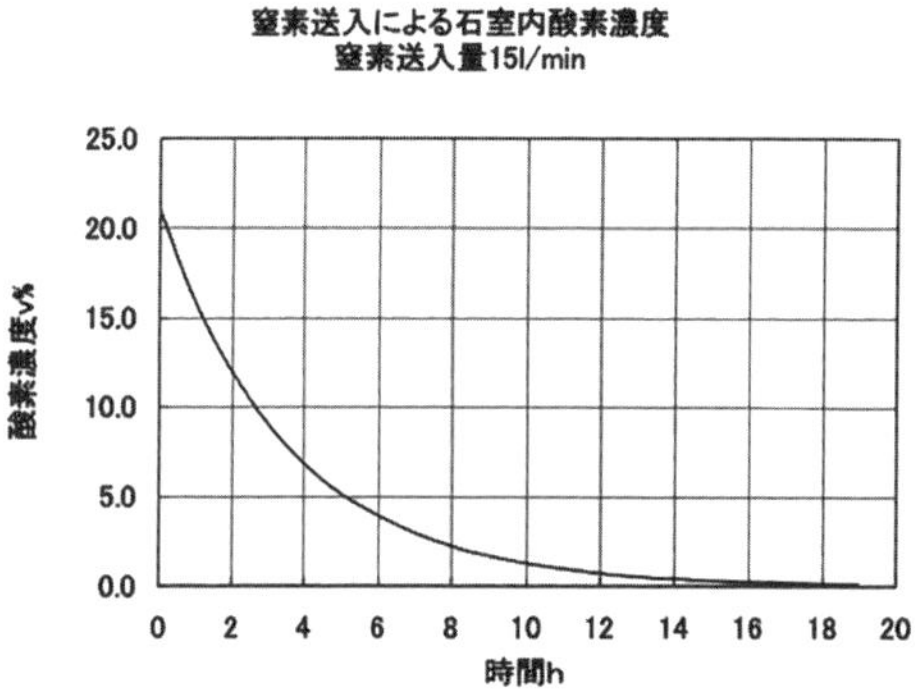

図21　窒素ガス送入による石室の酸素濃度変化

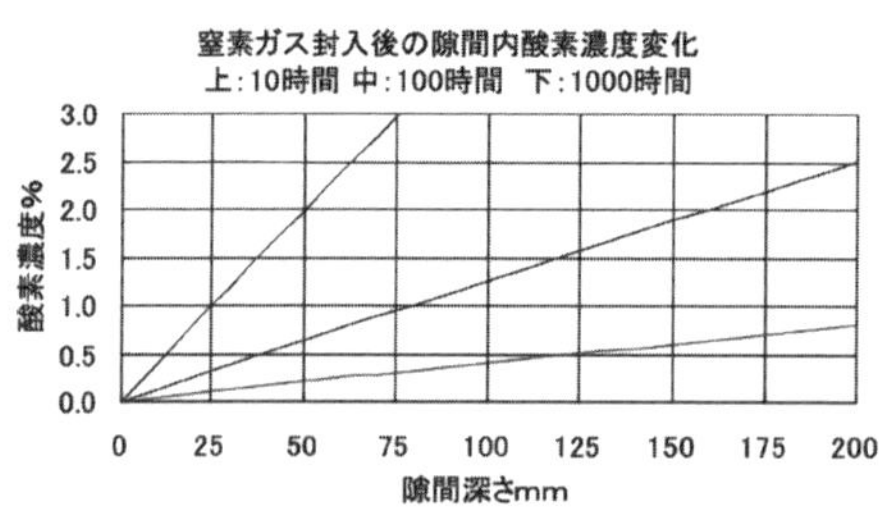

図22　窒素ガス封入による隙間内の酸素濃度変化

造コストは電気代一立方メートルあたり二五円で、年間電気代二〇万円と保守費用一〇万円の合計三〇万円程度で供給できる。装置価格が数一〇〇万円で、家庭用冷蔵庫程度の大きさであるから、設置も容易である。また設置工事も短期間で完成できる（図23）。一時的には、窒素ガスボンベで供給する方法もあるが、経済的には長期的に、ＰＳＡ法小型窒素ガス製造装置で供給できる。

遺跡保存問題に科学者の参加が重要 本件の高松塚古墳壁画の劣化問題について、以上の検討を総括すれば、石室への大気流入による顔料の酸化と漆喰の中性化が主な劣化原因であり、古墳発掘の直後から、容易な技術、設備と低費用によって石室に湿った窒素ガスを封入し、石室内を低酸素、低二酸化炭素濃度の不活性ガス環境にすれば、考古学の原則に沿って現地保存し壁画の劣化を防ぐことが可能だったと考える。遺跡保存の検討に文化庁は検討に科学者、とくに物理学者、化学者、エンジニアも参加させるべきだったと考える。

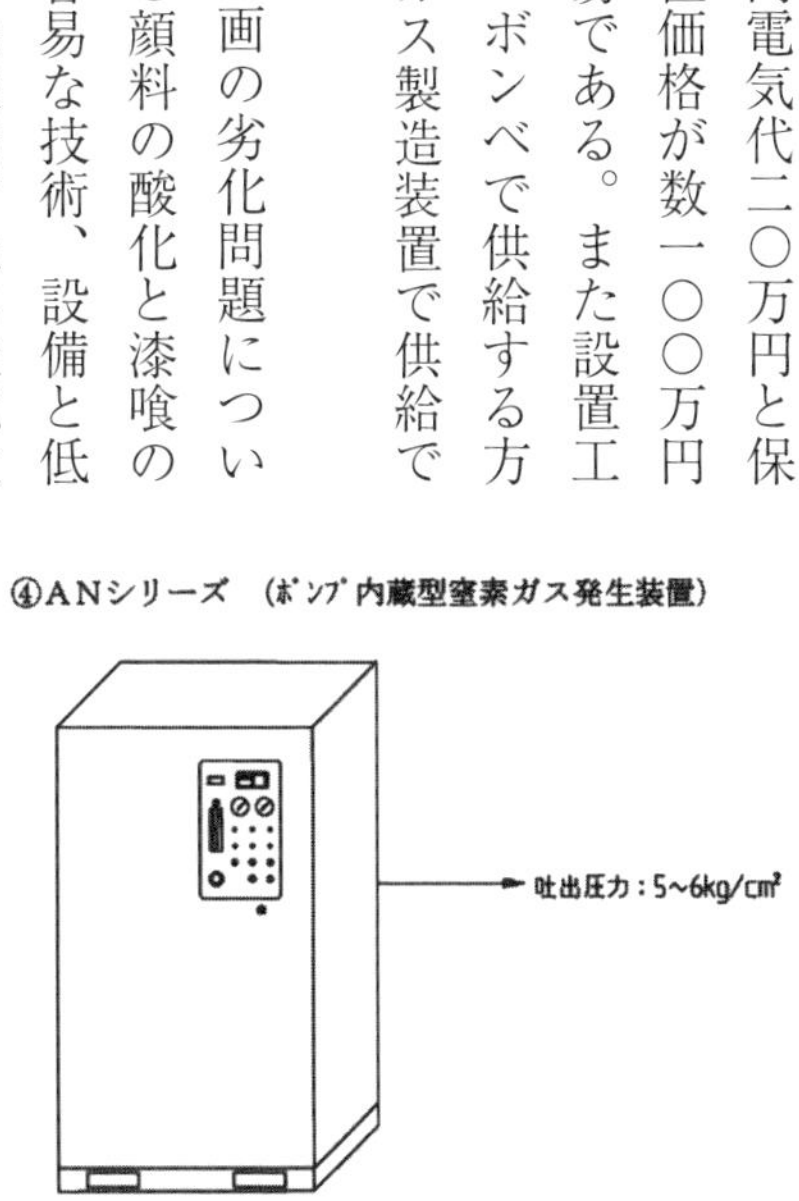

図23 窒素ガス発生装置外形（㈱アドバンス理研資料より）

註

（1）奈良新聞電子版「特集 高松塚光源 高松塚古墳壁画発見三〇年」第一部、第三部、http://www.nara-np.co.jp/special/takamatu/index.html、二〇〇五

（2）橿原考古学研究所編『壁画古墳高松塚 調査中間報告』便利堂、一九七二

（3）肥塚隆保「壁画の顔料・描線等の劣化について（材料・技法の調査に関する計画案）」高松塚古墳壁画劣化原因調査検討会第二回資料6、二〇〇八

（4）西田輝彦「国宝高松塚古墳壁画の劣化退色と保存」『明日香村文化協会誌』二七号、二〇一五

（5）数研出版編集部『視覚でとらえるフォトサイエンス　化学図録』数研出版、二〇〇二
（6）北岡祥伯「国宝高松塚古墳壁画〝飛鳥美人〟を救えⅠ（前編）」『明日香村文化協会誌』三〇、二〇〇八、八三頁
（7）川野邊渉「壁画材料における紫外線照射の影響」古墳壁画の保存活用に関する検討会第二回資料4、二〇一〇
（8）赤池照子・佐藤　雅・卜部澄子「顔料の色変化に及ぼす環境の影響（第二報）」『日本色彩学会誌』二〇—二、一九九六
（9）佐川宏行ほか「最高エネルギー宇宙線」東京大学宇宙線研究所、https://www.icrr.u-tokyo.ac.jp/prwps/ss/2017/data/cosmicray.pdf、二〇一七
（10）北岡祥伯「国宝高松塚古墳壁画〝飛鳥美人〟を救えⅡ（後編）」『明日香村文化協会誌』三一、二〇〇九、四六頁
（11）西田輝彦「高松塚古墳石室内の発掘前の環境と壁画の保存」『明日香村文化協会誌』三五、二〇一三
（12）「漆喰塗料　二酸化炭素（CO2）吸収性」ヒメノイノベック（株）http://www.horae.dti.ne.jp/~inovac/nisanka_toryo.html、二〇〇七
（13）西田輝彦「国宝高松塚古墳壁画　劣化原因と恒久保存」『明日香村文化協会誌』三〇、二〇〇八
（14）高鳥浩介「高松塚古墳から採取されたカビ・酵母の発育温度試験」国宝高松塚古墳壁画恒久保存対策検討会第四回資料2—1、二〇〇五
（15）「入門腐食のメカニズム」（有）コロージョン・テック　http://www.bekkoame.ne.jp/~fujict/mechanism.html、二〇〇五
（16）奥田　尚「国宝高松塚古墳壁画修理室の専門家特別公開（第二回）に参加して」『古代学研究』二〇二、二〇一四
（17）前掲註2、一九頁
（18）関西大学「高松塚古墳発見三〇周年記念講演」inoues.net/study/takamatsuduka.html、二〇〇二
（19）二〇〇六年一〇月豊中歴史同好会員野田昌夫が森岡秀人から聴取。
（20）「高松塚白虎　二つの白虎　思い重ね　キトラ白虎公開」森岡談話　朝日デジタル二〇〇六年五月一〇　ww//asahi.com
（21）網干善教「壁画古墳・なぜカビが」明日香村・関西大學・朝日新聞社主催フォーラム http://www14.plala.or.jp/bunarinn/dairyA/encarta/hekiga/hekiga.html、二〇〇五
（22）毛利和雄『高松塚古墳は守れるか』ＮＨＫブックス、二〇〇七、一五〇頁
（23）石崎武志「過去の高松塚古墳石室内の温湿度について」高松塚古墳壁画劣化原因調査検討会第四回資料4、二〇〇四
（24）文化庁「国宝高松塚古墳壁画の劣化原因に関する検討の経過の概要（骨子）」高松塚古墳壁画劣化原因調査検討会第一〇回資料6、二〇〇九
（25）前掲註22、七七頁
（26）木川りか・佐野千絵・三浦定俊「高松塚古墳の微生物調査の歴史と方法」『保存科学』四三、二〇〇四
（27）佐野千絵・間渕　創・三浦定俊「高松塚古墳壁画保存のための微生物対策に関わる基礎資料」『保存科学』四三、二〇〇四
（28）文化庁「高松塚古墳の微生物調査記録」高松塚古墳壁画劣化原因検討会第三回参考資料3、二〇〇五

(29) 文化庁二「高松塚古墳壁画の現状について」国宝高松塚古墳壁画恒久保存対策検討会第三回資料3、二〇〇五、三〇頁
(30) 日本政府「参議院議員前川清成君提出高松塚古墳壁画保存等に関する質問に対する答弁書」二〇〇六
(31) 文化庁「高松塚古墳石室の空気漏洩調査」国宝高松塚古墳壁画恒久保存対策検討会第三回参考資料12、二〇〇五
(32) ニフティ歴史フォーラム掲示板：文化財を語ろう二〇〇五年二月および二〇〇六年五月関連説明
(33) 前掲註6、八〇頁
(34) 肥塚隆保「目地漆喰と下地漆喰のサンプリングによる調査」高松塚古墳壁画劣化原因調査検討会第一二回参考資料2―3、二〇〇九
(35) 北岡祥伯「高松塚およびキトラ古墳壁画の永年保存について」『明日香村文化協会誌』二七、二〇〇五、四一頁
(36) 文化庁「高松塚古墳における当面の生物対策について」国宝高松塚古墳壁画恒久保存対策検討会第三回資料5、二〇〇五
(37) 文化庁「窒素ガス封入の検討について」国宝高松塚古墳壁画恒久保存対策検討会第六回資料5―3、二〇〇六
(38) 前掲註22、一九三頁
(39) 島津製作所「紫外可視吸収と有機化合物の構造との関係」https://www.an.shimadzu.co.jp/uv/support/lib/uvtalk/uvtalk2/apl.htm
(40) 木川りか「高松塚古墳壁画の劣化の経緯と生物的要因について」高松塚古墳壁画劣化原因調査検討会第三回資料5、二〇〇八

5 特別史跡の価値と遺跡保存の理念

(1) 遺跡の評価に関わる現地保存

◉優先すべきは現地保存の研究

二〇〇七年(平成一九)に解体された高松塚古墳の石槨の各部材は、古墳に近い明日香村平田にある国宝高松塚古墳壁画仮設修理施設に移され、同年から二〇二〇年まで一三年に及び、主に黴被害によって汚れた壁画の修理と称した黴除去などの清掃作業が行われた。管理の不手際によって国宝壁画の価値が損なわれたとすることは絶対に避けなければならないため、最重要課題として取り組んだのも、無理からぬことだったと推測できる。また文化庁は清掃されて奇麗になった壁画を公開する要請にも応える必要もあって、毎年期間を限って一般公開を促進するなど、傷んだものの国宝壁画の価値は維持していることを、何としてもアッピールしなければならなかったのではないかと推察できる。

そのような必要もあって、修理・清掃作業が優先されたのだろうが、黴の残渣が壁画の保存に悪影響するのであれば、丁寧に除去や清掃などを行うべきだろう。また傷んだ壁画を少しでも発見時の姿に近い状態に戻すことにもそれなりの意味がある。ただ高松塚古墳の壁画保存の失敗を経験した今、より重要なことは、同様の構造をもつ類似した壁画古墳が将来発見されることがあっても、決して高松塚古墳と同じ運命を辿らせてはならないということではないだろうか。文化庁が何より優先して取り組むべきことは、現地で壁画を保存する方法を調査・研究することをおいてほかにあるまい。国宝と特別史跡の管理に責任がある国が、多方面からの批判を受けるなかで、石槨を解体するという手段に踏み切った時点から、そうならない保存策の研究をスタートすべきだった。

◉歪められかねない遺跡の現地保存

手元にある二〇一二年に発行された文化庁の刊行誌に、一文が寄せられている。文化庁の高松塚古墳の保存に対する姿勢が垣間見える内容なので、要点を中心に註釈も加えて紹介したい。

これは史跡の現地保存の原則、凍結保存、復元などに関して、考えが述べられたものだが、遺跡の現地保存については、イコモス（国際記念物遺跡会議）の採択した「記念建造物は、それが証拠となっている歴史的事実や、それが建てられた建築的環境から切り離すことはできない。記念建造物の全体や一部分を移築することは、その建造物の保護のためにどうしても必要な場合、あるいは、きわめて重要な国家的、国際的利害が移築を正当化する場合にのみ許される。」を引用して、「史跡のみならず文化財は、周辺環境も含めて現地保存すべきだという考え方が当然の前提となっています。」と述べている。

しかしこれはあくまでも原則であって、我が国においては重要度の高い文化財でも、必ずしもそのように扱われているわけでは決してなく、可能な範囲で努力する目標とでもいうべき実態がある。現に学術的に貴重な埋蔵文化財が発見されたとしても、その多くは記録保存の名のもとに、現地には何ら痕跡も残すことなく消滅している。

この一文では遺跡の現地保存の原則に関して、高松塚古墳とキトラ古墳等の壁画保存の問題を事例として取り上げている。ここでは当該古墳壁画の保存に対する管理責任を負っていた文化庁への批判として、隠ぺい体質、組織の縦割りと総合的な判断ができる責任者の不在、東京文化財研究所と文化庁の対立など組織に関わる問題と、防護服未着用での作業によって黴を繁殖させた不徹底な管理に象徴される、避けられたはずの重大な過失の問題などがあったと指摘しており、その通りだろう。

その上で高松塚古墳やキトラ古墳の壁画保存問題の最大の論点は、「保存科学上物理的に可能であるか否か」「東京、明日香村間は約五〇〇キロメートルという距離があること」「限りある予算・人員の範囲内でできること」

という厳しい現実と、「現地保存」という文化財保護の原則とをどう折り合いをつけるかという点だとしている。これは多少の違いはあっても、ほかの幾多の埋蔵文化財の保存問題の場合と根っこは同じで、この一文の言葉を借りれば、そのほかの例でもどう折り合いをつけるかが常に問われることになる。ただ高松塚古墳やキトラ古墳は、学術的価値がより高い特別ともいえる案件であるが故に問題となるのであり、だからこそ国は古墳を特別史跡に、壁画を国宝に指定しているのである。

ここでは保存方法を巡って、現地保存を主張する考古学と、石槨を解体してでも壁画を現地から切り離して保存すべしとする保存科学の立場が対峙したと見做しているが、実は考古学側からも解体やむなしとする見方が多くある一方で、保存科学の立場でも現地保存策が尽くされていないとした強い意見がある。このように、考古学と保存科学という専門的立場の違いによる意見の相違では決してない。そのうえで高松塚古墳の場合は、「現地保存の原則に忠実なだけでは現実の文化財行政では対応しきれなかったというケースだった」と断じているが、高松塚古墳の場合は先に述べたように、対策が石槨解体という一つの道だけではなかったと考える立場からすれば、これも正しい見方とはいえない。

高松塚古墳壁画発見後に招聘した、壁画保存の経験があるフランスやイタリアの研究者にも、現地保存を強く推奨した研究者と、墓室からはずして保存するべきとする技術者などの両者があったと聞いている。ヨーロッパにおいても壁画の保存は決して成功例ばかりではない。壁画を現地で保存した場合でも、現地から持ち帰って博物館施設や、特別の保存施設において保存した場合であっても、褪色をはじめとした様々な劣化を被るに至った事例がある。つまり現地保存と、別の施設・環境において保管するという二者択一で、どちらが正しいという判断は容易ではないということであり、それは壁画が描かれた壁面の素材と強度などの状態、壁画に使われた顔料などの材料、描かれた空間の閉塞状態や、温湿度や生物などの環境因子など、一つとして同じものはない文化財の保存の難しさをあらためて教えてくれている。

ところがこの著者は、高松塚古墳の場合は現地保存という原理原則に拘った当初の方針が、そもそも問題だったと考えているようだ。「劣化してしまった壁画の現実をみて、理念は正しくても、壁画が保存できなければ意味がないから、壁画をいったん取り出し完全な状態で保存する選択もあった」という。しかし履き違えてもらっては困る。問題だったのは適切な管理がされていなかったからであって、決して現地において保存するとした方針が間違っていたわけではない。当時は国内においてはじめて経験することなので、現地において維持管理するなかで、最も重視されるのは、主たる対象である壁画の状態を子細に経過観察することに加えて、墳丘や保存施設の変化などについて注意を十分に払い、周辺の環境を含めた古墳全体の把握することが重要という認識だったと思う。このような姿勢でその後も管理維持に臨んでいたなら、劣化の引き金となった取合部の不具合も、敏感に感じ取っていたはずである。その時点で施設の異変と、壁画の生物被害との因果関係を疑い、たとえ担当が替わっても、問題意識を共有していれば、危機的な状態に陥らないように、従来の方法を見直すなどして、現地保存が可能な方策を練ることも可能だっただろう。しかし現実は取合部の崩落を知ってからも放置し続けて生物被害が蔓延し、手の施しようがないところまで追い詰められることになり、文化庁の言う恒久的な対策を検討する時間的猶予は失せてしまった。結局は現地保存を可能にするための調査や研究といった努力もないまま、石槨解体を急ぐしか選択肢が残されていなかったというのが、このような顛末に至った真相である。

◉国がなすべきこと

「行政は本意ではなくても常に現実的に「ベター」を選択することを迫られ続けます。安全なところに身を置いて「あるべき論」「原理原則論」のみを語ることは許されません。」とも主張するが、高松塚壁画の劣化問題は、それ以前にやらなければならないことを怠っていたことで、現地保存を実施できた可能性があったものを、管理者自らが不可能にしてしまった事例であり、このような管理実態にあった例をもって一般化することはできない。同じく西欧の壁画修理の事例と比較して、高松塚古墳壁画の現地保存の考えが、建設的でなく実態に即した議論でもないと断ずるのは、まったくの的外れな評価といわざるを得ない。文化財保存に関して高松塚古墳を例に正論を唱えたように見えるが、ここで指摘したように、残念ながら文化庁の過去の壁画の管理不行き届きを脇において、石槨解体が現実的でベターな選択だったと、単に追認したという意味しかもたない。言葉を換えれば石槨壁画の現地保存の可能性をとことん詰めることなく、逆に原理原則に拘ることの是非にすり替えただけの見解に過ぎない。今後この失敗を反省したうえで、現地において古墳壁画の保存を図るための調査研究に注力することが、何より文化庁に求められている役割だろう。

(2) 特別史跡の価値は維持できない

◉揺らぐ指定要件

高松塚古墳の壁画は二〇〇七年に石槨が解体され、国宝高松塚古墳壁画仮設修理施設に移された後、一三年にもわたって修理・清掃が行われ、二〇二〇年三月にようやく終了した。石槨は修理後現地に戻すことが決議されていたが、それは守られず古墳への復旧は果たせなかった。国はいとも簡単に修理後現地に戻すことを撤回し、当面は石槨を戻さず管理施設で保管することになった。今後壁画が描かれた石槨は計画されている展示施設などに移動することはあっても、明日香村平田にある高松塚古墳の墳丘内に戻る日がおとずれることはないだろう（図1）。

図1　解体後修理作業室に運び込まれた壁画が描かれた石槨の部材（国（文部科学省所管））

漆喰の劣化は石槨解体を決定した当時に把握されていた事実であり、一方で修理などに使用する材料の経年劣化も伏せたまま、検討会の席においても問題点として取り上げずだんまりを決めこみ解体を強行した。幾人かの委員の反対を押し切って、壁画に関係しない部位である石槨床石まで解体の対象としたが、凝灰岩の強化保存については、当時も今現在も確実な技術は確立されていない。墳丘と石槨の唯一の接点であり、石槨が高松塚古墳に現存していた物的な証であった床石までも現地から運び出す必要はどこにもなかった。

高松塚古墳は石槨解体移動後も、特別史跡の指定が解除されずにあるが、床石すら戻せないままであれば、仮に特別の事例という苦しい理由で文化審議会を説得したとしても、今後の特別史跡を含め史跡の指定要件や現状変更の基準も揺らぎかねず、取り扱いの判断や正当な説明も容易ではないだろう。

◉文化遺産の価値

いま奈良県および明日香村など関連する自治体が中心となって、「飛鳥・藤原の宮都とその関連資産群」が、世界遺産登録を目指しているが、高松塚古墳もその資産のひとつとして存在する。すでに世界遺産を三つも抱えている奈良県としては、新たに四件目の登録へ向けての活動を推進しており、二〇二二年三月現在は暫定リストに掲載され、登録に必要な推薦準備を本格的に進めている段階にあると聞く。今日の世界遺産登録にかかる普遍的価値評価などの選定基準は、人類共有の遺産としながらも、少なからず偏向的扱いが存在する現状がある。地域が歩んできた歴史的価値は、どの地域にも同じように評価されるべきだが、地域偏在が顕著な登録遺産の実態は、その問題の核心が是正されず置き去りにされていることを示している。

そういった状況下にあって、ほかならぬ高松塚古墳も、古代律令制度に基づく墓制の特徴と東アジアの文化的交流を示す価値ある歴史遺産として、その構成遺産候補として名を連ねている。歴史遺産としての評価は上述の評価とは別に、当然ながら登録される遺産そのものについての、真正性や完全性こそがとりわけ重要なことは論を待たない。二〇二一年七月に晴れて世界遺産登録された北海道・北東北の縄文遺跡群のなかの一つに、北海道内最大規模である外周が直径約三七メートルの環状列石が核となる森町所在の鷲ノ木《わしのき》遺跡がある。ここは駒ヶ岳起源の火山灰に覆われて、縄文時代後期前半の葬祭遺構の全容が良好な状態で遺存していた。しかし遺跡の地下を高速道路が通過していることで、真正性や完全性が問題とされたのだろうか、主要な構成遺産には含められず、関連遺産として扱われることになった。

石槨を解体したことで、高松塚古墳を特別史跡として維持することに疑問を投げかける意見も多いなか、国内法である文化財保護法での価値基準に抵触しかねない遺跡核心部の取り出しという文化財の取り扱いが、世界遺産の登録にあたって構成遺産として評価に影響を与えることはないのだろうか。そもそも世界遺産登録も文化圏の捉え方や多様性の理解などの点において、遺産評価に曖昧さが存在する制度の一つに過ぎないと考える立場からすると、国を挙げて登録に躍起になるのも如何かとは思うが、遺産の真正性と完全性は、どのような保護制度や保全の仕組みにあっても、評価する際には動かし難い必須条件であることに異論はないだろう。石槨解体を強行したことは、ひとり高松塚古墳だけの問題に留まらず、今後の文化財保護の理念や制度を見通すうえで、きわめて重大な影響を及ぼす行為であったことを再認識すべきだ。

●遺跡保護への影響

高松塚古墳の石槨解体が決行されて危惧されるのは、国宝の壁画の生物被害が深刻な状態になって劣化が進行してしまったという特殊なケースとはいうものの、採り得る対策を検討し尽くすことなく、現地保存を放棄したことによる、ほかの文化財への影響である。特別史跡にまで指定された超一級の文化財である高松塚古墳だからこそ、とりわけ慎重に現地における保存策の検討と努力が必要であった。しかしそういった動きが見えないまま、手に負えなくなったことが原因で解体されてしまった高松塚古墳の現実は、保存と消滅の瀬戸際に立って遺跡の保護にあたっている全国各地の文化財保護関係者の目には、どのように映ったのだろう。埋蔵文化財保護の手本となるべき特別史跡のこのような顚末が、将来文化財保護の歴史のなかでどのように語り継がれていくのだろうか。

(3) 保存科学の原点に立ち返って

◉軽視された観察や見過ごされた異変

壁画保存に関しては、壁画が描かれた石槨の環境だけでなく、古墳発見以来壁画そのものの劣化進行の監視や、壁画が描かれた本体である漆喰の観察についても、対応が決して十分ではなかった。先に紹介した保存施設竣工式後の壁画の保存修理と壁画の状態調査の記録には、そもそも壁画自体についての詳しい変化の記載がほとんど見当たらない。仮にほかにメモなどがあって記録されているとしたら、重要な情報の公開が徹底されていないだけでなく、保存対策の検討の際にも生かされなかったことになる。

壁画の描線など顔料の劣化については、黴の発生だけでなく、その保存処理との因果関係も疑われているが、明確な原因は特定できていないだけでなく、経年的な劣化に対応することを怠った責任は重い。壁画が描かれている漆喰について言えば、二〇〇四年六月になってようやく漆喰層の実質的な調査を開始しているが、そこではスポンジ状（粗鬆構造に変質）になっている部分や、粉状化している部分があるほか、収縮によって亀裂が広がっている箇所が多く見られるなど、全体に極度に脆弱化している状態にあるという報告がされている。しかしなぜ、壁画が描かれている本体そのものである漆喰の監視や手当がなおざりにされてきたのか、もはや遅きに失したが、原因は明らかにすべきだ。

◉問われる保存科学の姿勢

考古学が対象とする文化財の保存の難しい点は、発見された文化財は素材の特性や構造はもとより、それらが埋蔵されていた環境も千差万別であり、個別の事情に即した対応が求められるところにある。保存科学は今日まで伝え継がれた貴重な文化財を、その価値を損なうことなく将来へ伝えようとすることを目的としており、古くからこういった実務の取り組みは、個別文化財の分野で技術継承的に行われてきた。

近年は文化財保護の機運が高まるなか、個別文化財の保存処理事例が急増する現状があり、保存科学は社会的な要請を受けて、改めて体系化され始動した研究領域という側面ももっている。伝統的技術を維持・継承することの調査や研究を基本として、文化財の保護を果たす責務を負っているが、一方で新たな素材や技術の開発成果を役立てようという試みも広がっている。ただこうした保存科学の技術面での進歩や実績の一部は認めつつ、多様な文化財の特殊性を考えると、信頼を置くには危うさを感じる場合も少なからずある。本来保存科学の目的に立脚すれば、保存処理を講じた多くの対象資料の効果の追跡的調査などを徹底し、結果の成否を問わず、公表と評価に努めるべきだが残念ながら充分に果たされているとは言い難い。一般的に文化財の保存処理は、理論に従って行えば計算通りに一定の結果が齎されるとは言い切れないケースが多くあり、そこでは実際の個別文化財が辿ってきた由来や事情なども、十分認識した上での対応を取ることが求められる。

高松塚古墳の保存対策に深く関わった保存科学から感じることは、試行錯誤しながら対応しなければならない場合もあったと思うが、処置したことで逆に劣化を促してしまったことや、壁画にばかり目がいって壁画が置かれている環境との関係などにも注意が至らなかったなどいくつもの問題があった。また石槨解体の賛否議論のなかでは、効果が明らかでなく確立もしていない処置方法を過大に宣伝したことや、あえて不都合な部分がある保存方法を説明しないままで保存策の結論に影響を及ぼすなど、保存科学がよって立つ客観性や理論性を、放棄しているのかと思われるような姿勢は、自ら学の信頼性を貶めることにしかならない。

高松塚古墳の壁画保存問題に限って保存科学の働きをみると、ほぼ先例のない特殊な環境のなかにおいて、かつ扱った経験もない文化財をいかに保護していくのかという困難な状況下、限られた知識や技術を駆使して試行錯誤した経緯が読み取れる。施術した処置が果たして効果を発揮するのか、逆に悪影響を及ぼしかねない不安なども あって、容易ではない取り組みであったことが想像できる。管理記録を見ると、各所で手探りで処置方法を試行錯誤せねばならない場面にも少なからず直面したことが窺える。また海外の先行事例に学んでそれを応用して対処しているケースもあり、新しい保存技術の限界も見据えながら慎重に措置した姿勢など評価できる点も少なくない。

ただ残念なことに現場や研究室でのこういった試行錯誤による、知見や効果の有無などが、壁画保存対策の方針に活かされていたかということに疑義を感じる。それは維持管理に携わっていた関係組織が一体となって、保存科学が行ってきたことの成否を充分に汲み取ったうえで、事に臨んでいなかったからではないだろうか。

●古墳造営に込められた古代の技術

文化財の維持や修理に、新素材や新技術が至便な方法として利用が広がるなか、不具合が生じる事例が現実として少なからずあることは、最近になって伝統的な保存技術や、自然由来の素材が見直されようとしていることからもわかる。近年文化財保護の枠組みのなかに、漆喰、膠、漆、染料、装こうなどの技術を担う伝承者の養成も踏まえて保護を図ることや、文化財の資材となっている木材、檜皮，茅，漆などの素材を育む森林環境の維持のための仕組みや技術者の育成などが、あらためて文化財保護のフレームに組み込まれてきている。合成樹脂による絵画の剥落止めも、やはり数十年経過すると素材である樹脂の劣化が著しく、本体までも傷めてしまい、結局は接着剤や顔料の溶剤として、伝統的な膠に依らなければならないような例も知られている。

高松塚古墳壁画は一三〇〇年の時を超えて鮮やかな美しさを留めて、昭和の時代にまで維持されてきた。この墓の造営や壁画の製作に従事した当時の人々は、亡骸だけでなく、棺や副葬品、それに壁画が少しでも永く維持されることを願って、当時として取り得るあらゆる方法や技術を駆使して事にあたったのだろう。しかし傷んだ部分や、全体的に劣化が進行していたことがあっても、彼らは壁画が一三〇〇年もの時間を経過してもなお、製作時の状態がほぼ維持されると予想していただろうか。

石槨を堅固な版築という特別な工法で覆うことが有効であることや、木工の相欠き技術を応用して凝灰岩を巧みに組み上げた躯体は、密閉度の高い墓室構造の維持を可能にした。また石槨の目地や壁画の下塗りとした漆喰は、少しずつ永い時間を掛けて硬化しさらに粗鬆化はするものの、強いアルカリ性によって石槨内の防黴・防虫効果をもたらすことなどを、経験的にまた知識として理解していたはずである。

それを考えると、壁画発見からこれまでの黴や虫類などの生物対策、新たな保存材料の提案、石槨躯体材の補強・保存策など、今日の恒久保存対策として実施されたり、その後検討されている現代の対策の内容が、すべてとは言わないが本当に恒久という名に値するものなのか、はなはだ心許なく感じられてならない。もはや石槨を堅固に護っていた版築はほぼ取り除かれてしまい、裸にされてしまった石槨は、切石毎にバラバラになって壁画面を上にして保存施設に置かれている。虫や黴被害からだけは逃れられそうだが、強化もできない危うい凝灰岩に描かれた壁画は、顔料などの経年劣化が古墳内の環境にあった時より深刻で、今でも防ぐ手立は充分とはいえない。

高松塚古墳の壁画劣化問題で我々が認識させられたことは、一三〇〇年の実績の証をみせた古代の技術に学ぶべきことがいかに多いかと言うことである。石槨解体とその後十数年を振り返ってみると、理論的には正しい保存科学の新技術をもってすれば、すべての対策が功を奏すると考えるのは、現代の奢りでしかないことを悟らざるを得ない。むしろ古代の技術の伝統に学び、それを継承・維持するなかで、基本的には個別文化財の本質や特徴を損なうことがないようにすることが肝要だ。その際に科学的に開発された新たな保存材料や技術などは、治験的効果や経年変化の検証や確認によって、成果が保証された場合に限って活用していくという方針を堅持することが必要だろう。

(4) 高松塚古墳の教訓

◉現地保存の道筋は見えない

発見以降短期間で進行した壁画の劣化を究明するために設けられた、文化庁の高松塚古墳壁画劣化原因調査検討会においても、肝心の壁画劣化の原因が、正しく特定されることはなかった。先に検討したように、原因とは考えられないいくつかの理由を排除し、確実な証拠だけを抽出することで、劣化原因を絞り込むことができたはずだが、結局は主因の解明に切り込むことなく、原因は複合的という曖昧な形の結論となり、検討会としての役割を果たすことはなかった。検討会が行うべき厳格で明快な結論なくして、今後の我が国における墓室壁画の保存対策の道は、容易に拓けないという認識に欠けていたようだ。

石槨解体だけが行われ、壁画の劣化原因もはっきりさせなかったということは、高松塚古墳の保存管理の失敗が、まったく今後に生かせないままに終わることを意味している。特別史跡の石槨解体という、前代未聞の重大な犠牲を払っただけで、取り返しのつかないことに至った事態を、正しく時系列に沿って整理し、行ってきた対策の何が問題だったのか、対処とその効果や影響を具に検討することなしに、将来の墓室壁画の保存方法を探ることはできまい。なぜ問題なのかといえば、今後仮にキトラ古墳に次ぐ第三の壁画古墳が発見されたとしよう。その場合このままでは再び墓室を解体するか、もしくは墓室から壁画を剥ぎ取る道しか残されていないからである。解体の技術や剥ぎ取りの方法は、高松塚古墳やキトラ古墳の経験が生かされて、進歩するかもしれないが、それは戦争を重ねて戦略や兵器が、近代化・高性能化していくことに似ている。必要なのは、それを回避する別の方策をあらかじめ考えることにある。高松塚古墳の苦い経験や新たな技術の開発は、必ずや次の壁画保存のために役立たなければならないはずなのに、肝心の墓室壁画の現地保存については、一歩の前進すらないまま、何ら道筋は描けないことになってしまった。

●望まれる前向きの研究

壁画の劣化が明らかになってからこれまで、高松塚古墳壁画保存にかかる国の予算は、一つの古墳に対する経費としては破格の扱いと言っていい。特に壁画の劣化を公表してからは、「瀕死の国宝を護るため」という名目が、膨大な予算をかけて対策を打つことができた大きな理由だろう。壁画発見以来、毎年の維持管理に必要な経費は当然だが、取合部の封土崩落防止工事以降は特に経費が膨らみ、石槨解体目前の雨水対策や、墳丘の冷却措置に始まり、ついには解体断行のための一連の膨大な経費、加えてつい最近まで行われていた、傷んだ壁画を少しでも発見時の近い状態にするため一三年間にも及んだ壁画修理などのための予算である。そこには文化庁自らの管理不行き届きが引き起こした事案であり、是が非でも批判を避けるために、多大な費用を投入してでもなんとかしなければならないというもう一つの理由もあったのだろう。いま国が行うべきは高松塚古墳壁画を健全な状態で護れなかったことを教訓として、今後の文化財の保護に繋がる投資こそが望まれる。それは将来発見されるかもしれない類似文化財の保護を念頭において、想定される事態に手が打てるような実験や研究を、積極的に推し進めることにある。

●期待される周辺地域における壁画保存の動き

東アジアにおいては中国北部の一帯に、前漢以降長きにわたって、とりわけ魏晋南北朝や隋唐代にはそれぞれの時代の特色ある壁画墓が造営された。朝鮮半島でも、三国時代なかでも高句麗においては、特徴ある墓室壁画が展開する。これらの地域の墓室壁画については、Ⅳ章で詳しく述べられており、その壁画の保護に関しても地域の事情や環境を考慮した対策に触れられている。

特に中国では墓室壁画の絶対数が多く、調査が実施された壁画例だけでも五〇〇例を優に超える。墓室壁画の発見時の状態のほか規模や構造、立地や環境などを勘案し、当時の保存技術で可能な保護の方法や選択によって対応した多くの先行事例があり、参考にすべきだろう。中国では墓室だけを解体せずに固定して移転する方法、高松塚古墳のように墓室を解体して博物館や収蔵庫において保管・管理する方法、一旦解体して再度組み立て復元する方法など、墓室ごと場所を移動もしくは、墓室を解体して移築ないし部材毎保管する例が少なくない。主に陝西省や山西省では壁画を剥ぎ取って博物館施設などで保存されている例が圧倒的に多く、近年は恒温恒湿で管理する例も多くなってきている。

一方現地保存の試みは地域によっては以前から行われていたが、管理が徹底されていない事例が多く、成功した事例はほぼない。また現状をそのまま封印するように、埋め戻すという措置が執られた例もある。

Ⅳ章蘇哲論考によれば、中国では最近になって、山西省や山東省において新たな試みが始まっている。前者の北斉武安王徐顕秀墓や、後者の同じく北斉の崔芬墓の保存にあたり、遺跡保存の原則に立ち帰って、現地で墓室壁画を保存するという意欲的なプロジェクトが相次いで立ち上げられていることに注目したい。そこでは病害発生のメカニズム研究、壁画墓の環境変化に対応する技術研究、壁画墓で発生する微生物の危険因子研究、光照射制御技術の研究などがテーマとされていて、現地で実物模型を建設し、現地保存を見通した模擬実験なども実行に移されている。

これまで高松塚古墳の壁画保存は、ヨーロッパの保存技術や多くの処置事例に学んできた。無論今後も参考となる事例の研究は継続することが必要だ。その一方で墓室構造や壁画素材および製作技術の点で共通する中国をはじめ東アジアの事例を調査研究することは、今後特に積極的に促進すべき課題となるだろう。すでに一部では協力体制を組んで進めているとも聞く。中国は壁画をもつ墓室の分布も広域に及び、気温や降水量などの環境の違いも大きいが、そういった様々な環境をフィールドとして培われた研究成果は、必ずや日本列島における墓室壁画の保存策に益するはずで、期待される動向といえる。なによりも中国において墓室壁画の現地保存の重要性があらためて認識され、そのための試みや具体的な調査研究が動き出したという現状に光明を見る思いがする。

翻って高松塚古墳やキトラ古墳の教訓を経験した我が国では、中国が始めたような現地保存を可能にするための方策を調査研究する動きはない。文化庁が積極的に進めようとしない理由が、「拙速だった石槨解体」という批判を恐れてのことだとしたら、文化財保存に対する姿勢が、従来と何も変わっていないことを意味する。

(5) 文化財保護の行方

◉地域の視点と知恵の結集

高松塚古墳壁画の発見という考古学史上稀有の出来事から、気が付けばはや半世紀が過ぎようとしている。あらためて発見以来今日に至るまでの経緯を振り返ってみると、高松塚古墳の発見によって国民が我が国に残されていた古代の文化財の歴史的価値や、絵画としての芸術性に感動し、この歴史遺産を末永く引き継いでもらいたいと願った。しかし誰も壁画が適切に扱われなかった結果、致命的なまでに傷んでしまうことになろうとは予想だにしなかった。しかも最近になるまでその情報さえも、国民にはほとんど知らされることはなかった。これまでの古墳壁画管理の実態を検証すると、壁画を護るためとはいえ、石槨の解体に行き着いてしまった事態は、起こるべくして起こった必然ではなく、避けられる別の道が模索できたのではないかと考えている。

Ⅳ章の鴨志田論考では、高松塚古墳の翌年に壁画が発見された茨城県虎塚古墳の発掘調査と、その後の壁画保存の経緯が詳しく記されている。そこでは高松塚古墳という前例があったものの、保存対策は同様に手探りの部分が多かったことがわかる。2つの古墳は保護の対象となる古墳と壁画の構造や状態が同じではなかったこともあるが、壁画保存に対する担当者の姿勢と、それを担う組織や体制について大きな違いを感じる。虎塚古墳では徹底した情報の公開と、施設の観察と不具合時の迅速な対応と問題の検証が怠ることなく行われ、加えて古墳が所在する地域が協力し、一体となって保護に取り組むという体制があった。残念ながらそこが高松塚古墳には決定的に欠けていた。2つの古墳がそれぞれ今後どのような経過を辿るか予想できないが、これまでの結果の違いとなった原因のひとつであったといえるだろう。

文化財はあらためて言うまでもなく、それぞれが所在する地域に継承されてきた文化遺産である。いかに国が指定した文化財であっても、その保存や維持について、中央の行政やその配下の研究機関だけで対応や方策を決する体制は見直すべきだ。これは、二〇一八年に改正した文化財保護法に謳われている「地域社会が一体となって文化財の継承に取組んでいくことが必要」という国自らが示した趣旨にも合致する方向性だろう。この指針に従って高松塚古墳壁画の問題を考えれば、本書でも提案されている保存対策の例のように、関連行政組織以外や、文化財が所在する地域からの提言も決して等閑視することなく、幅広く知恵を募って検討し、文化財の真正性が失われることなどないよう方策を追究し、そのための調査研究の推進に舵を切るべきだろう。

◉真価が問われている今後の文化財保護行政

一九四九年一月二六日、法隆寺金堂壁画の模写製作期間中の火災で、東アジアでも屈指とされる仏教壁画が焼失してしまうという、我が国の文化財保護の歴史上重大な事故が起こった。この比類ない貴重な文化財を失った出来事は、当時準備されていた現在の文化財保護法の成立へ拍車をかける契機となった。

一方本書の冒頭にも述べたように高松塚古墳壁画の発見では、一般の市民にも「現地に保存して未来に引き継がねばならない地下の文化財がある」と、列島の歴史遺産の保護意識を覚醒させることになる画期的な出来事であった。我が国だけでなく古代の東アジアの高い文化・芸術性を象徴する高松塚古墳の壁画が、その後短期間のうちに著しく傷み、その結果壁画の描かれた石槨がよもや解体されようとは、誰にも予想できなかった悲劇ともいえる結果となった。

この二つの貴重な文化財は置かれた環境や、規模・素材など違いはあるが、我が国の文化財保護のあり方をあらためて考える上での起点とすべき事案である。未来に引き継がなければならない貴重な文化財の保護体制に緩みはないのか、維持管理や保存対策に問題はないのか総点検も必要だろう。また将来発見されるかも知れない貴重な文化財の保護にも備えなければならない。手をこまねくだけで、同じような措置しか叶わないのであれば、我が国の文化財保護は敗北の歴史をいたずらに重ねることになってしまいかねない。

最近文部科学省では文化財の生物被害対策の専門家会議が開催されると聞くが、これも文化庁による高松塚古墳の維持・管理の失敗が、いかに大きな痛手だったのかを物語っている。ここまでに指摘したように今後文化財保護に関する諸会議においては、是非これまでの身内の論理で進められてきた議論の方針を、幅広い意見が反映できる開かれた仕組みに転換して進めてもらいたい。また、あらためて今回の高松塚古墳壁画劣化問題に関わる管理経過のすべての公開とともに、文化財の置かれた環境からの視点こそ重要であるとの立場に立って、関連する諸学からの見解も踏まえ総合的に分析し、本来の文化財の価値を損なわないことを念頭に置いた方向で、墓室壁画の問題や保護対策に結びつく議論を望みたい。

参考文献・電子公開情報

橿原考古学研究所編『壁画古墳高松塚　調査中間報告』便利堂、一九七二

高松塚古墳総合学術調査会『高松塚古墳壁画調査報告書』便利堂、一九七四

辰巳利文編『明日香村史』上巻、明日香村史刊行会、一九七四

新井秀夫「未発掘古墳の微生物学的研究」『考古学雑誌』五九、一九七四

猪熊兼勝「飛鳥時代墓室の系譜」『奈良国立文化財研究所論集』三、一九七六

坪井清足・猪熊兼勝ほか『高松塚拾年』飛鳥資料館、一九八二
白石太一郎「畿内における古墳の終末」『国立歴史民俗博物館研究報告』一、一九八二
王仲殊「关于高松塚古墳的年代和被葬者」『考古学論攷』八、橿原考古学研究所、一九八二
島谷 徹・内山 萬ほか「第二部古墳の保存施設」『国宝 高松塚古墳壁画―保存と修理―』文化庁、一九八七
渡辺明義・増田勝彦ほか「第三部壁画の保存修理」『国宝 高松塚古墳壁画―保存と修理―』文化庁、一九八七
江本義理・新井英夫ほか「第四部保存科学的調査及び出土品修理」『国宝 高松塚古墳壁画―保存と修理―』文化庁、一九八七
鈴木嘉吉・猪熊兼勝ほか『高松塚壁画の新研究』飛鳥資料館、一九九二
明日香村教育委員会『キトラ古墳学術調査報告書 明日香村文化財調査報告書』三、一九九九
東 潮「北朝・隋唐と高句麗壁画」『国立歴史民俗博物館研究報告』八〇、一九九九
寒川 旭「古墳に刻まれた地震痕跡」『橿原考古学研究所論集』一四、二〇〇三
奈良文化財研究所『奈良山発掘調査報告I―石のカラト古墳・音乗谷古墳の調査―(奈良文化財研究所学報 第七二冊)』二〇〇五
佐野千絵・木川りか「キトラ古墳における生物被害とその対処」『保存科学における諸問題―キトラ・高松塚古墳壁画の保存科学修理―』奈良文化財研究所、二〇〇五
早乙女雅博『高句麗壁画古墳』共同通信社、二〇〇五
奈良文化財研究所『高松塚古墳の調査 国宝高松塚古墳壁画恒久保存対策検討のための平成一六年度発掘調査報告』二〇〇六
毛利和雄『高松塚古墳は守れるか 保存科学の挑戦』ＮＨＫ出版、二〇〇七
寒川 旭『地震の日本史』中公新書、二〇〇七
加藤真二ほか『キトラ古墳壁画十二支―子・丑・寅―』飛鳥資料館図録四八、二〇〇八
文化庁・奈良文化財研究所・橿原考古学研究所・明日香村教育委員会『特別史跡キトラ古墳発掘調査報告』二〇〇八
奈良文化財研究所『高松塚古墳壁画フォトマップ資料』奈良文化財研究所史料八一、二〇〇九
百橋明穂『古代壁画の世界 高松塚・キトラ・法隆寺金堂』歴史文化ライブラリー二九七、吉川弘文館、二〇一〇
加藤真二ほか『星々と月日の考古学』飛鳥資料館図録五四、二〇一一
矢野和彦「文化財行政の現代的な課題：史跡の現地保存、凍結保存、及び復元について」『文化庁月報』五二六、二〇一二
西光慎治・辰巳俊輔ほか『牽牛子塚古墳発掘調査報告書』明日香村教育委員会、二〇一三
文化庁・奈良文化財研究所・橿原考古学研究所・明日香村教育委員会『特別史跡高松塚古墳発掘調査報告―高松塚古墳石室解体事業にともなう発掘調査―』

文化庁ほか、二〇一七
泉　武『キトラ・高松塚古墳の星宿図』同成社、二〇一八
北田正弘『高松塚古墳の材料科学』雄山閣、二〇二一
＊高松塚古墳とキトラ古墳に関する文化庁の公表資料については文化庁のホームページから以下の会議資料を参考にした。「国宝高松塚古墳壁画恒久保存対策検討会」第一回から第一一回、および「同作業部会」第九回・第一〇回、「特別史跡キトラ古墳の保存・活用等に関する調査研究委員会」第一回から第一三回、「高松塚古墳取合部天井の崩落止め工事及び石室西壁の損傷事故に関する調査委員会」第一回と第二回、および「同報告書」、「高松塚古墳壁画劣化原因調査検討会」第一回から第一七回、および「同報告書」、「古墳壁画の保存活用に関する検討会」第一回から第二九回

鴨志田篤二（かもしだ　とくじ）

茨城県教育委員会埋蔵文化財指導員

1948年生まれ。

国立茨城工業高等専門学校 機械工学科卒業

茨城県ひたちなか市教育委員会埋蔵文化財センター所長、ひたちなか市中央図書館長を歴任

「茨城県虎塚古墳における装飾壁画の保存と公開」『月刊文化財』No.547、文化庁、2009、『日本の遺跡3　虎塚古墳』　同成社、2005、「茨城県の装飾古墳の北進」『辻尾榮一氏古稀記念　歴史・民俗・考古学論攷』大阪・郵政考古学会、2019

西田輝彦（にしだ　てるひこ）

西田技術士事務所代表

技術士（機械、総合技術監理部門）

1938年生まれ。

1962年九州大学工学部機械工学科卒業

1962年日立造船（株）入社、ヤマトエスロン（株）、住友電設（株）勤務を経て、2001年西田技術士事務所を設立

「二サイクルディーゼル機関における供給空気量と燃焼室壁熱負荷」『日本舶用機関学会誌』第5巻第7号、1970（共著）、「国宝高松塚古墳壁画の劣化原因と恒久保存」『明日香村文化協会誌』30号、2008、「原子力発電とエネルギーベストミックスの考察」日本技術士会近畿本部日中科学技術交流論文、2012、「高松塚古墳石室内の発掘前の環境と壁画の保存」『明日香村文化協会誌』35号、2013、「国宝高松塚古墳壁画の劣化退色と保存」『明日香村文化協会誌』37号、2015

◉執筆者一覧◉（執筆順）

蘇　哲（そ　てつ・Zhe Su）

金城大学特任教授

1954年生まれ。

北京大学大学院修士課程（魏晋南北朝考古学専攻）修了

北京大学考古系助教授、専任講師、副教授、金城大学助教授、教授などを経て現職

『魏晋南北朝壁画墓の世界——絵に描かれた群雄割拠と民族移動の時代』白帝社、2007、「隋李和墓石棺画像考」『日本考古学』第29号、日本考古学協会、2010、「山西省忻州市九原崗北朝墓群1号墓の年代と被葬者について」『橿原考古学研究所論集』第17、八木書店、2018

東　潮（あずま　うしお）

徳島大学名誉教授

1946年生まれ。

九州大学大学院文学研究科博士課程修了

奈良県立橿原考古学研究所主任研究員、徳島大学大学院教授を歴任

『高句麗の歴史と遺跡』中央公論新社、1995（共著）、『高句麗考古学研究』吉川弘文館、1997、『高句麗壁画と東アジア』学生社、2011（以上、単著）

◉編者紹介◉

松田真一（まつだ　しんいち）

天理大学附属天理参考館特別顧問・香芝市二上山博物館参与

1950年奈良県生まれ。奈良県立橿原考古学研究所調査研究部長、同附属博物館長を経て、現職。

【主な著書・寄稿など】

『吉野仙境の歴史』文英堂、2004、『重要文化財橿原遺跡出土品の研究』奈良県立橿原考古学研究所、2011（以上、編共著）、『遺跡を学ぶ92　大川遺跡』新泉社、2014、「墓室壁画的保存與課題」『察色望形 有形及無形文化資産研究與保護』國立臺南藝術大學、2016、『奈良県の縄文遺跡』青垣出版、2017、『縄文文化の知恵と技』青垣出版、2020（以上、単著）、『葛城の考古学』八木書店、2022（編著）などがある。

《検印省略》2022年7月10日　初版発行

高松塚古墳《たかまつづかこふん》と墓室壁画《ぼしつへきが》の保存《ほぞん》

編著
松田真一

発行者
宮田哲男

発行所
株式会社 雄山閣
〒102-0071　東京都千代田区富士見2-6-9
Tel：03-3262-3231
Fax：03-3262-6938
URL：http://www.yuzankaku.co.jp
e-mail：info@yuzankaku.co.jp
振　替：00130-5-1685

印刷・製本
株式会社ティーケー出版印刷

ISBN978-4-639-02822-2 C0021
N.D.C.210　268p　21cm